数智创新+金融强国

金融科技创新实践

杨　涛　马洪杰◎主编

人民日报出版社
北　京

图书在版编目（CIP）数据

数智创新＋金融强国：金融科技创新实践 / 杨涛，马洪杰主编．-- 北京 ：人民日报出版社，2025．5．

ISBN 978-7-5115-8666-7

Ⅰ．F832

中国国家版本馆 CIP 数据核字第 2025SC2538 号

书　　名：数智创新＋金融强国：金融科技创新实践

SHUZHI CHUANGXIN+JINRONG QIANGGUO：JINRONG KEJI CHUANGXIN SHIJIAN

主　　编：杨　涛　马洪杰

出 版 人：刘华新

责任编辑：徐　澜　蒋菊平

版式设计：九章文化

出版发行：人民日报出版社

社　　址：北京金台西路 2 号

邮政编码：100733

发行热线：（010）65369509　65369527　65369846　65369512

邮购热线：（010）65369530　65363527

编辑热线：（010）65369528

网　　址：www.peopledailypress.com

经　　销：新华书店

印　　刷：河北大厂回族自治县彩虹印刷有限公司

法律顾问：北京科宇律师事务所　010-83622312

开　　本：710mm × 1000mm　1/16

字　　数：332 千字

印　　张：19.75

版次印次：2025 年 4 月第 1 版　　2025 年 4 月第 1 次印刷

书　　号：ISBN 978-7-5115-8666-7

定　　价：59.00 元

编写委员会

学术顾问：李　扬　郭　为

主　　编：杨　涛　马洪杰

副 主 编：闵文文　章苳今

成　　员：齐孟华　李　坤　赵梁皓　宋泽英　郭荣纯

魏昕然　李潇科　彭子岍　张宇熙　张海波

杨墨涵　崔竞方

学术指导专家：

杨　　竑　中国金融学会金融科技专委会秘书长

高　　峰　中国银行业协会原首席信息官

石 永 鑫　中国证券业协会信息科技部总监

贲 圣 林　浙江大学国际联合商学院院长、浙江数字金融科技联合会会长

欧阳日辉　中央财经大学中国互联网经济研究院副院长、中国市场学会副会长

宋　　科　中国人民大学深圳研究院常务副院长、国际货币研究所副所长

刘　　勇　中关村金融科技产业发展联盟秘书长、中关村互联网金融研究院院长

蒋 骊 军　中小银行互联网金融（深圳）联盟执行副秘书长

学术支持单位：

中国人民大学国家发展与战略研究院

中国人民大学国际货币研究所

中国社科院产业金融研究基地

北京立言金融与发展研究院

北京基金业协会

浙江大学金融科技研究院

中关村互联网金融研究院

上海金融与发展实验室

中小银行互联网金融（深圳）联盟

深圳市金融区块链发展促进会（简称金链盟）

广州市数字金融协会

重庆西部金融商会

厦门鹭江金融科技研究院

开放银行论坛

序言

金融数智化创新，构建金融强国新支柱

杨涛　国家金融与发展实验室副主任

在新一轮数字技术迅猛发展的浪潮下，人工智能、大数据、区块链等前沿数字技术持续向经济社会的各个层面深度渗透，作为智能时代的关键力量，对经济增长具有显著的放大效应、叠加效应以及倍增效应，为市场主体构建以科技创新为核心的产业体系提供了强劲动力。鉴于此，金融数智化创新已成为全球科技竞争的关键领域，对于增强国家创新体系的效能、加速新质生产力的成长、实现金融强国、科技强国等高质量发展目标起到至关重要的作用。

2023 年 10 月，中央金融工作会议强调了金融的核心竞争力地位，提出金融强国发展目标，明确要全面加强金融监管、完善金融体制、增强金融风险防范。2024 年，习近平总书记在省部级高级领导干部会议上明确了金融强国建设的方向与行动指引。中央金融委员会办公室、中央金融工作委员会也发表了推动金融高质量发展的指导性文章，为金融强国战略奠定了坚实的理论基础，为金融强国建设的实践提供了清晰且关键的导向。金融强国战略聚焦于经济与金融协同共进，全方位提升金融体系效能、增强金融稳定性、促进金融领域长期稳健发展、为经济高质量发展筑牢坚实根基等，以系统性、前瞻性策略布局，着力做好金融“五篇大文章”。数智创新与金融“五篇大文章”的深度融合，为我国金融体系的优化升级、竞争力提升提供了前所未有的机遇，但同时也带来了诸多挑战。因此，探究二者的关联与协同发展路径，具有重要的理论与现实意义。

一、数智化创新推进我国深化金融改革

金融业数字化智能化转型是我国深化金融改革的重要内容。数字技术推进了金融机构在业务流程、组织架构和服务模式等方面进行全面变革。在业务流程方面，金融机构利用人工智能和自动化技术实现了业务流程的自动化和智能化，如贷款审批、客户服务等环节。通过智能贷款审批系统，金融机构可以快速对客户的贷款申请进行评估和审批，大大缩短了业务办理时间，提高了服务效率。在组织架构方面，金融机构为适应数字化发展的需求，进行了组织架构的调整与优化，通常设立专门的金融科技部门，加强对技术研发和创新的投入。与此同时，金融机构积极与金融科技企业合作，引入外部先进的数字技术和创新架构，以助力提升自身的竞争力。在客户服务模式方面，金融机构借助线上渠道和移动应用，为客户提供全天候的便捷金融服务，打破了时间和空间的限制，实现了金融服务的普惠化。

金融数智化创新推动了金融市场交易机制的创新和市场基础设施的升级。在交易机制方面，算法交易、高频交易等新型交易方式在金融市场中得到了广泛应用，利用数字技术快速识别市场价格变化，实现交易的自动化执行，提高了市场的流动性和交易效率。与此同时，数字技术还促进了金融衍生品市场的发展。新型金融衍生品的设计和定价更加依赖于复杂的数学模型和数字技术，丰富了金融市场的投资工具和风险管理手段。在市场基础设施方面，数字技术推动了金融市场登记、托管、清算等基础设施的数字化升级。诸如区块链技术在证券登记结算领域的应用，实现了交易的实时清算和结算，降低交易成本和风险，有效提高市场的透明度和安全性。

二、数智化创新助力我国金融安全保障

新形势下的金融风险具有隐蔽性、突发性和传染性等特点，传统的风险监测手段难以满足现代金融市场的需求。数字技术为金融风险防控与预警提供了高效的工具。特别是，对包括股票市场、债券市场、外汇市场以及各类金融衍生品等的金融数据进行全方位、实时的监测，及时防范潜在风险点。

一方面，数字技术的广泛应用提升了金融监管效能。传统金融监管方式面临着信息不对称、监管成本高、监管效率低等问题。数字技术为金融监管带来了新的变革。通过应用大数据、人工智能、区块链等技术，实现了金融监管的数字化和智能化。金融监管机构可更精准地对金融机构的资金流动、交易行为进行实时监控，当发现异常交易模式或资金流动时，系统会自动发出预警信号；应用人工智能技术对社交媒体、新闻报道等非结构化数据进行分析，能够捕捉市场情绪和潜在风险信息，提前预警系统性金融风险。通过数字技术的有效应用，实现从被动合规性监管向主动风险识别型监管的转变，有效提升了监管效率和精准度。与此同时，分布式技术的应用实现了监管数据的不可篡改和共享，增强了监管的透明度和可信度。

另一方面，数智化创新有效推动了金融监管模式创新，促使金融监管模式从传统的事后监管向事前、事中、事后全流程监管转变。在事前监管方面，利用人工智能和大数据技术对金融创新产品和业务进行风险评估和合规性审查，提前防范风险，如在金融科技企业推出新型金融产品时，监管部门可以利用数字技术对产品的设计、风险特征等进行分析，评估其对金融市场和消费者的影响，确保产品符合监管要求。在事中监管方面，通过建立实时监测系统，应用数字技术对金融机构的业务运营和交易行为进行实时监控，及时发现和纠正违规行为。在事后监管方面，应用数字技术对金融机构的风险处置和整改情况进行跟踪和评估，确保监管措施的有效落实。此外，数智化创新推动了金融监管从机构监管向功能监管和行为监管转变，加强了对金融市场各类参与者行为的监管，维护了金融市场的公平竞争和消费者权益。

除此之外，在风险识别的基础上，数字技术可以帮助金融机构和监管部门优化风险防范策略。通过建立风险仿真模型，利用人工智能技术模拟不同风险情景下金融市场的反应，金融机构可以提前制定应对策略，以提高风险应对能力。在压力测试中，应用数字技术可以更准确地评估金融机构在极端市场条件下的资产负债状况和风险承受能力，为金融机构调整资产结构、补充资本提供依据。数字技术还可以实现对金融风险的动态跟踪与管理，如智能风控系统可以根据市场变化和风险状况实时调整风险控制参数，确保风险防控措施的有效性。

三、数智创新赋能我国金融开放

一方面，数智化创新有效提升了我国金融开放的效率与质量，为我国金融机构“走出去”和外资机构“引进来”提供了有力支持。在金融机构“走出去”方面，数字技术应用帮助金融机构更好地了解国际市场，拓展海外业务。通过大数据和人工智能技术，金融机构可以对国际市场的金融需求、风险状况进行深入研究，制定更加精准的海外市场拓展策略。同时，金融机构还可以利用数字技术提升跨境金融服务能力，如跨境支付、跨境投资等业务，提高服务效率和质量，降低交易成本。在外资机构“引进来”方面，数智化创新为外资机构进入我国金融市场提供了便利。外资机构可依托数字技术快速适应我国金融市场环境，开展业务创新。与此同时，数字技术还有效促进了我国金融市场与国际金融市场的互联互通，提高了我国金融市场的国际化水平。

另一方面，数智化创新能有效助力应对金融开放中的各类风险挑战。在金融开放带来机遇的同时，也伴随着众多风险和挑战。数智化创新可助力我国更好地应对金融开放中的各类风险。在跨境资本流动管理方面，利用大数据和人工智能技术可以实时监测跨境资本流动情况，分析资本流动的原因和趋势，及时发现异常资本流动，采取有效的监管措施，防范跨境资本流动风险。在国际金融风险传导方面，数字技术可以建立风险监测和预警模型，对国际金融市场的风险进行实时跟踪和评估，提前制定应对策略，降低国际金融风险对我国金融市场的冲击。此外，数字技术还可以促进国际金融监管合作。通过建立跨境监管数据共享平台和联合监管机制，加强我国与国际金融监管机构的合作与协调，共同应对金融开放中的风险挑战。

四、数智化创新助力完善我国数字金融基础设施体系

一是数智化创新在完善我国数字金融基础设施体系中发挥了重要作用。金融基础设施是支撑现代金融服务体系的核心组成部分，包括支付结算系统、金融市场基础设施、征信系统等，不仅是金融机构间交易的基础，也是社会公众获得金融服务的重要渠道。随着数字技术的加持，数智化创新为金融基础设施

的现代化提供了新的途径。通过引入先进的数字技术和算法模型、构建统一的数据交换平台和标准化接口等，能够显著提升金融基础设施运行效率、安全性和互联互通性，进而增强金融市场运行的稳定性。

二是数智化创新通过提升金融数据的安全防护能力和隐私保护水平。金融数据安全是维护金融稳定的重要基础。金融数据涵盖了个人账户信息、交易记录、市场行情等敏感信息，通过引入高级加密技术和多层次防护机制，显著提升了金融数据的安全防护能力；通过采用差分隐私和同态加密等技术，在保护数据隐私的同时实现数据分析和应用，进一步保障了金融数据的安全和隐私。

三是数智化创新促进金融数据标准化和规范化。金融数据的标准化和规范化是实现数据共享和操作性的关键。在现代金融行业中，由于机构、系统和平台之间存在较大差异，导致数据格式、术语和定义等方面无法融合。在应用数字技术后，制定统一的数据标准和接口协议，包括数据格式、数据字段定义，并涵盖数据传输、存储和处理的各个环节，有效提升数据处理的效率和准确性，并逐步降低数据转换的成本与复杂程度，从而增强不同金融机构之间数据的互操作性与兼容性，进而促进金融数据的标准化和规范化。

总之，数智化创新与金融“五篇大文章”的深度融合，是我国建设金融强国的必由之路。长期以来，数字技术在金融服务实体经济、深化金融改革、金融开放、金融安全以及完善金融基础设施等各方面发挥着重要作用，为我国金融体系的优化升级和竞争力提升提供了强大动力。然而，数智化创新在金融领域的应用也面临着数据安全、隐私保护、技术伦理等诸多挑战。正如历年案例图书中的创新实践所呈现的，不同领域颠覆式创新应打破原有的壁垒，通过新技术对金融业的深度赋能，更能够体现我国数字金融支持新质生产力发展的落地应用与成效，也更好地向政府部门与监管者、研究者、从业者提供丰富的前沿研究素材与资料。在客观层面，受一些因素的制约，案例成果依旧存在许多不足，我们仍在努力，坚持完善并做好此项工作，希望以本书促进各界开展更深入的交流与沟通。

第五届“金融科技创新案例（2024）”征集综述

当前，全球金融行业正经历着一场深刻的数字化与智能化变革。2023年，中央金融工作会议提出了“要加快建设金融强国”的重要指示，标志着我国当前金融体系建设发展的目标已从规模性发展转向为高质量发展。近年来，金融业的数字化智能化创新不仅仅体现在服务产品的创新和优化上，还在业务流程、风险控制、客户体验等方面实现了全面升级。通过数字技术的赋能，金融机构可以在更短的时间内处理海量数据，实现对市场趋势、客户需求及潜在风险的精准洞察，从而提高运营效率和业务决策的科学性。历经四年的有效发掘与研究，金融科技创新案例库已具有一定规模，累计119篇优秀案例从海量申报中遴选入库。

本书遴选于“第五届NIFD-DCITS全球金融科技创新案例征集”的20篇案例。本届案例征集、遴选活动由国家金融与发展实验室金融科技研究中心携手神州信息共同打造，金融科技50人论坛具体推动和落实，真实地反映了国内外最前沿的金融科技创新实践，呈现出金融机构、科技企业持续的探索与成果。本书既为监管部门、金融部门和实体部门提供重要的参考素材，还为国内外院校的教学、科研提供鲜活资料，充分展示了中国特色与国际接轨的金融数字化进程。

一、全球金融科技创新案例库基本情况

首届全球金融科技创新案例库共收到来自金融机构、科技企业等全球多家单位累计申报102篇案例。评审委员会专家从金融科技创新与应用、金融科技行业主体两个类型入手，遴选出22篇优秀案例，涵盖人工智能、大数据、互

联技术、分布式等新一代信息技术在数字银行、供应链金融平台、分布式交易平台等多个场景的创新应用，为金融科技底层关键技术与金融业务的深度融合创新树立了标杆。

第二届金融科技创新案例库共征集到150篇来自银行业、证券业、保险业、金融科技企业、科研机构等全球多家单位申报的案例。其中，有139篇国内案例和11篇国际案例，国际案例占比7.3%，案例收集数量较首届创新案例收集篇数增加了34%。评审专家基于技术创新、场景创新、产业创新三个层面，最终遴选出30篇优秀案例入库，涵盖了助力乡村振兴、提升惠民服务、延伸金融服务、小微金融服务、金融服务风控以及面向数字化金融业务的IT基础设施重构项目场景，实践案例成果表明，科技创新在推动金融业数字化转型中起到至关重要的作用。

第三届金融科技创新案例库共征集到130篇来自商业银行、保险机构、金融市场基础设施、科技企业等多家单位申报的创新实践，其中129篇来自中国内地，1篇来自澳门特别行政区。专家团队聚焦数字技术创新、科技服务乡村振兴、技术创新赋能绿色金融、金融安全与科技伦理等领域，对本届案例进行多轮评审与筛选，最终遴选出30篇优秀案例入库。实践案例征集成果反映出我国金融科技从“立柱架梁”到“积厚成势”的新阶段。

第四届金融科技创新案例库征集到71篇来自商业银行、第三方支付机构、保险机构、资管机构、科技企业等多方机构和单位申报的创新实践。评审专家基于金融科技创新的必要性、先进性、安全性、应用性和合规性等方面，评选出19篇优秀案例入库。最终入库案例聚焦于产业金融创新、金融服务平台智能化创新、业务基础设施数字化转型等领域，相较于前三节案例征集活动，本届案例征集成果更聚焦在数字金融赋能新质生产力高质量发展的新阶段。

本届金融科技创新案例库征集到43篇来自商业银行、保险公司、信托公司、科技企业等多方机构和单位申报的创新实践。专家团队基于创新案例的真实性、安全性、应用性等方面，评选出20篇优秀案例入库。最终入库案例涵盖了数字创新与智能平台、业务基础设施、金融数智化升级、数字金融创新、数智化风控等领域，案例成果聚焦金融数智化创新赋能五篇金融大文章，助力我国金融强国建设的新阶段。

二、历届全球金融科技创新案例库分析与比较

（一）第一届全球金融科技创新案例库相关分析

在首届案例库中，评审组将首届入选案例的申报单位分为传统持牌金融机构和金融科技公司两类。在金融科技创新实践中，传统持牌金融机构具有场景优势，而金融科技公司具有技术优势，且双方具有较强的优势互补机制。特别是，基于金融科技驱动，金融机构在场景应用、技术赋能和生态重构等创新下，应用场景成为金融科技创新实践能否落地生效的关键。在首届案例库入选的22篇案例中，金融科技创新主要应用在核心业务系统和客户营销环节（9篇）、操作系统和数据中台领域（3篇）、后台支付系统领域（2篇）和金融机构全流程管理（8篇）等领域中（见图1）。整体来看，首届金融科技创新案例，申报单位侧重于前台核心业务系统的赋能，力图通过技术改善营销效率和质量，提升客户体验水平。

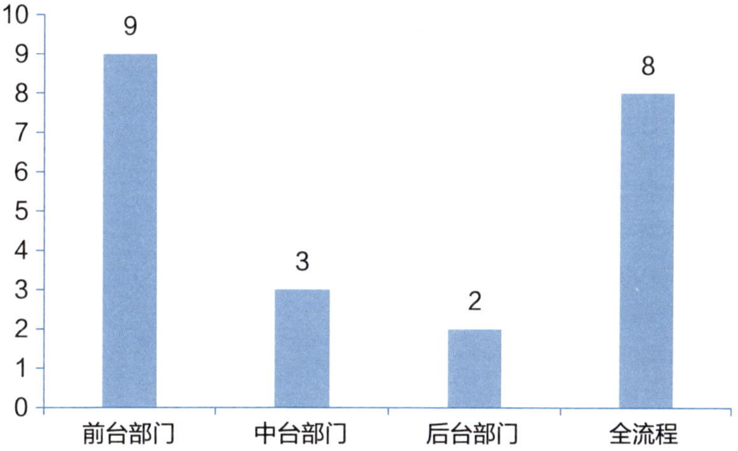

图1　入选案例涉及的应用场景

（二）第二届全球金融科技创新案例库相关分析

第二届金融科技创新案例库中，团队将征集到的150篇创新案例进行划分，一是按照金融服务场景类型划分（见图2），分为金融科技助力乡村振兴、

提升惠民服务、延伸金融服务、小微金融服务、金融服务风控以及面向数字化金融业务的 IT 基础设施重构项目场景；二是按照金融业务类型划分（见图 3），主要以银行业、监管、场景金融证券、保险、消费者保护等为指标。按照金融业务类型划分中，最多的是科技创新赋能商业银行共 71 篇；其次是证券领域 43 篇；场景金融、互联网金融相关的案例占比也比较大；最少的是科技企业服务相关的一些政务服务案例，我们将其归类为其他。

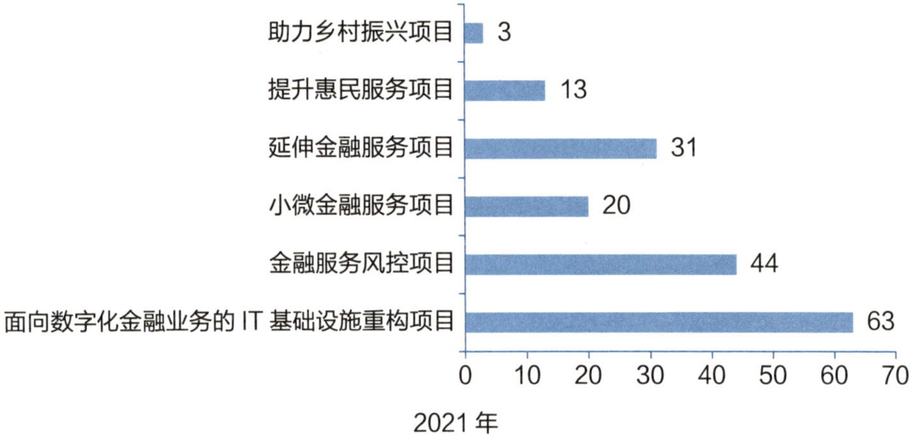

图 2　第二届入选案例涉及的应用场景类型

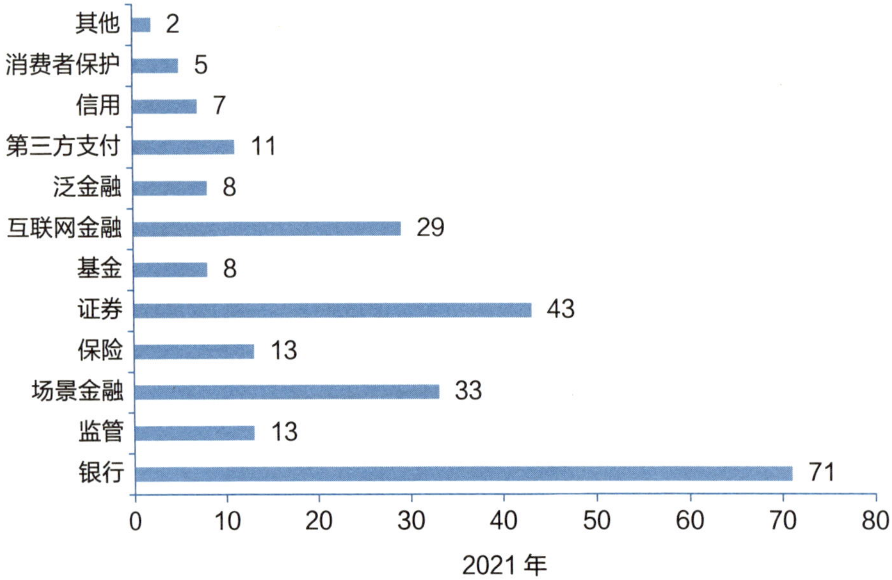

图 3　第二届入选案例所处行业分类

（三）第三届全球金融科技创新案例库相关分析

第三届金融科技创新案例征选工作围绕“案例的真实性、申报单位的合规性以及创新实践是否落地并具有应用效果”三个维度对130篇创新案例进行筛选，推荐62篇创新案例进入专家评审环节，以专家打分的形式，遴选出30篇创新案例入库，各篇案例所属行业见图4和图5。通过第三届案例库征集的

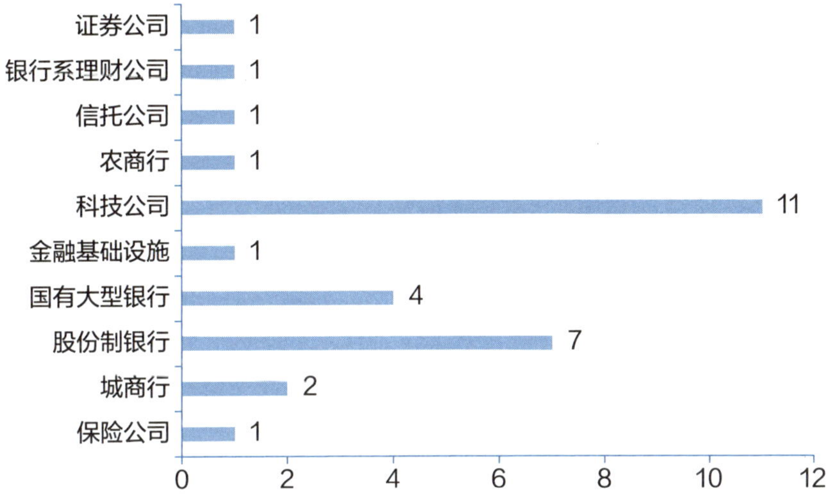

图4 第三届30篇入库案例所处行业分类

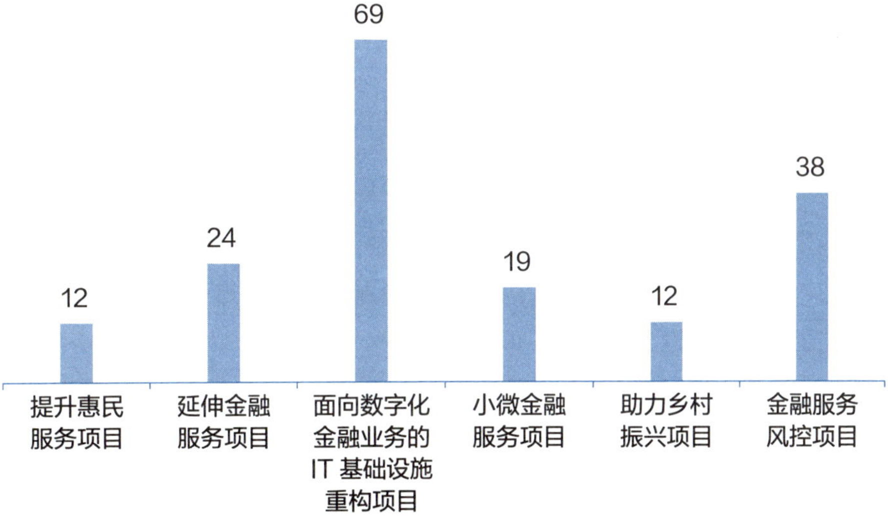

图5 第三届入选案例涉及的应用场景类型

案例成果来看，农商行、城商行等中小商业银行数字化转型程度逐步提升，在新技术加持下恰当地弥补了大型商业银行难以覆盖的长尾群体。在延伸金融服务项目更多聚焦于绿色金融相关领域，绿色金融的创新发展代表着我国经济结构优化转型和颠覆式创新的发展方向，此外，案例成果还展示出我国乡村金融需求已被逐步打开，科技创新赋能农村金融的成果逐步显现。

（四）第四届全球金融科技创新案例库相关分析

第四届金融科技创新案例征选工作设置了初审、复审与专家评审三个环节。首先，在初审环节，案例库初审统筹小组对来自 59 家申报单位的 71 篇创新案例[①]依据以下标准进行第一轮筛选：一是核实案例本身真实性；二是核实申报单位是否存在违规风险；三是核实申报案例中创新实践是否落地并具有应用效果，见图 6。初审小组共筛选出 47 篇案例推荐进入复审环节，如图 7 所示。在 59 家申报单位中，科技企业（28 家）占比 47%，银行业金融机构（20 家）占比 34%，非银行金融机构（4 家）占比 7%。从细分行业领域来看（见图 7），首先，国有大型银行与股份制银行的数字化创新应用始终领先于中小银行（城商行、农商行、外资银行）与非银金融机构齐；其次，科技公司的数字化能力创新依旧成为入围案例数量的高占比群体；此外，金融基础设施数字化转型与产品创新已逐步跟上数字经济时代发展的亟需道路。

在案例的复审环节，初审小组对入围案例申报单位进行二次风控筛查，确认申报单位符合标准要求，进入评审委员会专家评审环节。以专家打分的形式，基于金融科技创新的意义和作用、技术创新性和前瞻性、规范性、金融科技伦理、创新实践可执行、先进可控与成果可考核性、合规性以及研发团队与结构等八项指标，从入围案例中选出 20 篇评分靠前的创新案例集结入库。如图 8 所示，入库的创新案例应用场景中，数字金融创新实践占比最高（65%），由此呼应了金融科技发展的本质，即技术创新赋能新质生产力，进而服务数实融合背景下经济高质量发展。

---

① 59 家申报单位中有 6 家单位重复，即同一申报单位入选多篇创新实践。

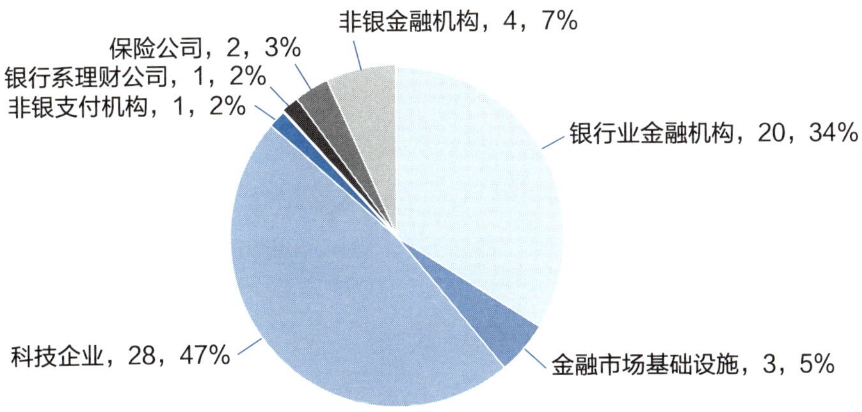

图 6　第四届 59 家申报单位

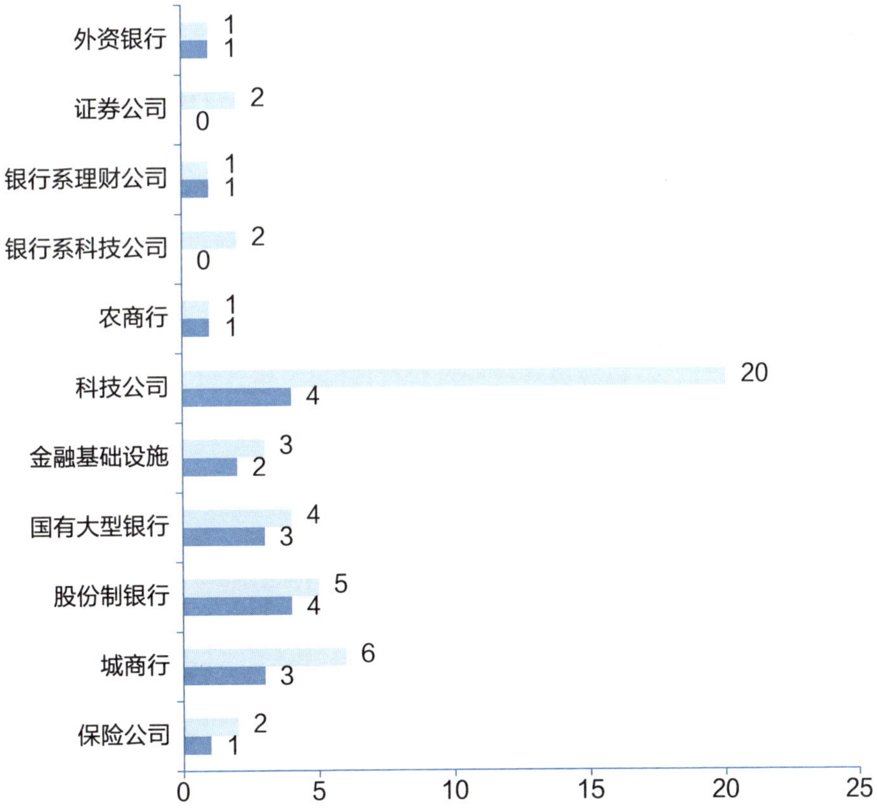

图 7　第四届入围与入库案例单位数量

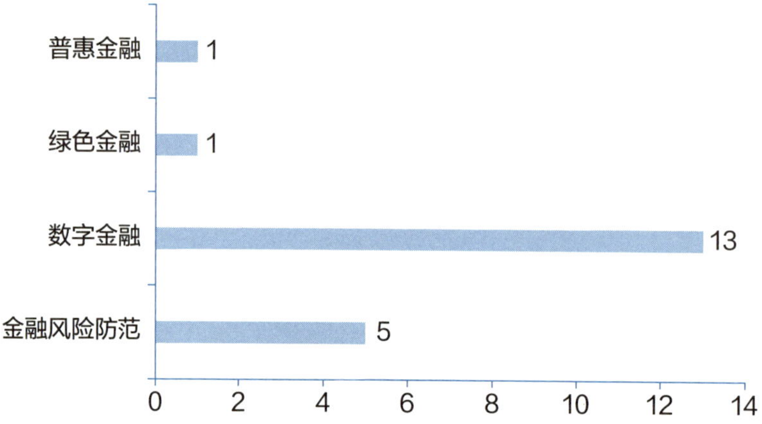

图 8　第四届入库创新案例应用场景

（五）第五届全球金融科技创新案例库相关分析

第五届金融科技创新案例征集到来自 33 家商业银行、保险机构、信托公司、证券公司、消费金融公司、科技企业等申报单位的 43 篇创新实践案例（见图 9）。经过初审、复审与专家评审三个环节，最终入库 20 篇优秀案例，案例聚焦于数字创新与智能平台应用、业务基础设施数字化转型、金融数智化升级、数字金融创新等领域，相较于前四届案例征集活动（见图 10），本届案例征集成果更聚焦于新技术赋能金融领域数字化智能化创新应用，助力金融行业高质量发展，进一步推动我国金融强国建设。

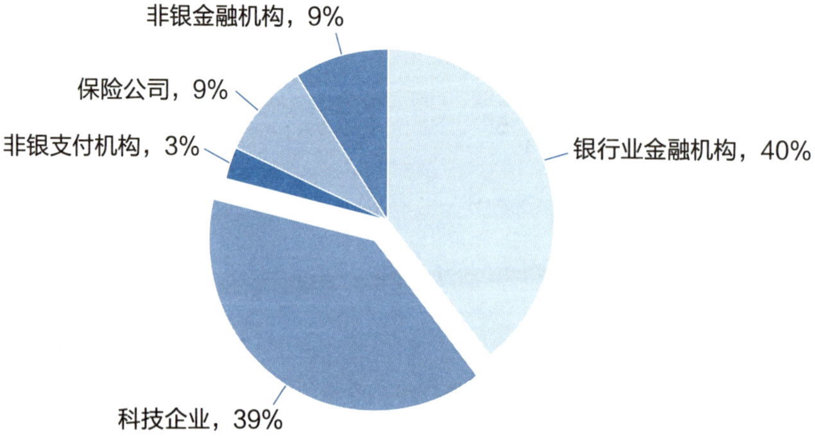

图 9　第五届申报单位 33 家

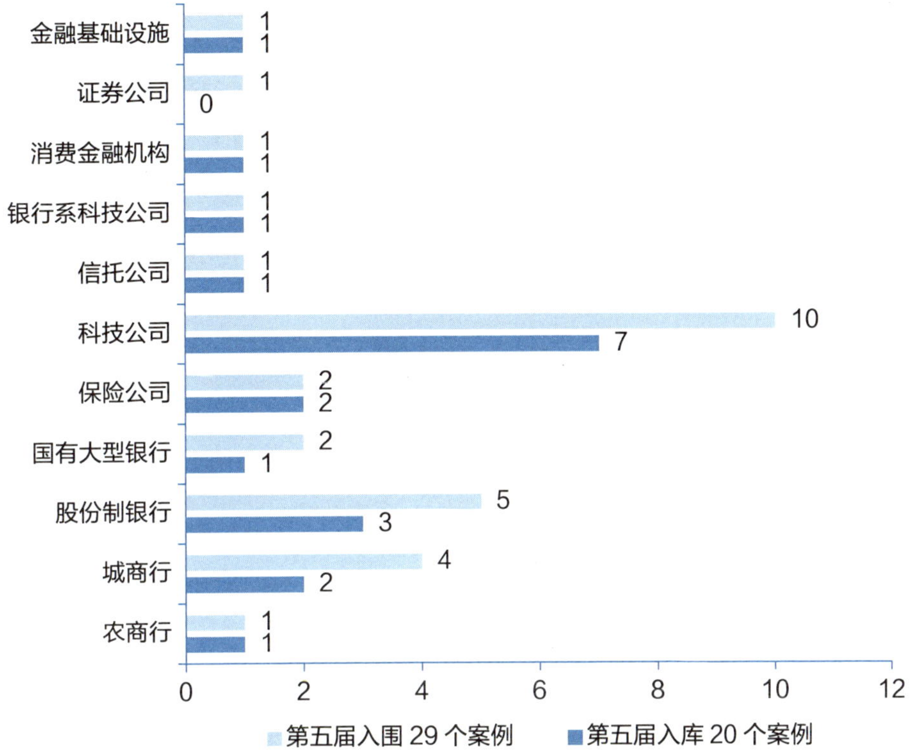

图 10　第五届入围与入库案例单位所处行业分类

从细分行业领域来看，股份制银行与中小银行（城商行、农商行）的数字化创新应用领先于国有大型银行与非银金融机构；科技公司的数字化创新能力依旧领先，成为入围案例数量中最高的占比群体；此外，金融基础设施数字化转型与产品创新已逐步跟上数字经济时代高质量发展道路。

第五届入库案例大多围绕提升金融服务效率和降低成本、数据驱动的决策支持、创新金融产品与服务、风险控制与合规、促进金融普惠、推动合作与生态系统建设以及增强客户体验等领域。“华侨金融数智服务平台”“多变金融场景下的智能风控决策应用”“基于量子密钥分发技术的密钥服务建设方案”“数据资产图谱网络赋能金融业数据要素价值洞察”等案例极具代表性地诠释了数字技术赋能金融机构、金融市场基础设施、科技企业，为其提供了强大的平台与工具，涵盖了数字保险、数字信托、数字理财、数字消金等诸多金融业态。

（六）历届全球金融科技创新案例库分析比较

近年来，在数字化时代推动下，金融科技创新实践不断重塑着金融行业的格局，从移动支付到智能投顾，从大数据风控到分布式架构再到大模型应用（DeepSeek、ChatGPT），金融科技创新应用不断走向成熟。历届金融科技创新实践申报单位主要来自于境内外商业银行、保险公司、证券公司、信托公司、基金公司、科技企业、金融基础设施等（见图 11）。

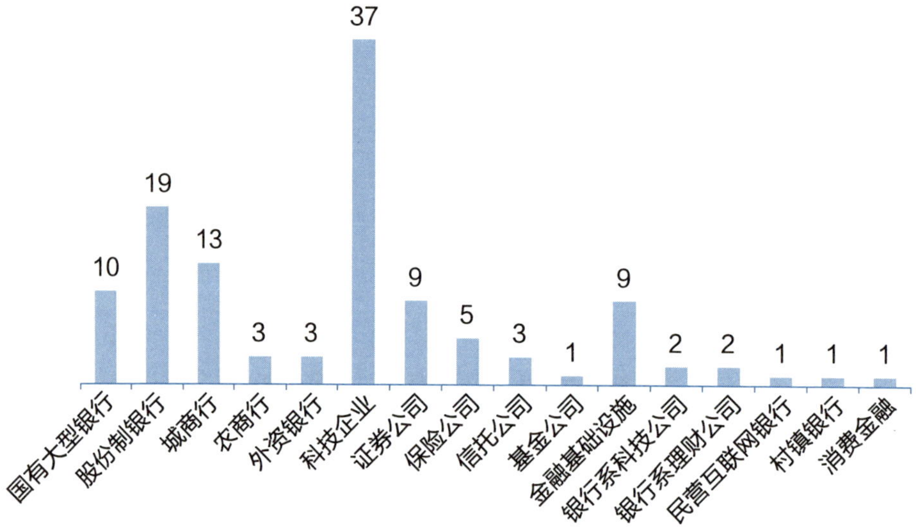

图 11　历届入库创新案例申报单位数量合计来源

在五届案例库中，科技公司约占案例入围公司总数的 1/3，说明在数字技术不断迭代的背景下，我国的金融科技产业聚集效应非常明显，不断推动科技创新助力扩大金融服务的广度和深度，对金融服务产生重要的金融创新。从科技创新应用场景来看，入库案例中数字金融的应用场景逐渐丰富，尤其是在产融结合方面取得了显著成效，越来越多的市场主体通过数字技术和金融工具的结合，获得了更加灵活和精准的金融服务方案。当前，AI 大模型技术迅速爆发，科技企业不仅专注于金融服务产品的创新，还在防范化解金融风险方面展现出越来越强的技术优势。比如，AI 在智能风控与风险预测、市场波动与资产管理、信用风险评估与贷后管理等方面的应用潜力得到充分释放。

回归于金融本质的视角，数字技术的发展使金融服务更贴近企业需求，更有效地助力数字经济与实体经济的发展，并在此过程，推动了金融生态系统的不断创新和完善，也为我国经济的高质量发展注入了新的动力。

从历届案例征集活动本身来看，在五届征集活动中，国有大型银行、股份制银行、城商行、科技企业、金融基础设施、保险公司等机构的金融科技创新成果都有所呈现。一方面，随着公共卫生突发事件、俄乌战争、中美贸易摩擦等外部因素的冲击，使得各类型机构迅速发展以新技术为底层驱动的数字化产品和服务，特别是以支付为代表的金融市场基础设施领域，数字化驱动的自主、安全、可控成为近年来我国金融业发展的关键环节。另一方面，在市场数字化需求指数型增长的“压力”下，各类型金融机构数字化智能化转型也成为各家机构发展的核心竞争力，从前两届案例成果来看，国有大型银行和股份制银行的数字化转型显著强于中小银行。随着科技公司的加持，近两年中小银行（农商行、城商行等）、证券机构、信托公司等数字化智能化水平逐步提升，并已呈现出具有区域性市场需求特色的金融服务，为我国金融业整体数字化智能化水平提升添砖加瓦。随着金融科技创新案例库的不断完善，已具有一定规模。截至第五届创新案例征集活动的结束，入库的优秀案例已扩展至基金公司、消金公司、村镇银行等机构。

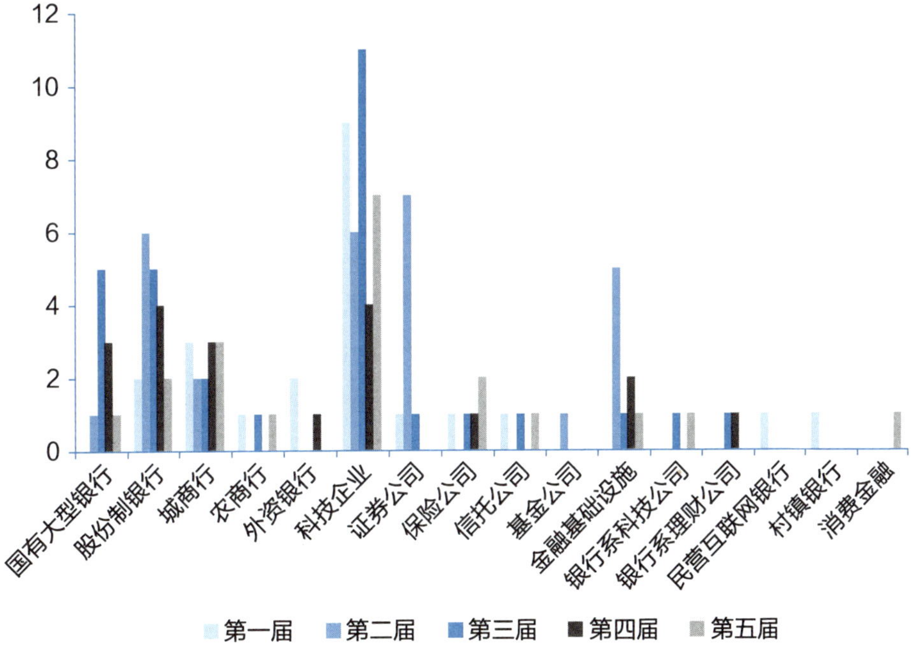

图 12 历届 119 篇入库创新案例申报单位分布情况

从非银金融机构呈现出的创新实践来看（见图 13），金融基础设施、证券公司和保险公司占比较高，创新力量主要聚焦于服务金融领域的数字技术创新，如支付清结算系统优化、投融资交易平台搭建、智能系统开发、金融数据治理等。案例数据表明，金融业整体数字化转型与智能化升级离不开科技创新的助力，而案例库建设的重点工作更侧重于挖掘优质的、服务金融数智化转型的创新实践。

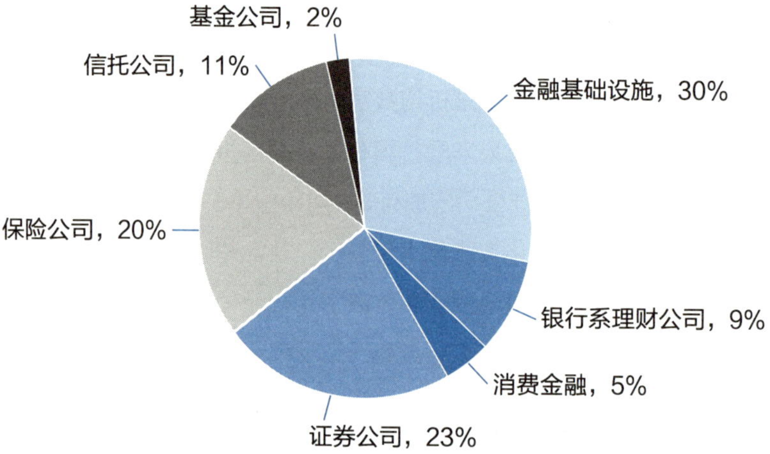

图 13　历届非银金融机构创新实践数量分布

三、总结与展望

第五届金融科技创新案例库征集活动即将画上句号，金融科技创新案例库的建设工作从征集渠道、申报审核、案例质量把控等多方面不断完善与提升。与往届相比，第五届金融科技创新案例集更聚焦通过金融数智化创新助力金融强国建设，致力于发挥更多优秀的创新实践效应，并呈现更多未来发展的亮点。

结合五届入库的创新案例成果来看，作为一项长期研究项目，入库案例动态地反映了我国近年来金融科技的发展和应用趋势。一是金融科技创新并非隶属单一金融场景的创新，往往是多个领域间的跨界合作，如商业银行、保险、证券、资管等金融机构与科技公司和互联网企业跨界合作，共同推动金融科技应用的创新成果。二是很多入库案例都会重点关注如何通过金融科技创新服务更广泛的群体，尤其是中小企业、个人消费者、农村地区等普惠金融领域，如通过数字化手段降低金融服务的门槛，帮助低收入或金融服务未充分人群接入到金融体系。三是历届征集活动不仅关注技术本身的创新，更强调其在金融领域的实际应用效果。每届入库案例往往能够展示新技术应用如何在金融服务、支付、风控、资管等具体业务场景中落地，并且能够真正有效地解决传统金融服务中的痛点。

历经多年沉淀，金融科技创新案例库收集过程中也汇集了多家支持单位和合作伙伴的参与和帮助。案例库的建设与成果发布离不开合作伙伴的鼎力相助，有来自中国人民大学国家发展与战略研究院、中国人民大学国际货币研究所、中国社科院产业金融研究基地、北京立言金融与发展研究院、北京基金业协会、浙江大学金融科技研究院、中关村互联网金融研究院、上海金融与发展实验室、中小银行互联网金融（深圳）联盟、深圳市金融区块链发展促进会（简称金链盟）、广州市数字金融协会、重庆西部金融商会、厦门鹭江金融科技研究院、开放银行论坛等单位的助力，在此对各支持单位和合作伙伴表示由衷的感谢。

当前，基于新形势下的金融改革与发展需要，我们将案例库进一步升级为“全球数字金融创新案例库”。以“做好数字金融大文章，加快金融业数字化转型”为主线，以数字金融有效解决其他四篇大文章的“痛点”为依托，将全面开展“全球数字金融创新案例库”的建设工作，继续深度挖掘国内外更优质的创新实践。

从长远来看，建设数字金融创新案例库的任务依然艰巨。未来，我们将更加聚焦新时代下数字技术赋能新质生产力高质量发展的优秀实践，通过创新案例更直观地了解数字金融助力我国经济金融高质量发展的前沿动态。不断将理论与实践深入融合，并开展一系列数字金融创新案例的分析工作，充分发挥“全球数字金融创新案例库”的学术价值和社会价值，为今后新技术赋能我国金融强国建设的创新实践提供更高质量的展示和交流平台。

目录

序　言　金融数智化创新，构建金融强国新支柱 / 001
第五届“金融科技创新案例（2024）”征集综述 / 001

第一部分　商业银行篇

数字创新与智能平台 / 003

中国邮政储蓄银行　邮储银行数字化内容运营项目 / 004
厦门国际银行股份有限公司　华侨金融数智服务平台 / 018
珠海华润银行股份有限公司　华润银行研发安全管控平台建设 / 034

业务基础设施 / 051

上海浦东发展银行　分布式数据库在浦发银行重要信息系统的创新应用 / 052
绍兴银行股份有限公司　基于量子密钥分发技术的密钥服务建设方案 / 068
九江银行股份有限公司　多变金融场景下的智能风控决策应用 / 088
武汉农村商业银行股份有限公司　武汉农村商业银行新一代信用风险管理系统 / 099

第二部分　科技企业篇

金融数智化升级 / 113

中国邮政集团有限公司　中邮信息科技（北京）有限公司　中邮

代理金融智能风控管理平台 / 114
上海期货信息技术有限公司 上期所新一代交易系统 NGES3.0 研发项目 / 129
北银金融科技有限责任公司 京小科企微 SCRM，数字生态下零售客户经营转型 / 141
深圳壹账通智能科技有限公司 浙江清华长三角研究院 数智银行人工智能平台 / 157

数字金融创新 / 177

科大讯飞股份有限公司 人工智能助力数字金融高质量发展 / 178
清润数科（西安）数据资产评估有限公司 数据资产图谱网络赋能金融业数据要素价值洞察 / 191
神州数码信息服务集团股份有限公司 多源涉农数据融合构建新型农业经营主体信用评价体系 / 206
深圳市小赢科技有限责任公司 强化金融科技创新应用，构建数字化金融生态 / 219

第三部分 非银金融机构篇

中国太平洋财产保险股份有限公司 “太保 e 农险－慧眼·智远”赋能农业风险减量 / 233
中国人民保险集团股份有限公司 人保信息科技有限公司 人保大模型项目 / 242
银联商务支付股份有限公司 AIGC 与智能体技术在支付行业办公运营中的应用 / 253
杭银消费金融股份有限公司 “杭银消金信用大脑 BRAINS”数字风控体系 / 264
中国对外经济贸易信托有限公司 以数智化场景金融平台服务中小微企业 / 276

第一部分

商业银行篇

数字创新与智能平台

邮储银行数字化内容运营项目

一、引言

中央金融工作会议提出，做好科技金融、绿色金融、普惠金融、养老金融、数字金融五篇大文章，对数字金融高质量发展提出了新要求。数字经济背景下，如何借助数字技术，加强线上平台内容运营，赋能金融业务发展，成为商业银行的重要课题。2022 年，银保监会发布的《关于银行业保险业数字化转型的指导意见》提出，“建设数字化运营服务体系。建立线上运营管理机制，以提升客户价值为核心，加大数据分析、互联网运营等专业化资源配置，提升服务内容运营、市场活动运营和产品运营水平”，为商业银行线上平台数字化运营指明了方向。近年来，随着移动互联网、新媒体和数字技术的蓬勃发展，互联网用户的注意力在加速向短视频、直播等新型内容消费场景聚集。各家银行纷纷借助数字化手段发力内容运营，通过高质量的内容生产和分发，重构银行与客户的连接关系，提升用户活跃度和忠诚度。数字化内容运营已成为商业银行数字化转型的重要一环。

二、项目方案

邮储银行坚持以客户为中心，打造线上和线下互联互通、融合并进的金融服务体系，加快布局内容消费场景，加强线上渠道运营，构建“公域 + 私域”“线上 + 线下”于一体的多渠道、多平台、多触点的数字化内容运营体系；创新短视频、直播、数字藏品等多种内容运营模式，通过多元化的特色内容策划，打通产品、营销、运营、风控的全生命周期经营闭环，以高频的内容消费场景，实现获客、活客、黏客，从而拉动低频金融业务增长；借助大数据技术实现内容的定向推送和客群的精准运营，通过差异化、精细化的客群运营，细分客户画像，定制千人千面的客户标签，实现用户的高效转化和金融业务的深度触达，为广大客户打造更加多元化、差异化、精细化的数字金融服务新体验。邮储银行数字化内容运营体系，促进了金融业务的轻量转化，提高了金融客户的活跃度、忠诚度和满意度，提升了数字金融服务质效。

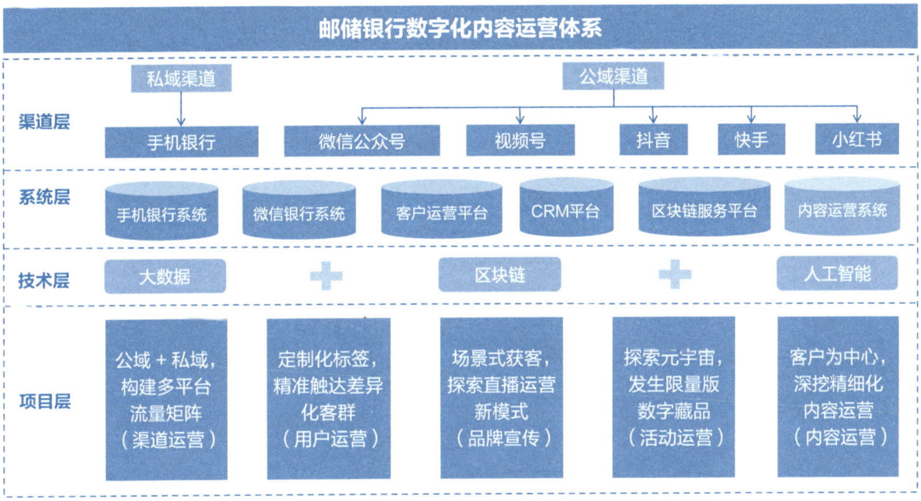

图 1　邮储银行数字化内容运营体系架构图

（一）公域 + 私域，构建多平台流量矩阵

邮储银行构建“以手机银行为核心的私域平台 + 以微信公众号为核心的公域平台”流量矩阵，通过图文、视频、直播等多样化的内容传播形式，实现公域渠道向私域渠道的流量转化，以及私域渠道的用户活跃和价值提升，有效推动手机银行、理财、信贷等业务发展。手机银行平台方面，通过统一制定各页面 banner 位运营规则，提升私域营销位曝光量和点击量。微信公众号平台方面，全面优化微信公众号菜单栏，方便客户通过微信银行一键直达、办理业务。此外，邮储银行还积极探索主流互联网新媒体平台的运营战略，与数字媒体公司和互联网新媒体平台建立常态化沟通交流机制，及时调整行内各线上平台的

运营策略，加强公、私域平台之间的渠道融合和流量互通，实现微信银行和手机银行客户之间的双向转化和良性互动。

（二）定制化标签，精准触达差异化客群

邮储银行微信银行打通 CRM 系统和微信公众号平台，利用大数据分析能力对微信的互联网营销进行了精细化改造，通过标签设置，向理财、信贷、养老等数千个不同客群精准推送定制化内容，满足消费者的差异化需求，实现客户的精准触达。微信银行依托大数据分析技术和微信公众号开放平台能力，让有限的渠道资源发挥出转化为高价值产出的无限潜力：一是大数据广泛收集信息，沉淀数据池。邮储银行微信银行平台积极对接行内大数据平台，批量获取客户标签，精准划分特征客群，为精准营销服务奠定了数据基础。二是匹配定制化内容，精准服务客户。微信银行平台可支持推送内容的精细化配置，业务人员可根据不同的标签推送不同的业务信息，精准匹配用户需求，实现“更懂”客户的营销。三是与客户同频的推送策略，提高用户触达率和转化率。平台可根据客户的活跃时间、个性偏好等特点，选择更合适的推送时间、更合适的展现方式，以确保客户在最可能关注的时间段收到推文。

（三）场景式获客，探索直播运营新模式

顺应线上直播运营大潮，为增强客群交互能力，邮储银行积极探索基于直播运营的场景化获客模式。一是搭建自有直播平台。依托手机银行 APP 搭建自有直播平台，完善页面布局，优化互动、引流等功能，提升客户观看、互动体验。二是精心策划直播主题。围绕信贷、理财、手机银行、数字人民币、缴费等金融消费者的常用业务，策划“独具慧心，共襄成 9”手机银行 9.0 专场直播、“龙转乾坤、‘金’彩焕春”贵金属直播、“云邮中国”旅游直播等系列活动，涵盖金融知识科普、金融业务办理指引、投资者教育、消费者权益活动等多元化主题。三是强化直播队伍建设。在行内各部门及分行持续选拔形象好、气质佳、能力强的主播人才，根据主播业务专长和直播风格规划培养方向。直播能够让客户及时、直观、全面地了解银行产品信息、营销活动、功能操作方法等。直播间点赞、评论、分享等互动形式，也显著提升了客户的留存

率和转化率。

（四）探索元宇宙，发行限量版数字藏品

2023年，邮储银行以金融科技成果发布会为契机，在手机银行APP发行首款以区块链技术为基础，自主研发的数字藏品。邮储银行数字藏品由中国邮政储蓄银行区块链服务平台提供底层技术支持，为每一件数字藏品映射链上唯一序列号，具备不可篡改、不可分割、不可替换的特征。首款藏品以“智慧兔”为主形象，生动可爱，将科技感、时尚感融为一体。“智慧兔”手握邮储银行手机银行8.0，象征着手机银行的焕新发布开启数字金融新篇章。首款藏品对全体手机银行客户免费发行，限量18888份，一经发布，备受用户追捧和喜爱，进一步提升年轻客群使用粘性。数字藏品融入元宇宙概念，通过塑造生动活泼、富有科技感和时尚感的虚拟IP形象，吸引了更多“Z世代”年轻客群。

（五）客户为中心，深挖精细化内容运营

邮储银行以客户为中心，依托官微、官方视频号等渠道，定期策划发布精品内容，为客户提供银行最新的产品、服务和活动消息，让金融资讯有温度，让金融服务零距离，打通客户服务的最后一公里。在内容策划上，抓需求跟热点，借势节气、热点宣传行内活动及产品，扩大传播声量；在内容设计上，采用手绘、插画、SVG交互等多种形式，丰富用户阅读体验；在客户引流上，通过增加文末热门活动集合页，内置手机银行APP功能页跳转链接等运营手段，提高活动曝光量和手机银行APP引流效率；在协作流程上，建立并完善需求报送、排期制作、审核发布、数据分析、复盘优化等全流程运营sop，实现各方高效运作。

三、主要解决的问题

随着移动互联网、新媒体和数字技术的蓬勃发展，互联网用户加速向直播、短视频等新型内容消费场景聚集，内容运营成为未来“留量时代”活客黏客的一项重要抓手。各家银行纷纷借助数字化手段发力内容运营，通过数字化手段

和精细化运营，提高内容传播质效，重构银行与客户的连接关系，提升用户活跃度和忠诚度，为业务发展提供增长原动力。数字化内容运营已成为商业银行数字化转型的重要一环。

（一）内容运营千篇一律

随着大数据、人工智能等数字技术的发展与应用，互联网用户的行为习惯和偏好逐渐发生迁移和改变，对传统商业银行的金融服务提出了更高的要求。目前，各家商业银行在产品研发、内容运营、市场定位、发展战略等方面同质化严重，无法充分满足不同客群的差异化需求。普惠性的内容输出难以切入细分客群的服务痛点，千篇一律的营销信息容易让客户产生抵触心理，传统的静态内容运营模式无法满足客户新媒体内容消费需求。如何创新内容运营模式，兼顾银发、理财、信贷、青年等不同客群的差异化需求，提供千人千面的精准服务，是当下银行数字化转型的一个重要课题。

（二）场景金融建设薄弱

与腾讯、支付宝等互联网巨头相比，商业银行的场景金融建设一直处于弱势地位。腾讯依托微信强大的社交属性，搭建公众号、视频号等持续高频内容消费场景，搭建了内容侧与产品侧之间轻量转化的桥梁。支付宝通过构建生活号、今日热榜、理财热点、视频等内容板块，有效提升支付宝的生活化属性，从而提升了客户粘性。商业银行理财、保险、信贷等金融服务具有低频、服务周期长等特性，银行亟须通过高频、高质量的内容运营，建立与用户之间长期、稳定的高粘性关系。

（三）数据要素运用不足

银行业作为数据密集型产业，虽然在用户办理业务过程中积累了大量用户信息和交易数据，但受限于金融服务的低频性和金融场景的单一性，银行侧用户行为和偏好数据仍较为匮乏，缺乏完整性和连续性，且各条线、各系统之间的用户数据并未完全打通，难以有效支撑业务部门的精细运营和精准营销。商业银行亟待打通行内各系统之间的数据壁垒，利用大数据技术赋能精准营销，充分发挥数据要素的生产价值。

四、项目创新点

邮储银行通过探索直播运营、内容精准推送、发行数字藏品等形式，加强线上平台数字化内容运营，以基于高频内容消费场景的创新实践，有效提升了用户活跃度，撬动了低频金融服务，实现了差异化客群的精准服务。

（一）精细化内容撬动金融业务轻量转化

邮储银行创新线上平台数字化内容运营模式，构建“公域＋私域”的多平台流量矩阵，通过图文、视频、直播、数字藏品等多元化内容运营模式，有效提升客户体验和客户粘性，颠覆传统商业银行依赖线下网点和户外投放的静态内容运营模式。精细化内容运营与产品运营、客户运营、活动运营等相结合，通过提供有温度的陪伴式信息、问询式互动，提升了客户满意度和信任度，加深客户对银行产品、服务、活动的了解，在满足金融消费者服务需求的同时，也有效拉动了银行侧 GMV 和 GPM 增长，实现了银行业务的轻量级转化和裂变式增长。

（二）定制化推送实现千人千面精准服务

邮储银行微信银行平台通过对接行内大数据平台，批量获取数千个客户标签，精准划分特征客群，为精准营销服务奠定了数据基础。平台可支持针对不同的客户标签，定制化推送不同的内容信息，依据客户活跃时间和性格偏好，制定推送策略，提升客户点击率，实现用户需求的精准匹配和差异化客群的精准服务。例如，针对理财、代发等客群，定向推送理财产品相关内容；针对各地区客群，定向推送属地专属营销活动内容；等等。定制化推送打破了微信公众号传统的群发式消息推送模式，实现了千人千面的精准服务，通过业技融合，充分发挥数字和科技的双轮驱动作用，以数字技术赋能数字化内容运营和数字金融发展。

（三）大数据技术助力精准营销和运营

邮储银行通过提供高频内容和深入埋点，快速沉淀内容侧数据池，积累客户行为偏好数据，捕捉客户偏好变化，从而复盘优化推送策略，实现“以用户为中心”精准运营，充分释放数据生产要素的价值。通过大数据技术的引入，对收集到的数据进行多维度分析，构建用户画像，匹配精准需求；通过机器学习算法，系统能够自动识别和去除数据中的缺失值、重复数据等，提高数据质量；通过采用倒排索引的 SQL 优化，提高了批量推送的速度；对同一篇文章的重复多标签客户精准去重；利用线程池、缓存队列等并发方式，保障每篇文章推送任务能够精准、高效执行。

五、技术实现特点

一是大数据方面，从手机银行、微信公众号 H5、用户行为日志等多渠道收集数据。这些数据源提供了丰富的用户信息、交易信息以及市场趋势信息。通过大数据技术对收集到的数据，包括用户的基本信息、交易记录、浏览行为、兴趣偏好等进行多维度分析，多维度分析有助于构建出更为全面和精准的用户画像，挖掘用户偏好，精准匹配用户感兴趣的内容和金融需求。二是人工智能方面，通过机器学习算法，系统能够自动识别和去除数据中的缺失值、重复数据等，提高数据质量。同时，对数据进行格式化处理，以便后续分析和运用。三是区块链方面，由中国邮政储蓄银行区块链服务平台提供底层技术支持，发行自主研发的数字藏品。为每一件数字藏品映射为链上唯一序列号，具备不可篡改、不可分割、不可替换的特征。

六、项目实施过程

邮储银行数字化内容运营项目涉及微信银行、手机银行、数字藏品、客户集市、线上运营等多个系统和项目组，采用分期管理、敏捷迭代、业技融合的过程管理模式。业务部门和技术部门紧密配合，通力协作，在项目前、中、后期建立了敏捷高效、持续迭代的合作模式。2023 年 2 月份，发行首款自主研发的数字藏品；2023 年 12 月，开展“手机银行 9.0”系列直播活动；2024 年 2 月，上线微信银行精准推送功能；2024 年，开展 20 余次精准推送，持续优化内容运营质效。

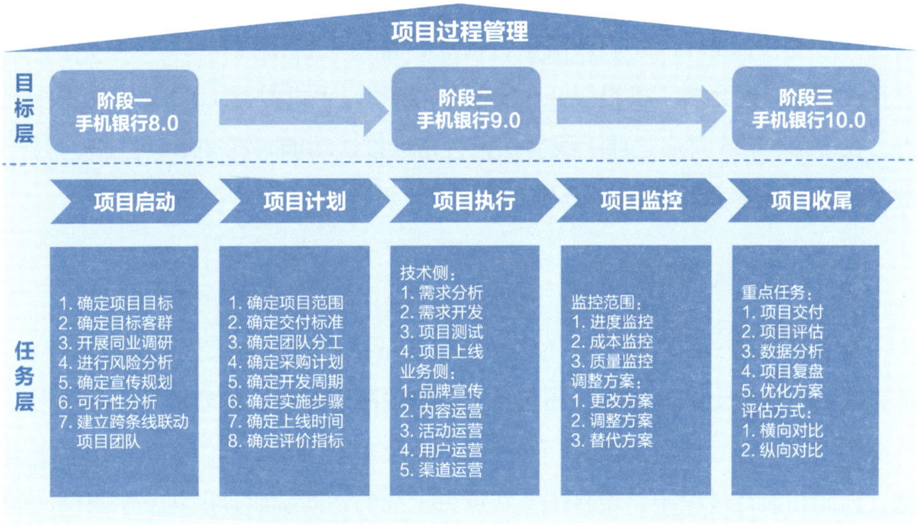

图 2　邮储银行数字化内容运营项目过程管理流程图

（一）项目启动

项目启动期，网络金融部牵头，联合软件研发中心等相关部门，对项目目标、目标客群、同业情况、可行性分析、风险分析、宣传规划等进行了充分调研和分析，并就项目需求充分征求个人金融部等业务部门意见，就财务预算充分征求财务会计部、采购管理部等相关部门意见，对项目实施过程中可能需要的知识产权、消费者权益保护等问题充分征求法律事务部意见，就项目上线后的宣传规划充分征求办公室意见。在各方达成一致的前提下，建立了以网络金融部为主的跨条线联动项目团队，确保项目团队能够顺利推动项目运行。

（二）项目计划

项目计划阶段，项目团队围绕项目目标、项目范围、交付标准、团队分工、采购计划、开发周期、实施步骤、上线时间、评价指标等进行了充分的研讨，确保项目实施过程中，团队不偏离项目目标，并按照计划有序推进。最终，项目采用了分期管理、敏捷迭代、业技融合的过程管理模式。一期以手机银行 8.0 上线为主要节点，在 2023 年 2 月前，完成数字藏品功能开发，召开金融科技创新成果发布会；二期以手机银行 9.0 上线为主要节点，在 2023 年 12 月，完成视频号和手机银行 APP 直播平台搭建，策划手机银行 9.0 专场直播活动，召开数字金融大会暨手机银行 9.0 发布会；三期以手机银行 10.0 上线为主要节点，在 2024 年 6 月底之前上线微信银行精准推送功能，在 2024 年 12 月召开数字金融大会暨手机银行 10.0 发布会。

（三）项目执行

该项目与单一的科技项目不同，不仅包括技术侧的需求分析、需求开发、项目测试、项目上线等流程，还包括业务侧的品牌宣传、内容运营、活动运营等多个子模块，且项目范围大、周期长，涉及多条线、多部门、多系统、多渠道，因此在执行过程中，项目团队在项目上线的不同阶段分别建立了不同的联合工作小组，例如，数字藏品项目组、直播项目组、精准推动项目组、短视频项目组、推文策划组等。另外，在召开大型会议期间，还建立了会务组、宣传组、材料组等大会专项小组。项目执行中，业务团队和科技团队定期召开项目例会，就项目进展和遇到的问题进行充分沟通，确保项目目标不偏移，项目进度按计划推进。

（四）项目监控

项目监控围绕项目实施的全流程，项目主要负责人对项目进度、成本、质量进行全面监控，及时捕捉、分析和报告项目的执行情况，对实施过程偏离计划的情况进行原因分析，采取调整措施，确保项目回到主轨道；对项目计划中无法实现的难点，进行专题研讨，向上汇报，调整项目方案；对项目实施过程中发现的原始需求需要优化的功能点，采取替代方案，对原始需求进行完善和优化，力争在客户体验、传播效果、触客效率上达到更优的效果。例如，在精准推送功能测试阶段，发现只能用下拉列表方式对上千个客群标签进行圈选，用户体验不佳，于是团队调整了需求，优化了标签筛选逻辑，增加了按名称和数字搜索标签等多种筛选模式，提升了推送效率。

（五）项目收尾

项目收尾阶段，项目团队完成项目的交付，对各渠道的传播数据进行分析和评估。一是，纵向对比项目上线前与上线后，各渠道的数据有无明显提升，例如，手机银行渠道访问量的增长情况、微信公众号推文的打开率和阅读量增长情况、直播期间手机银行具体业务的交易量增长情况、宣传推广期间活动参与度增长情况等；二是，横向对比项目上线前和上线后，各渠道在同业的排名有无明显提升，例如，微信公众号清博指数同业排名有无提升，手机银行客户体验同业排名有无提升等；三是，对项目执行全周期存在的问题进行复盘，对项目是否达到预期目标进行评估，制订项目的下一步优化方案，等等。

七、应用效果

（一）渠道运营，全面强化流量互通

2023 年，邮储银行手机银行 9.0 围绕“专业财顾、专属体验、专注陪伴、专心守护”，进一步提升客户交互、场景交互、产品交互的“三维交互”新体验，在权威机构评测中用户体验得分位列银行业第 1 位，荣获 2023 数字金融创新大赛数字营销金奖等。截至 2023 年年末，邮储银行手机银行客户规模达到 3.61 亿户，位居银行业第 4 位。截至 2023 年年末，“中国邮政储蓄银行”微信公众号（简称“官微”）累计关注粉丝数超 4000 万，全年向手机银行私域引流超 100 万次，有效带动手机银行月活提升和业务转化。

（二）定向推送，实现精准营销触客

2024 年上半年，邮储银行针对理财、代发、青年等客群开展 7 次精准推送服务，累计触达客群近 1000 万户。精准推送信息打开率较上半年官微头条平均打开率提高 72 个 BP。2024 年 4 月 25 日，针对青年、代发等客群定向

推送理财夜市宣传推文《【理财夜市】24H 交易！起息早！到账快！》。单条信息触达人数 611.74 万户，信息打开率比当月平均头条打开率提升 22 个 BP，精准推送后页面日均访问量较推送前提升 173 个 BP；2024 年 6 月 19 日，针对上海地区微信粉丝，精准推送推文《享山姆爆款美食，上邮储银行手机银行抢 500 元免单！》，送达人数 15.97 万户，信息打开率较头条平均打开率提升 124 个 BP，活动页面访问量较前一日提升 43.41%，有效拉动活动效果。

（三）直播运营，有效提升客户转化

2023 年 12 月，借助手机银行 9.0 上线契机，邮储银行开展手机银行 9.0 专场直播活动，单场直播平均观看量超过 1.2 万人次。2024 年 1 月，联动分行专业理财经理专场直播讲解贵金属，活动期间手机银行 APP 贵金属产品销售额较同时段提高 300%。“独具慧心，共襄成 9”手机银行 9.0 专场直播活动中，主播为粉丝生动讲解了手机银行 9.0 的亮点功能、营销活动和操作方法。“云邮中国”系列直播活动，带粉丝“云游览”了大连、安阳等城市的风土人情。通过直播等新型互联网运营模式，邮储银行转变了传统的依赖物理网点的客户服务模式，让客户服务线上化、数字化、智能化。

（四）数字藏品，突破传统运营模式

邮储银行依托区块链技术，共在手机银行 APP 发行了包含智慧兔、财富兔、振兴兔、奋斗兔等在内的多款数字藏品。其中，首款智慧兔藏品限量发行 18888 份，清新可爱的马卡龙色调，具有科技感的兔子形象，深受客户喜爱。“兔”飞猛进 、大展宏“兔”、“柿柿”如意、数字萌宠乐园等数字藏品以更加具有立体感的 3D 形式呈现，突破了银行传统的 2D 内容运营模式。部分数字藏品还支持设置成 APP 头像和主题皮肤。此外，邮储银行手机银行还上线了抽主题盲盒等创新功能，客户完成登录等任务收集拼图碎片，即可抽取主题盲盒，领取后可以一键更换手机银行 APP 主题皮肤。通过数字技术在宣传设计和内容运营领域的创新，重塑了邮储银行的品牌影响力，尤其是在 Z 世代客群心中的品牌印记。

智慧兔　　奋斗兔　　财富兔　　振兴兔

图 4　邮储银行发行的数字藏品

（五）精品内容，打通客户服务鸿沟

2023 年，聚焦客户关心的产品、功能、服务、权益、合规等主题，邮储银行策划推出了“手机银行宝藏功能”“合规风控小课堂”“邮惠生活”等系列专题推文，全年策划发布推文超 300 篇，累计阅读量超 1500 万次。其中，手机银行相关的功能、活动推文 86 篇，累计阅读量超 600 万次。2024 年上半年，在官方视频号推出“手机银行系列功能”介绍短视频 18 期，通过短小精悍、生动有趣的动漫形式，讲解了版本切换、个人养老金、预约转账等重点功能的亮点特色和操作流程，视频累计观看量超 100 万人次，深受客户喜爱。

图 5　邮储银行手机银行宝藏功能系列推文

图 6　邮储银行手机银行系列功能短视频

八、总结

新媒体和数字技术的蓬勃发展为传统商业银行带来了新的机遇与挑战。商业银行的金融服务模式必将由传统的说教式、营销式、同质化，向陪伴式、多元化、差异化转变。如何借助数字化手段，发力内容运营，提高内容传播质效，提高金融服务的可得性，满足不同客群的差异化金融服务需求，成为商业银行数字化转型的重要课题。邮储银行数字化内容运营体系打破了传统的依赖线下渠道的静态内容运营模式，实现了公私域流量的互联互通，通过创新短视频、直播、数字藏品等形式，促进了金融业务的轻量转化，重构了银行与客户的连接关系，提高了金融客户的活跃度、忠诚度和满意度，提升了数字金融服务质效。

下一步，邮储银行将深入贯彻“5+1”战略路径，进一步挖掘数字技术潜力，完善数字化内容运营体系，以为广大客户提供优质、便捷、高效的综合化金融服务为己任，从内容策划、平台建设、直播运营、精准推送、支撑保障等多维度加快布局，以高频的内容消费场景，拉动低频金融消费场景增长，通过多元化、特色化、差异化的内容运营策略，提升客户粘性和品牌影响力，借助大数据技术，完善客户画像，实现精准营销和运营，培育“五大差异化增长极”，持续推动数字金融服务质效提升。

厦门国际银行股份有限公司

华侨金融数智服务平台

一、引言

作为国家“十四五”规划和 2035 年远景目标纲要的重要内容，“双循环”新发展格局被提升到极高战略层面，新发展格局对推进我国对外贸易创新、高质量发展具有巨大作用。发展华侨金融，是贯彻落实中央金融工作会议精神，做好金融“五篇大文章”科技赋能华侨经济圈高质量发展的重要举措，有助于高质量共建“一带一路”和“粤港澳大湾区”。在这样的背景之下，厦门国际银行积极响应政策号召，发起华侨金融数智服务平台建设以加快推进厦门国际银行华侨金融业务和国际业务向线上化、自动化、智能化的“批发”作业模式跨越式发展，实现产品、营销、运营、风控和决策等维度的全面数字化转型，以提升厦门国际银行国际业务便利化水平，助力新时代侨务工作高质量发展。

本案例以自然语言处理、大数据分析、OCR 识别、生成式人工智能等技术为依托，打造华侨金融数智服务体系，实现华侨金融业务智能交互，提升本行快速响应、积极服务内外贸客户需求能力，实现引流获客、交易活客、服务粘客，扩大基础客群。平台通过建立多渠道服务矩阵、多场景服务模式，支撑华侨金融业务线上流程优化，打造线上业务运营的“智慧中枢”和业务管理的“智慧大脑”，提升数字化业务集约运营层次，助力华侨金融业务数字化转型。

二、项目方案

（一）业务方案

本案例通过建设对客服务渠道端的“华侨金融”专区和基于互联网金融服务平台的技术框架搭建汇 e 通、金 e 通、融 e 通、跨 e 通和工作流引擎模块，打造华侨金融数智服务平台。

平台围绕用户生命周期的阶段性需求，提供进口方向、出口方向、项目建设、资金管理等多节点、灵活组合方案供企业选择，有的放矢满足不同类型客户的多样化需求，实现引流获客、交易活客、服务粘客，扩大基础客群。同时，平台以大数据风控、自然语言处理、生成式人工智能等新兴金融科技作为驱动，利用客户旅程思维重塑业务和服务流程，助力华侨业务“数智化”转型，提升厦门国际银行“专业服务”“智能高效”“融通联动”服务能力。此外，平台依托《华侨金融服务》企业标准，运用大数据技术对华侨华人客群金融需求进行分析，针对华侨华人金融客户设计相应匹配的信贷产品，为境内外华侨金融客户提供线上化极致体验。案例分为三个实施阶段。

第一阶段主要实现“汇 e 通”产品体系下的跨境汇出汇款、澳门速汇、汇入汇款和“金 e 通”产品体系下的资本项目外汇收支便利化、代客外汇即期、远期线上化，即外汇即期、远期业务在线结售汇、远期提前、到期、择期交割、远期市价展期、远期原价展期、单据下载、牌价查询、交易查询等；

第二阶段主要实现“汇 e 通”产品体系下的国内信用证和国际信用证全生命周期、“金 e 通”产品体系下的代客外汇掉期、期权线上化，即掉期结售汇 / 外汇买卖申请、掉期近端 / 远端到期交割、掉期、掉期远端提前交割、行权、行权前平仓等；

第三阶段主要实现“融 e 通”体系下的外贸 e 贷、OA 押汇、“金 e 通”产品体系下的侨汇便利化、“跨 e 通”产品体系下的跨境资金池全场景功能。

（二）技术方案

1. 系统集成架构

华侨金融数智服务平台主要通过网上银行、手机银行提供对客功能，由互联网金融服务平台提供汇 e 通、融 e 通、金 e 通、跨 e 通等产品线上服务，未来也将通过开放银行对接合作方提供产品接口服务，同时与行内核心系统、代客外汇系统、报价引擎、信贷系统等系统通过 DESB 进行交互。

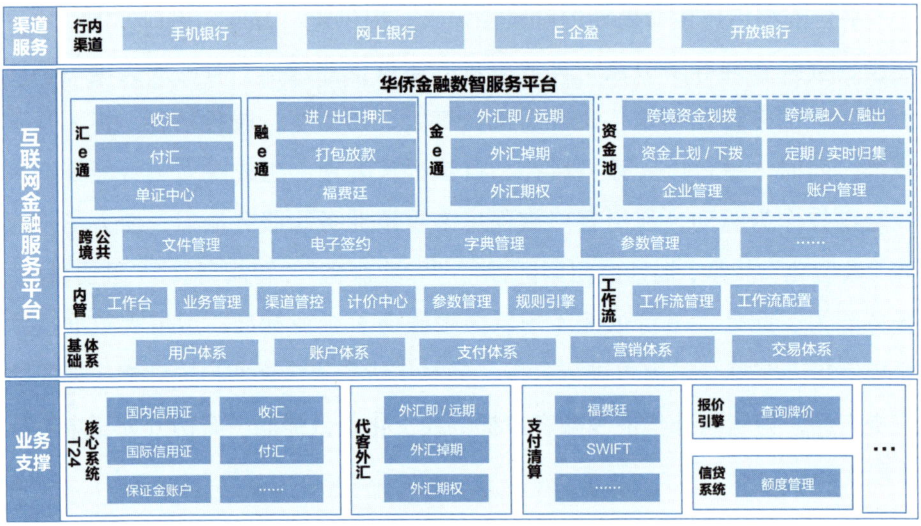

图 1　华侨金融数智服务平台集成架构

集成系统名称	集成方式	通信协议 / 报文格式	相关接口	联机 / 文件 / 抽数
核心系统	DESB	SOAP+XML	查询账号信息、开保证金账户、保证金账户销户、付汇、国内证开证、国际证开证等	无
信贷系统	DESB	SOAP+XML	查询信贷额度、接收提交贷审批待办等	无
代客外汇	DESB	SOAP+XML	即期、远期、掉期、期权等	无
对客报价引擎系统	DESB	SOAP+XML	查询牌价等	无

2. 系统技术架构

华侨金融数智服务平台系统建设方向包括网上银行、手机银行以及互联网金融服务平台等。

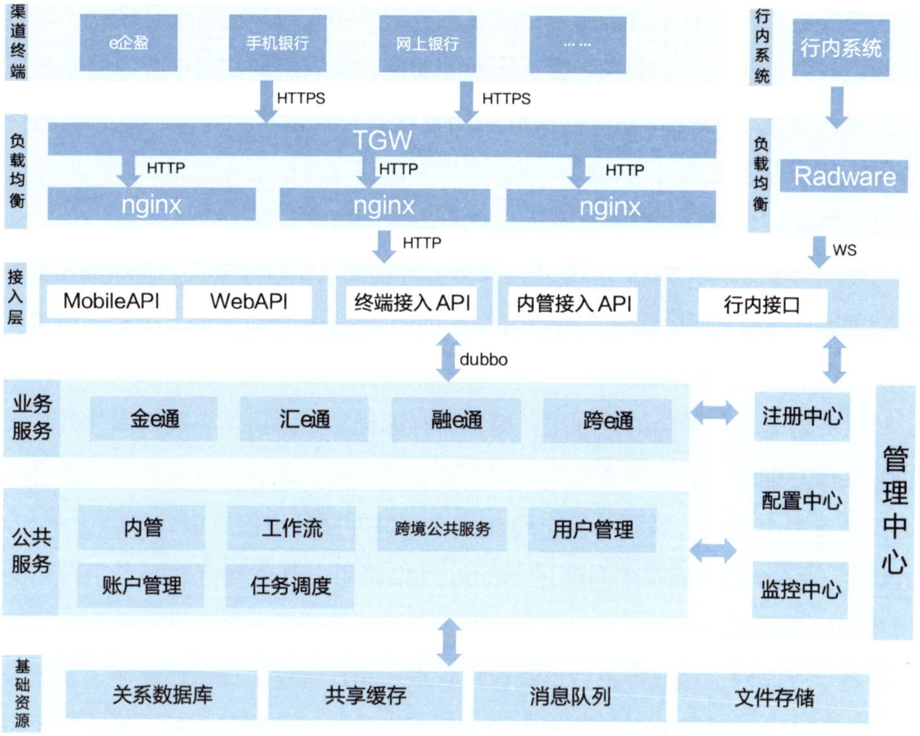

图 2　华侨金融数智服务平台技术架构图

涉及各层技术分布情况如下。

• 渠道终端

渠道层负责页面的展现和用户交互，本次在网上银行、手机银行前端功能建设华侨金融数智服务平台对客界面功能，未来也将通过开放银行对接合作方提供产品接口服务。本次涉及的网上银行、手机银行前端的开发技术主要是基于本行自主研发的前端开发平台，前端开发平台通过组件化的封装，引入业界主流的 VUE.js 前端框架统一使用规范，以提供一致的风格和操作体验，页面展现支持跨平台及多渠道融合发布。

• 负载均衡

采用 CLB+Nginx 方案实现高可用性和负载均衡。用 CLB 实现 VIP（虚拟地址服务）到接收 client 端请求，分发到 real server（Nginx）；Nginx 通过反向代理转发请求到后端的互联网金融服务平台应用接入层。

• 接入层

接入层是互联网金融服务平台应用服务对外的入口，提供报文转换、安全控制、权限控制、设备准入、会话管理等功能。接入层向注册中心订阅服务获取服务的信息，通过 dubbo 的负载均衡算法，将请求均衡转发到后台的服务提供方完成业务逻辑处理。接入层的会话管理通过共享缓存实现，用户的会话信息保存在共享缓存中，因此接入层也可以无限横向扩展。

接入层根据请求发起的对象不同又分为外部接入和内部接入，外部接入主要是处理客户终端发起的请求，内部接入则处理行内系统通过 DESB 发起的请求。

• 业务服务与公共服务

服务层是业务逻辑的处理层，提供流程编排、资源访问（数据库、共享缓存、文件存储）和后台服务调用完成业务处理逻辑。服务层根据业务范围将服务拆分成多个系统，将服务发布到注册中心供外服务消费方以 dubbo RPC 方式调用。服务层各子系统间通过 dubbo 互相调用，互联网金融服务平台相关服务层均基于本行自主研发的分布式微服务框架基础开发平台进行开发。

基于互联网金融服务平台已有账户管理、用户管理、任务调度等子系统服务，新增六个子系统服务，分别为金 e 通子系统、汇 e 通子系统、融 e 通子系统、跨 e 通子系统、公共服务子系统以及工作流子系统，其中工作流子系统基于开源工作流引擎 activiti 进行扩展。同时本次涉及新增互联网金融服务平台内管功能，新增的功能包含工作台、业务管理、渠道管控、计价中心、参数管理以及规则引擎等模块。

• 运维管理

运维管理包含注册中心、配置中心以及监控中心。注册中心采用 Zookeeper 集群方案，提供服务的注册、订阅、通知，实现服务治理。互联网金融服务平台采用分布式技术构建，需要维护海量的服务器和服务配置，配置中心基于 TKE 的配置字典，简化配置管理的工作难度，提高运维效率，降低配置维护的操作风险。监控中心可以根据需要实时调用流量控制策略和访问权限控制策略。

• 基础资源

基础资源包括关系数据库、缓存、消息队列、文件存储。关系数据库采用

TDSQL，数据库采用一主三从，主从数据复制的方式提供高可用性。缓存采用互联网金融服务平台已有的 CRedis；消息队列采用 CMQ，根据实际需要进行申请；CSP 文件存储沿用已有的存储桶，通过新增子目录方式划分新的区域给当前业务子系统使用。

3. 系统数据架构

华侨金融数智服务平台包含了 6 个子系统模块，其中汇 e 通、金 e 通、融 e 通、跨 e 通的数据库存储对应业务数据；汇 e 通、金 e 通、融 e 通、跨 e 通涉及文件上传、字典查询（包含自定义字典、国家信息、地区信息、SWIFT CODE 等）均通过公共服务处理，涉及需要银行内部审批的操作，调用工作流服务生成待审批事项。

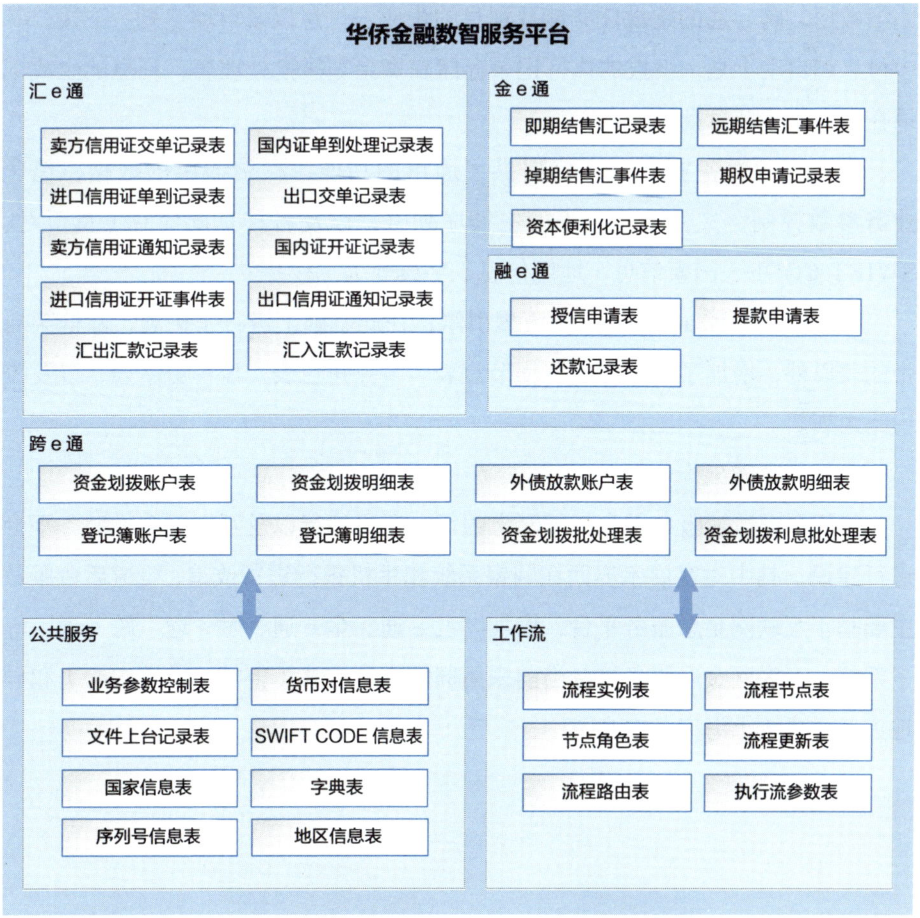

图 3　华侨金融数智服务平台系统数据架构

汇 e 通子系统主要存储了外汇汇款、汇入汇款、国内信用证（开证、改证、交单）、国际信用证（开证、改证、交单）等业务数据，对应主要的表包含汇出汇款记录表、汇入汇款记录表，以及国内 / 国际信用证对应的表。

金 e 通子系统存储即期、远期、掉期、期权、资本便利化的业务数据。

融 e 通子系统提供了融资功能，存储了授信申请、提款申请以及还款的业务数据。

跨 e 通子系统提供了资金上划 / 下拨、外债放款的功能，其信息存储在划拨明细表、外债放款明细表中，对应的账户分别存储在资金划拨账户表以及外债账户表中。跨 e 通中设定的资金池账号信息存储在登记簿账号表中，当满足一定业务规则发生了资金划拨或者外债放款的行为后，往登记簿明细表中新增明细数据。跨 e 通的跑批任务涉及利息的生成、付息以及自动上划 / 下拨，其中付息和自动上划 / 下拨的执行记录存储在资金划拨批处理表，利息的生成记录在资金划拨利息批处理表。

公共服务为各业务子系统提供了通用的功能，存储通用的数据，包含业务参数控制、文件上传、表的主键序列号，以及各种基础信息（货币对、SWIFT CODE、国家信息、地区信息、字典等）。

工作流采用了 activiti 开源流程引擎，在此基础上进行了扩展，除框架自带的表以外，增加了自定义的流程节点表、节点角色表、流程更新表，以及流程路由表。

4. 系统部署架构

华侨金融数智服务平台基于网上银行、手机银行以及互联网金融服务平台进行建设，其中对客展示界面在网银系统和手机银行进行改造；渠道后台服务主要基于互联网金融服务平台，增加“汇 e 通、金 e 通、融 e 通、跨 e 通”等子系统。互联网金融服务平台当前采用同城灾备方式（杏林湾数据中心）和异地灾备方式（上海灾备中心）。

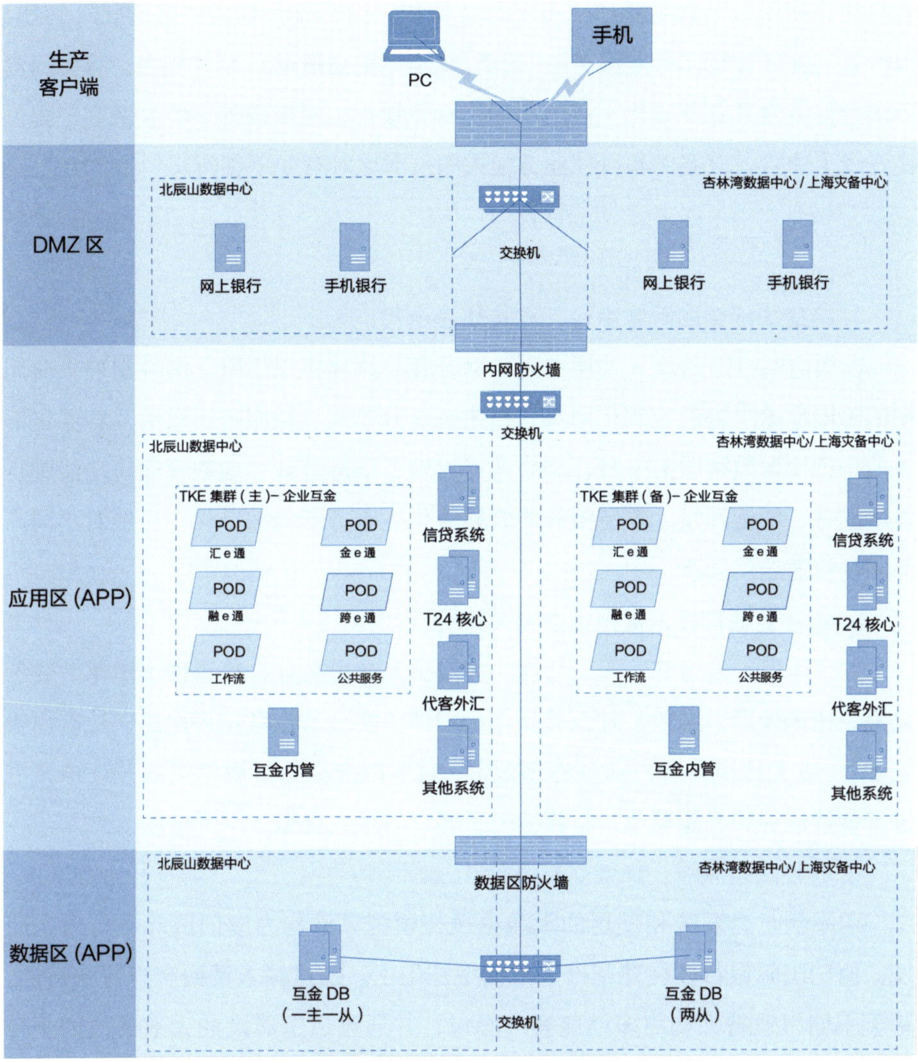

图 4　华侨金融数智服务平台部署架构

三、项目创新

本案例是厦门国际银行华侨业务线上运营的“智慧中枢”和业务管理的“智慧大脑”，一方面，通过搭建“汇 e 通、融 e 通、金 e 通、跨 e 通”四大产品体系，建立多渠道服务矩阵、多场景服务模式，提升获客、活客、黏客能力；另一方面，以大数据风控、自然语言处理、生成式人工智能等新兴金融科技作为驱动，利用数字思维重塑业务和服务流程，助力华侨业务“数智化”转型，提升厦门国际银行“专业服务”“智能高效”“融通联动”服务能力，将厦门国际银行打造为具有差异化优势的国际化特色银行，为境内外华侨金融客户提供良好线上体验。该案例和以往业务模式和技术比对有如下创新。

（一）技术创新点

1. 构建华侨金融数智中台，支持快速迭代

在渠道端打造跨境 e 站通专区，融合客户旅程建设思路，围绕用户生命周期的阶段性需求提供定制化服务，自主搭建分布式、微服务、双活及容器化部署的华侨金融数智服务中台，结合业务管理、渠道管理、参数管理等功能进行灵活配置、敏捷开发、支持组件能力服务化、服务能力编排化，可针对不同产品实现快速迭代创新。

2. 综合金融科技，提升客户操作体验

综合运用了云计算、人工智能、大数据等金融科技，集进件、审单、数据处理、账务处理、结售汇处理等操作为一体，实现“让数据多跑路，让客户少跑腿”，极大地提升客户业务办理效能；对客户提交的纸质信用证开证申请书进行智能识别和智能填单，有效减轻了客户的录入负担。

3. 科技赋能风控，降低交易风险

本案例全套系统和使用的大数据风控模型算法均为厦门国际银行自主研发。厦门国际银行在构建基础风险模型基础上，通过深入调研客户行业特性，基于不同行业特性构建多维度客户画像，并通过自主建设的大数据风控平台实现差异化风控模型，加强风险识别、预警和处置能力，降低跨境交易金融风险。

4. 创新打造 ChatXIB，助力业务全面提速

基于开源生成式大模型，结合检索增强、智能体等前沿技术，自主研发厦门国际银行大模型智能问答系统 ChatXIB，组建“华侨金融数智服务”专项知识库，加速华侨金融知识流通，打破数据孤岛，有效赋能华侨金融业务答疑解惑，支持业务过程中快速智能问答，进一步提升华侨金融服务质量。

（二）业务模式创新

1. 打通产品体系，创新产品类型

本案例通过打造“汇 e 通、融 e 通、金 e 通 、跨 e 通”产品体系，为客户提供线上收付汇、代客外汇及衍生品交易、开立信用证、国际贸易融资等跨境金融服务。此外，创新打造资本项目便利化、澳门速汇、侨汇便利化、“金 e 通”衍生品交易相关新产品、新功能，进一步丰富产品类型。

2. 建立数智中枢，助力集约运营

通过建立多渠道服务矩阵、多场景服务模式，支撑跨境金融、华侨金融业务线上化流程优化，同时支持相关配置、管理、维护、监控功能集聚，打造线上跨境金融、华侨金融业务运营的“智慧中枢”和业务管理的“智慧大脑”——华侨金融数智服务平台，提升数字化跨境金融、华侨金融业务集约运营层次，改善华侨金融业务操作人员业务操作便利性。

3. 运用客户旅程，创新重构流程

本案例充分运用客户旅程重塑的思维与方法论，针对本项目项下业务产品进行流程梳理及创新重构。例如。

（1）实现即期与外汇衍生品交易在等值 500 万美元限额内的自助交易，后续无须落地人工处理，实现外汇交易直通；

（2）针对满足一定条件的企业与汇款场景，实现汇出汇款直通，无须落地人工处理；

（3）国内信用证实现客户端线上全方位接入国内信用证业务的申请及处理，整合结算运营和审核流程，通过高效交互疏通流程壁垒，一体化实现前台录入、中台校验、后台抓取，大幅减少人工操作；

（4）优化 NRA 企业开户业务两客体验，聚焦核心痛点难点，完善真实性求证，降低客户操作成本，释放一线业务作业资源。

4. 创新金融场景，打好侨牌特色

深挖沉淀重点客群，推出更具“侨牌”特色的金融服务和产品，包括侨汇便利化、澳门速汇、外贸 e 贷、资本项目便利化服务、跨境资金池等特色化金融场景产品与服务，走进客户，共同成长。

5. 发布服务标准，提升服务水平

厦门国际银行发布《华侨金融客户服务规范》标准化文件，行业首创侨胞侨企身份识别规范，打通渠道获客、运营活客、风控助客各环节，实现全流程侨胞侨企标签识别。通过客户精准画像和系统可视化识别能力，为华侨金融客户提供相应匹配的融资产品，依托“汇 e 通、融 e 通、跨 e 通、金 e 通”实现产品体系化和服务便捷化，为华侨金融客户带来数智化的服务体验。

四、项目风险点

在风险控制方面，本平台使用自主研发的大数据风控模型，基于不同行业特性制定实现差异化风控模型，加强风险识别、预警和处置能力，降低跨境交易金融风险。此外，本平台还引入行内统一风险引擎服务中台，通过大数据 Flink 实时流技术实现秒级监控大盘、实时监测报表以及实时告警，及时发现授信申请、支用审核等关键流程的异常，避免风险事件发生。针对风险事件，本案例也已制定完善的风险处置预案，具备快速应对突发事件的能力。

系统安全方面，该案例基于统一的安全架构在系统层、网络层和基础安全设施层进行多层安全措施防控，并使用安全软硬件产品构建了覆盖身份与信任管理、访问控制、机密性、完整性、安全审计的安全体系。

在运维方面，基于厦门国际银行全链路监控，使用私有云部署确保数据信息安全，通过容器化管理保障系统独立性和自动化管理，满足系统安全性的要求。

五、技术实现特点

（1）本平台已集成统一风险引擎服务中台，利用统一风险引擎服务中台的统一决策服务和智能分析等功能，自动化对接工商司法等数据，实现外贸 e 贷产品的授信准入、审批、定价、核额、支用场景的自动化决策，不仅减少了人

工审批的时间，而且在降低风险的同时提高了审批的效率。

（2）本平台已对接厦门国际银行的自然语言处理平台，利用光学字符处理（OCR）、自然语言处理（NLP）以及机器学习（ML）等技术实现信用证开证申请书的自动解析，再通过数据清理、预处理得到准确的结构化数据回传给业务系统，实现全程自动化操作，节省人工填写耗费的时间。自然语言处理平台可兼容各种不同类型的文档，包括 PDF 扫描件、WORD 电子文档等模型，解析准确率可达 95% 以上，平均每笔识别任务耗时在 10 秒以内。

（3）本平台使用的互联网金融服务平台是以云原生技术为核心基础底层技术架构，基于本行自主研发的分布式微服务框架的基础开发平台，可快速实现分布式系统基础设施的开发，做到一键启动和部署。基于分布式微服务的技术前沿框架，建立迭代开发持续集成的快速交付能力，将科技与业务紧密协作，满足将金融产品及服务与场景紧密融合的实现落地。

（4）本平台采用国产化私有云平台进行应用系统搭建，结合本行“两地三中心”的数据中心架构，采用业界领先的同城双活、异地灾备部署架构，确保场景内数据信息安全。平台实现了 docker 容器化部署，满足应用 CICD 持续集成及代码版本管理，以更低成本实现系统的快速迭代部署与测试。容器编排工具可以实现自动扩 / 缩容、故障恢复，减少人工操作的复杂性，降低管理和维护的成本，提高效率。

（5）本平台实现了基于大模型技术的问答助手，使用向量库、对象存储、搜索引擎等组件构建了高性能、分布式大模型服务。平台采用量化技术、加速推理框架、上下文扩充等技术保障了知识库检索问答时的反馈效率，为业务提供良好体验。

六、项目运营情况及过程管理

（一）项目运营情况

本案例充分梳理厦门国际银行华侨金融相关产品，打造创新产品，完善华侨金融产品供给，最终形成“汇 e 通、金 e 通、融 e 通、跨 e 通”的产品体系，针对国际结算、本外币资金管理、国内外贸易融资、跨境投融资等场景，提供灵活组合方案。此外，厦门国际银行以金融科技和业务创新为驱动，用数字思维和客户旅程方法论重塑业务流程，设计研发配套线上化综合服务平台，目前已实现跨境结算、贸易融资、外汇交易与避险业务功能，未来将进一步扩展业务场景覆盖面，深化特色化场景金融，全面提升厦门国际银行服务跨境金融、华侨金融客群的专业能力与服务效率。截至 2024 年 12 月，本项目相关系统累计服务超 1500 家企业，累计业务规模超过 1100 亿元，为企业客户节省各项成本超过 7000 万元。

（二）项目过程管理

在项目建设初期，首先对项目整体建设情况按照需求分析、系统设计、系统开发、系统测试、投产上线进行划分，并逐项细分颗粒度，制定最长不超过 5 个工作日的详细项目进度计划表。

在项目建设时期，项目组严格按照项目进度计划表执行，项目组成员遇到问题第一时间提出，由项目经理负责统筹协调，加快推进解决问题，最终顺利上线。

七、项目成效

本案例是厦门国际银行通过科技金融助侨、打造新时代华侨金融样本的重要载体，通过搭建华侨金融数智服务平台，为境内外客群提供国际结算、本外币资金管理、国内外贸易融资、跨境投融资等华侨金融业务全生命周期的线上化服务。此外，本案例创新性融入客户旅程思维理念及方法论，从“两客体验”角度出发，聚焦业务端到端全流程痛点，针对华侨金融业务产品进行流程梳理及创新重构，较大地提升了华侨金融业务的客户体验和集约运营效率。

（一）经济效益

本案例于 2022 年 3 月启动，并于 2023 年 2 月成功上线，截至 2024 年

12 月已为超过 1500 家企业客户提供华侨金融综合服务支持，业务发生额累计超过 1100 亿元，累计减少人工耗时 40 人月，为企业客户节省各项成本超过 7000 万元。

（二）社会效益

1. 汇聚华侨金融服务，助力华侨经济圈发展

本案例通过科技赋能汇聚侨胞侨企普遍金融服务功能，为吸引侨资提供更多的机会和便利，从而进一步发展壮大华侨华人经济圈，把广大侨胞振兴中华的爱国之心与实现对美好生活向往的个人梦想连接起来，同心共赴中华民族伟大复兴。

2. 搭建华侨金融服务平台，促进实体经济发展

通过搭建华侨金融数智服务平台，为境内外国际业务客群提供国际结算、本外币资金管理、国内外贸易融资、跨境投融资等全体系华侨金融服务，凝聚侨心汇聚侨力，努力赋能华侨华人经济圈高质量发展，为服务国家战略，助力构建新发展格局贡献金融力量。为打造高水平对外开放布局的目标提供现实助力，努力以高质量的金融服务促进实体经济发展，在提升厦门国际银行跨境金融、华侨金融服务质效的同时助力厦门市金融科技之城、国际化都市建设。

3. 打通两地壁垒，提升华侨客户汇款效率

本案例为澳门客户提供“澳门速汇”华侨专属跨境汇款服务，依托本行集团优势，实现内地与澳门国际银行间跨境汇款 7×24 小时“秒到收款行”，同时出台免收电报费，手续费 5 折优惠政策，以实际行动践行减费让利，有效提升企业资金跨境汇款效率，进一步促进内地与港澳的金融便利性，助力两地实体经济发展。

4. 积极响应国家政策，提升银行资本项目便利化服务水平

资本项目便利化是厦门国际银行基于国家外汇管理局下发的资本项目收入支付便利化相关政策，推出的线上资本项目外汇收入支付便利化业务，允许符合条件的企业客户通过企业网银发起资本项目意愿结汇、支付结汇、结汇待支付汇出业务。该业务简化了资本项目收入支付业务单证及流程，便利经营主体

合规高效办理资本项目收入支付业务。

华侨金融数智服务平台荣获《中国银行保险报》2024 银行业数字金融实践典型案例、2024 年“TiD 质量竞争力大会”软件研发数字金融优秀案例、第九届“融城杯”金融科技创新优秀案例、2024 年厦门市金融业数字金融劳动技能竞赛团体三等奖、第四届“金信通”金融科技创新应用典型案例等多项荣誉。

八、项目总结

该项目是深入贯彻落实习近平总书记重要指示，响应国家“稳外贸、稳外资”号召，贯彻落实国家“双循环”新发展格局战略和金融服务实体经济理念的实践。打造华侨金融数智服务平台，是厦门国际银行在金融领域践行“大侨务”工作理念的重要举措，通过“金融 + 科技”赋能新时代侨务工作，当好海外侨胞和归侨侨眷的贴心人，成为侨务工作的实干家，最大限度把海外侨胞和归侨侨眷中蕴藏的巨大能量凝聚起来、发挥出来。通过打造华侨金融业务线上运营的“智慧中枢”和业务管理的“智慧大脑”，建立多渠道服务矩阵、多场景服务模式，提升获客、活客、粘客能力，助力华侨金融业务数字化转型，将厦门国际银行打造为具有差异优势的国际化特色银行和华侨金融优选银行，为境内外华侨金融客户提供线上化极致体验。

九、项目展望

未来，厦门国际银行将继续深入践行“华侨金融”战略，并持续开展华侨金融数智服务平台 2.0—3.0 版本迭代，充分利用客户旅程方法论，由“以产品为中心”向“以客户为中心”转变，围绕客户经营全生命周期，充分融合人工智能模型等智能化手段，智慧融合适配相关产品与服务，打造一站式特色综合金融产品服务体系，为客户创造价值，并依托厦门国际银行两岸三地布局优势，逐步向附属机构延伸拓展，实现多方共赢。更好响应国家“发挥跨境业务服务实体经济”号召，支持“一带一路”建设，助力构建以国内大循环为主体、国内国际双循环相互促进的新发展格局，切实发挥跨境业务服务实体经济、促进贸易投资便利化作用，践行党的二十大精神，坚持“做精、做专、做特色”发展道路，致力实现打造“华侨金融优选银行”终极目标。

珠海华润银行股份有限公司

华润银行研发安全管控平台建设

一、引言

在数字化转型的背景下，华润银行不断探索和利用各项互联网技术，发展和完善研发模式，努力打造为快速响应业务需求，向客户提供高效、稳定、安全服务的平台。以安全最大程度的左移为目的试行 DevSecOps 方案并持续优化改进，探寻 DevSecOps 最佳解决方案并在华润银行全面推行。

据统计，超过 40% 的企业拥有多达 11 款 AST 工具，同时，为了使用好这些工具又需要在人力成本及培训成本上增加投入。然而，尽管投入成本非常大，但仍然无法保障软件的质量与安全。企业对软件风险把控的成功率比较低。即使是比较熟练的软件安全技术人员，也无法直观高效地审核和查明最易受攻击的软件分布情况，从而导致合规管控变得非常困难。应用安全测试是在 SDLC 的不同阶段开展的，操作人员也不相同，甚至运行的结果也不具备统一性，进而导致不同团队进行汇总分析的效率非常低。

随着应用程序变得更加复杂，并且安全工具和职责跨越多个部门，获得应用程序整体安全状况的可见性变得更加困难。这使得评估、衡量、确定优先级和响应应用程序风险的工作变得更加复杂。开发、平台工程、云运营、安全团队和其他团队经常难以确定特定安全问题的优先级，以最大限度地降低风险。应用程序开发的速度和方法给传统的应用程序安全工作带来了压力，给所有利益相关者带来了困惑和沮丧，并产生了无法有效管理风险的令人不满意的结果。需要建设一套开发安全运营平台，统一对多种安全测试工具链的扫描检测、安全漏洞缺陷和安全门禁等进行一体化综合管理，对安全风险缺陷进行有效跟踪和闭环修复，提高安全运营效率。

华润银行已经初步完成建设 DevOps 体系，现已补齐包括代码安全检测、组件安全检测、主机 / 容器安全检测等工具链，形成 DevSecOps 体系。计划将安全检测工具链嵌入自动化流程中，支撑在本地开发环境、测试环境和预生产环境中执行自动化代码安全扫描检测，实现在封板流程中建立安全门禁，驱动安全风险有效闭环修复。

二、项目方案

（一）方案思路

通过建设一套研发安全管控平台，综合对接集成 SAST、SCA、IAST、DAST 等工具链，并且与 DevOps 平台流水线进行对接集成，实现在 CI/CD 流程中自动化执行扫描检测，并对工具链扫描检测结果进行通过管理，结合漏洞缺陷优先级设置安全门禁策略对检测结果进行安全门禁计算。在上线流程中将安全门禁结果和检测结果提供安全评审和审批，从而整体实现自动化扫描检测，统一安全风险管理和上线安全管控，有效增强公司安全开发运营能力。

（二）系统介绍

研发安全管控平台（DSOP）支持在整个软件安全开发过程中集成和利用应用安全检测工具链，生成与各个应用程序及其组成部分相关的风险视图。支持通过配置方式快速对接集成安全检测工具链和 DevOps 平台，避免在对接不同厂商和不同类型工具在平台过程中产生额外的定制开发工作量和成本。在整个软件开发、部署和操作生命周期中聚合、关联和评估安全信息，通过综合各个工具链的安全门禁策略，形成统一的安全门禁策略提供 DevOps 平台封板阶段进行安全卡点，在开发过程中综合治理应用安全风险隐患，增强安全可见性、管理应用安全漏洞和控制安全活动执行，提高应用程序安全效率和风险管理水平。

（三）总体架构

研发安全管控平台主要应用于内部安全管控，结合内部安全管理流程，通过对接安全检测工具链，统一收集安全检测结果数据，进行安全漏洞风险统一闭环管理。在应用上线部署申请流程中，提供安全卡点策略和检测结果评审元数据，与 DevOps 平台进行联动完成整体的安全管理流程接入，从而实现安全开发流程全方面的安全管控。系统业务架构设计图如图 1 所示。

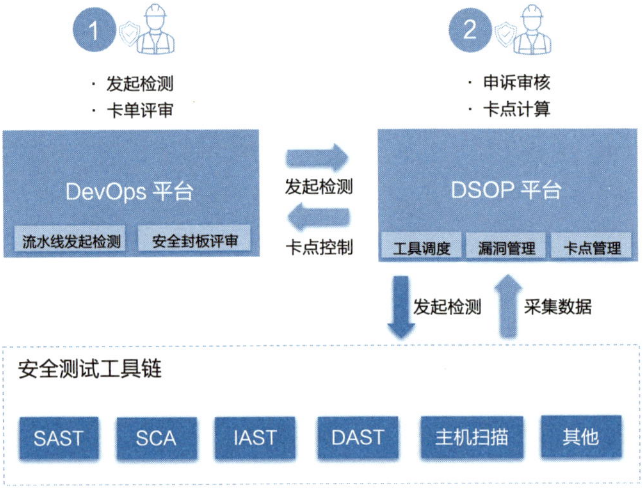

图 1　总体管控架构和流程

（四）功能架构

研发安全管控平台主要功能包括扫描平台管理、漏洞管控、资产管理、知识库管理、后台管理、配置管理和度量指标统计报表管理等功能。整体功能架构如图 2 所示。

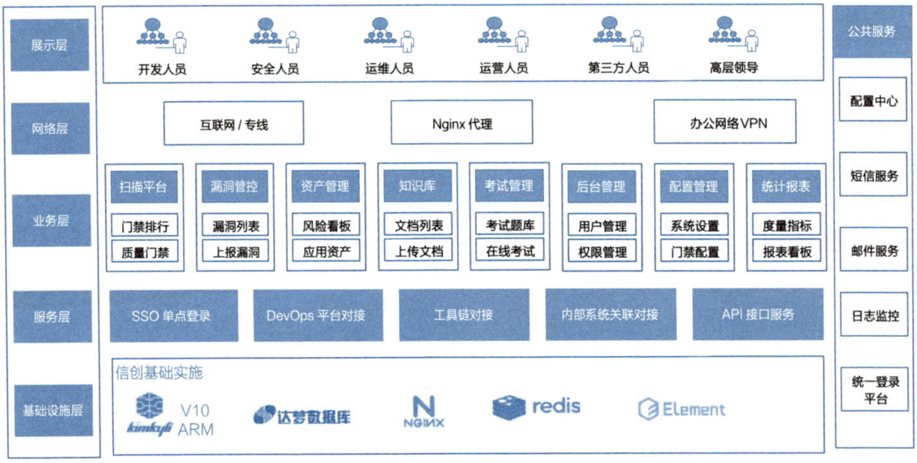

图 2　功能架构

（五）平台功能

随着安全需求的不断发展，安全左移至开发侧已经成为未来安全发展的必然方向，而自动化的工具链可以极大地提升整个开发过程的安全，并确保实施过程的安全性。产品功能要点如下。

1. 产品支持通过配置方式与研发流水线对接

产品支持与研发流水线对接，从研发流水线获取研发信息，并可跟踪对应的安全状态，做到安全门禁管理，对不符合安全要求的版本自动阻断管理，同时拥有例外审批管理流程。

2. 安全门禁提供颗粒度参数配置功能

安全门禁提供颗粒度参数配置功能，如根据风险等级（高中低）进行精细化的配置管理。

（1）设置安全门禁，提升应用系统的安全上线通过门槛。可以基于源代码安全等检测工具进行安全卡点设置，建立起切实可行的安全质量门；可以在工具本身提供的全量检测规则的基础上，定制符合实际情况的要求集合。持续运营后确立安全质量卡点。在此基础上的一些特定的安全要求，可以在工具中增加一些定制规则，制定出具有特定场景的安全质量卡点。

（2）安全门禁要坚持最低级别的安全可接受指标。如可要求具有中等级别以上的安全漏洞的软件不能投入生产或进入下一个研发阶段。标记中、高风险漏洞的任何代码都应返回给开发团队进行修复。

（3）在安全门禁运行过程中，需要持续开展攻击面统计分析。确定代码中最关键和最易受攻击的区域，确保在开发和测试期间关注这些攻击面。并不断地分析这些安全问题的解决办法，建立优先处理和缓解措施。在此基础上，不断提高安全卡点要求，不断提升应用系统的安全水平。

（4）通过流水线进行安全卡点控制，开发人员通过门禁控制会意识到安全风险，明确解决方法。在安全测试卡点方面，需要对 SAST、IAST 和 SCA 等工具进行分别设置。在 SAST 工具方面，主要是通过结合缺陷出现频次、缺陷造成漏洞的危害程度等因素梳理出最重要源代码安全缺陷类型 Top 30 清单，在 SCA 工具方面，通过公开漏洞的严重程度，许可证的许可范围、组件黑名单等因素条件，配置禁止或允许使用策略。在 IAST 工具方面，由于 IAST 与 SAST 的检测规则类似，通过结合缺陷出现频次、缺陷造成漏洞的危害程度等因素梳理出最重要源代码安全缺陷类型 Top 30 清单；对接研发协同持续集成平台向质量门禁功能模块输出安全门禁结果，作为上线质量门禁管理依据。

（5）SAST 与 IAST 的底层规则相似，几乎可以用同一套卡点策略对检测结果进行门禁计算。结合软件常见脆弱性枚举（CWE）、Owasp Top 10 安全漏洞排名、出现频度很高和缺陷产生漏洞后的可利用程度及漏洞影响范围等因素，梳理进行卡点策略计算的 Top 30 安全缺陷类型清单。对卡点的缺陷类型清单进行规则层面和业务层面误报优化，确保整体误报率能够在 10% 以下平稳运行。开发人员能够花费更少的时间来追踪低优先级缺陷，而将更多时间用于修复存在于最高业务风险的缺陷。在此基础上，需要针对高频出现问题（包括 Top 30 安全缺陷类型）整理知识库，对开发人员进行定期培训，使得开发人员能够在开发过程中有意识地规避安全卡点和高危的安全缺陷。最后，通过卡点策略计算后，通过安全缺陷分类展示的方式，把触发安全卡点策略的缺陷列入立即整改项分类中，通过平台分类展示和报告分类输出等多种方式提供给开发人员进行快速定位和修复安全缺陷。

（6）在 SCA 检测卡点策略建设方面，主要是通过公开漏洞的严重程度，许可证的许可范围、组件黑名单等因素条件，进行综合梳理分析，形成安全卡点策略。并根据策略计算结果对组件打上禁止或允许使用标识。对禁止使用的组件，确保能够提供有效的升级或替换修复方案。SCA 检测卡点策略主要应用在组件下载和 SIT 测试环节。一方面，通过私服仓库插件集成，实时监听和分析下载组件风险，阻断下载触发安全卡点策略的组件。从源头阻止开发人员在构建过程中下载引入高危组件。另一方面，在应用上线前进行源代码和制品中包含的组件检测分析，如果发现预上线应用在组件检测结果中存在触发卡点策略的组件，则要求开发人员对组件版本进行升级或替换修复后才能通过卡点策略。

（7）通过流水线构建编号关联 SAST、IAST 和 SCA 等检测结果。在上线评估环节，通过流水线编号查看其对应 SAST、IAST 和 SCA 等检测结果和报告，根据检测结果结合卡点策略计算，智能评估安全检测结果是否能够通过卡点质量门禁，辅助安全团队进行上线安全评审。

3. 支持漏洞的全生命周期管理

支持漏洞的全生命周期管理，包括漏洞录入、确认、修复、修复验证、关闭等环节，提供漏洞定级标准，并支持邮件工单、内部通信工具的消息推送。

在应用软件生命周期的每一个阶段增加相应的安全活动（以测试阶段工具漏洞检测、人工渗透测试漏洞为主），发现各个阶段出现的安全问题，检测各个阶段出现的安全漏洞导入系统，进行安全漏洞的跟踪管理，形成安全漏洞的闭环处置和比对管理。

支持漏洞闭环处置，一个漏洞管理的周期通常是漏洞发现、漏洞确认（是否误报、定级）、漏洞分配（对应的开发修复）、修复审核（是否修复以及修复方案的健壮性）、漏洞关闭，来实现漏洞生命周期的闭环。支持指标数据展示，产品有一套完整的指标体系，例如，安全漏洞及时修复率、安全漏洞数量变化、安全门禁例外占比等，能够对研发中心的研发安全各项指标进行完整的展示，可以直观地观测研发中心安全状态。

对提交的项目代码、制品、组件进行安全检测和开源组件漏洞检测和安全分析管理。能够及时清晰掌握应用系统代码项目组件资产、许可证资产，许可证合规风险和安全漏洞风险，有效应对应用系统开源组件相关风险，提高应用系统的合规有效性和安全可靠性，主要实现代码项目管理、检测任务管理、检测结果管理、系统配置管理、组件漏洞搜索与提醒等功能。提供统计分析报表及数字仪表盘，展示关键指标，举例如下。

通过安全门比率（PSGR）= 通过安全门控的扫描数 ÷ 总数

4. 支持与黑盒、白盒、灰盒等安全检测工具对接

支持与黑盒、白盒、灰盒、漏洞检测（主机安全防护平台 / 漏洞扫描工具）、API 安全检测等安全检测工具对接，并将相关工具的扫描结果纳入安全门禁管理，应用于对研发流水线的安全管理。

软件安全成分分析 SCA（Software Composition Analysis）是对软件的组成部分进行识别、分析和追踪的技术，主要是对第三方组件或开源代码的安全检查，包括来源、漏洞等。对于扫描发现的中高危级别漏洞的应用延迟发布直至漏洞被处理。

SAST（Static Application Security Testing）静态应用测试，对应研发阶段的代码扫描。SAST 可以有两套不同的代码扫描引擎，一个是基于文本扫描的正则扫描，一个是基于构建的数据流、控制流扫描。正则扫描用于在 DevOps 的开发过程 CI/CD（持续集成 / 持续提交）流程中的快速检测，可以用于应急响应中的全量代码扫描，比如，一些代码配置或特殊函数的调用。同时，其缺点也很明显，对于一些需要理解代码上下文的漏洞误报率高，比如，SQL 注入。此时，使用正则扫描器发现后需经过安全人员的确认。基于数据流、控制流的代码扫描。在 CI/CD 的过程中，代码同步进行扫描，因为扫描时间太长。但相比正则扫描，这种扫描对于 SQL 注入、命令执行等漏洞的检测准确率比较高。

IAST/DAST 的实践是 IAST agent 被动检测 + 分布式扫描器主动扫描的方式，分为：

（1）IAST agent，集成到测试环境应用 docker 容器的 agent，hook tomcat 底层调用，用来检测应用中的漏洞，同时会把所有访问到应用 docker 的 http 流量复制回传到用于收集流量的 Kafka 队列。

（2）IAST 服务端。管理 IAST agent 和漏洞的控制台。对网络流量按照 URL 去重，调用扫描器进行漏洞扫描。

5. 拥有知识库模块

拥有知识库模块，其中包含常见安全规范以及安全解决方案等内容，并且支持自定义内容。

构建威胁库。根据安全开发最佳实践，制定威胁库。威胁库的内容应包括：威胁名称、威胁类型、威胁等级、威胁描述、缓解措施等方面内容。威胁的危险等级可以进行适当评价调整。危险等级 = 发生概率 × 潜在的损失。即发生概率大，潜在损失也大的威胁肯定危险等级为高；发生概率低，潜在损失也低的威胁危险等级为低；发生概率大损失小或者发生概率小损失大的，危险等级为中。自动给出的威胁等级是通用性的，为了更科学地衡量风险，可以参考 DREAD 模型，从 5 方面进行评价并进一步调整危险等级：危害性，持续生产简易度，攻击难度系数，受影响用户数，攻击发现系数。可从高、中、低三个等级对默认的威胁等级进行适当调整。

融合国家等级保护 2.0 和国际标准 ISO27001 以及行业规范等法律法规、

国内外标准规范要求，建立从需求、设计到开发、测试、运维阶段的全生命周期安全管理流程体系，在各个阶段引入最佳实践，梳理标准规范，例如，安全设计规范、安全编码规范、安全测试规范、安全部署规范等，帮助提升各阶段的安全管控能力。

6. 支持资产管理

支持资产管理，已与行内 CMDB 对接获取应用资产数据，也可手动更新。用于漏洞、安全门禁、数据驾驶舱等功能的管理。

对应用系统进行分类、标识、关联管理，可从各个维度进行应用开发项目的查询和展示。

应用系统基本信息管理。所有系统信息如系统名称、用途、等级保护级别、测评情况、备案状态、主管部门、运行维护部门、维保单位、责任人、分类等信息的收集、录入和管理等。平台提供创建、修改、删除的功能对系统基本信息进行管理，并可以在页面上对所有的系统详细信息进行查看以及模板导出进行线下查看。应用系统基本信息管理也涉及应用系统基本信息的变更管理，如委外开发人员变更等。

7. 支持用户权限管理

支持用户权限管理，产品对垂直与平行权限管理，做好权限隔离，并支持行内统一认证。用户权限管理，具体包括。

（1）具备权限分级管理体系，账户安全管理的范围包括：应用系统账户和基础架构账户（操作系统、数据库、源代码管理库账户等）；

（2）基于角色为账户分配权限；

（3）不同角色以及不同职能部门，仅能访问与其有关的功能和数据；

（4）用户权限变更必须经过相关负责人批准。

8. 考试设计与管理

支持在线设计题库、设置试卷以及参与考试。

（六）应用场景

银行企业应用系统多，业务复杂，在敏捷开发流程中，版本迭代频繁，风险暴露面大，合规要求严格，安全风险复杂且难以治理。在此情况下，使用安全扫描工具种类多，检测中发现的各种各样的风险 ，不管是从安全和开发方面都面临着修复漏洞缺陷的巨大压力。通过建设应用研发安全管控平台，将研发安全管控平台接入 DevOps 流水线中，并且将各种工具链统一接入研发安全管控平台，能够实现在 DevOps 流水线中实现高效自动化扫描检测，将安全检测结果统一在研发安全管控平台上进行集中管控，结合漏洞缺陷优先级策略设置综合门禁，在版本发布前进行安全评审和审批。一方面，让安全和开发团队专注于治理重要和高危安全漏洞缺陷，解决多个安全检测工具使用的情况下安全漏洞风险分散、治理复杂的问题。另一方面，能够在系统上线前有效消除安全漏洞风险，实现安全左移，大大降低应用系统上线后漏洞发现和修复成本，使应用系统能够达到合规有效、安全可靠的效果。

三、项目创新点

通过建设开发安全管理平台，综合接入 SAST、SCA、IAST、DAST 等工具链，综合融入安全检测工具链在 DevOps 流程中的自动化检测支撑能力，提升自动化安全扫描检测能力，从而加强安全运营能力支撑，驱动安全左移，降低上线后漏洞修复成本。

（一）工具链通过配置灵活对接，有效降低系统对接额外产生的定制化成本

通过参数配置方式对接 SAST 和 SCA 工具链，有效减少不同厂商和不同类型工具在对接集成中产生的额外定制化开发工作量和成本，增强应用系统从开发到上线各个环节的代码安全检测能力支撑，实现安全左移，为应用系统上线提供有效的安全保障。

（二）自动化提升，能够有效提升 DevOps 持续构建过程中的持续检测能力

将 SAST、SCA 工具链和策略链无缝对接集成到 DevOps 流水线中，实现自动化安全扫描检测，并在关键节点进行安全卡点，有效减少人工参与协作

的工作量，有效促进各团队之间加强协作。

（三）运营化加强，优先级漏洞缺陷分类治理，高效闭环高危和重要风险

通过 DSOP 协助对检测结果和问题进行优先级排序和分类，有效加强漏洞缺陷闭环修复管理能力。基于安全门禁创建清晰的安全基线，使团队能够根据数据做出决策并全面提高安全性。全面了解开发和运营中的应用程序攻击面。结合自动化工具运行实践进行安全开发持续赋能，有效提升人员的安全开发意识和能力。

（四）漏洞率降低，驱动安全左移，有效降低系统上线后漏洞修复成本

基于安全左移的思路实现 DevSecOps。在软件研发阶段便同步介入安全检查。在软件的整个生命周期中支持多个卡点，将 80% 高危以上漏洞缺陷消除在版本发布前，有效降低漏洞缺陷修复成本。

四、技术实现特点

随着安全需求的不断发展，安全左移至开发侧已经成为未来安全发展的必然方向，而自动化的工具链可以极大地提升整个安全开发的过程，并确保这些实施过程的安全性。产品技术实现特点如下。

（一）安全检测工具链统一接入

研发安全管控平台支持通过配置 API 参数方式统一接入 SAST、SCA、IAST、DAST 等多种工具链，并且能够保持与 DevOps 进行统一对接调用，一方面降低了 DevOps 流水线中多种工具链对接引入的频繁自定义对接变更的麻烦，并且能够融合多种安全检测工具链扫描进行统一风险分析和安全门禁计算，将安全门禁通过接口提供给 DevOps 平台在上线发布流程中进行安全评审和审批。

（二）应用安全风险统一治理

通过流水线构建编号关联 SAST、IAST 和 SCA 等检测结果，封板流程中，通过流水线编号查看其对应的 SAST、IAST 和 SCA 等检测结果、报告和安全门禁，智能评估安全检测结果是否能够通过卡点安全门禁，辅助安全团队进行上线安全评审。

（三）消除应用程序安全孤岛

评估和维护应用程序的安全性需要跨越组织不同部分的多种工具。开发和应用程序安全小组依靠各种测试工具（SAST/DAST/IAST）来识别代码中的潜在漏洞。运营团队监控正在运行的应用程序，寻找妥协、配置错误和其他问题的迹象。使用工具集成并整合数据，产品提供了来自组织不同部分的安全相关信息的单一、整合视图，从而消除了各个孤岛。通过从不同工具的角度关联特定漏洞的数据，并对来自与特定应用程序相关的不同工具的数据进行分组，可以提供应用程序整体安全状况的全面视图。虽然各个小组可以维护与其角色和职责相关的数据视图，但也可以以对业务线经理和其他需要更广泛视角的人有意义的方式查看状态。

（四）无缝对接到 DevOps 平台

通过标准化接口，支持与市面上大多数 DevOps 平台在 CI/CD 流水线中进行对接，在流水线中自动调用扫描工具执行扫描检测。并根据研发安全管控平台安全门禁计算结果进行安全门禁卡点。实现安全扫描检测和管控完全自动化。

（五）有效落实应用系统安全责任

研发安全管控平台支持软件资产管理，通过资产与工具链发现的风险进行紧密关联，清晰定位安全风险所对应的资产和责任人，一方面，能够自动推送风险给相应责任人；另一方面，能够有效跟踪漏洞缺陷闭环状态，从而有效落实应用系统安全责任。

（六）有效治理关键高危风险

传统应用程序安全工具产生大量潜在漏洞数据，但手动评估优先级难以应对数据量和开发速度的挑战，导致漏洞被忽视，安全与组织平衡失衡。资源浪费以及“一刀切”策略的不合理性。本产品通过简化测量创建和执行，自动对漏洞进行分类和排序，帮助从业者聚焦关键问题，提高效率并降低风险。

五、项目运营情况及项目过程管理

（一）项目人员分工

为了切实落实并保证项目管理的有效性，本项目将根据项目需要，精选管理和技术人员组成安全实施服务项目组，根据项目特点，项目组分为项目经理、项目技术负责人、项目专家顾问、系统开发组，项目实施执行组、系统安装维护组和平台开发支持组，同时为了保证项目质量，成立实施质量控制组，共同参与项目管理。项目投入人员如表 1 所示。

表 1　项目人员分工

项目角色	人员安排	项目职责
项目经理	2	负责项目的规划，沟通协调，技术沟通，变更材料准备及提交，项目进度及质量把控等。统筹各项目小组按计划如期交付项目要求的服务以及项目实施服务各环节的质量把控。项目实施过程中提供每周工作报告，内容应包含但不限于项目进度、存在的问题、已解决问题、待解决问题、可预见的风险等信息
技术负责人	2	对本项目技术方向和技术质量进行把关，确保项目技术领先性和有效性，提供技术培训工作
专家顾问（培训讲师）	2	负责提供整体安全建议与关键环节的安全方案评审
项目实施组	4	根据的需求对系统的安装部署、平台运行维护及升级等工作
系统维护组	2	解决系统运行过程中出现的问题
系统开发组	9	对研发安全管控平台开发需求内容进行开发实现和优化升级
质量控制组	2	主要对项目过程的规范性管理、输出报告的内容和格式进行严格控制

（二）项目建设流程

图 3 项目建设流程

（三）项目里程碑计划

表 2 项目里程碑计划

序号	里程碑名称	里程碑描述	开始时间	结束时间	完成进度
1	项目启动	策划项目资源和计划，组织相关团队启动项目	2023 年 5 月 4 日	2023 年 5 月 14 日	100%
2	项目需求蓝图	通过现状调研和需求分析，构建项目蓝图	2023 年 5 月 15 日	2023 年 5 月 30 日	100%
3	系统开发构建	根据需求进行功能开发，信创环境适配	2023 年 5 月 20 日	2023 年 8 月 30 日	100%
4	系统安装部署	完成研发安全管控平台在信创环境系统和数据库部署	2023 年 6 月 20 日	2023 年 6 月 30 日	100%
5	工具链对接集成	SAST 工具对接集成	2023 年 7 月 1 日	2023 年 7 月 31 日	100%
		SCA 工具对接集成	2023 年 8 月 1 日	2023 年 8 月 31 日	100%
		青藤主机漏扫结果管理	2023 年 8 月 1 日	2023 年 9 月 30 日	100%
		奇安信主机漏扫结果管理	2023 年 8 月 1 日	2023 年 10 月 30 日	100%

续表

序号	里程碑名称	里程碑描述	开始时间	结束时间	完成进度
6	DevOps 平台对接集成	将研发安全管控平台与新老两套 DevOps 平台对接集成	2023 年 8 月 1 日	2023 年 8 月 31 日	100%
7	考试管理功能模块	支持在线设计题库、设置试卷以及参与考试	2023 年 9 月 1 日	2023 年 10 月 20 日	100%
8	系统发布试运行	选择试点系统项目进行试运行	2023 年 10 月 9 日	2023 年 11 月 20 日	100%
9	项目初验	整理项目验收材料进行整体项目初验	2023 年 10 月 1 日	2023 年 11 月 30 日	100%

六、项目成效

本项目建设研发安全管控平台，统一对多种安全测试工具链的扫描检测、安全漏洞缺陷和安全门禁等进行一体化综合管理，有效对安全风险缺陷进行跟踪和闭环修复，提高安全运营效率。通过建设研发安全管控平台，能够在人员协作沟通方面、不同系统和工具对接方面、自动化安全检测方面和安全漏洞风险治理等方面得到了大幅度效率提升和成本降低。

在人员协作方面，研发安全管控平台结合 DevOps 体系，打造了一套敏捷模式下的安全开发体系，有效降低开发团队和安全团队之间的矛盾对抗。通过持续构建过程中执行持续自动化安全测试，有效降低系统频繁迭代过程中人工协作成本。研发安全管控平台上线之前，平均每个系统上线前需要做一次初测和三次复测，每次安全测试都需要安全人员完成测试后人工输出报告给开发进行沟通确认。通过研发安全管控平台上线后，综合接入多种工具链进行自动化安全检测，将检测结果自动化实时同步给开发人员，安全人员只需要对开发提出的问题进行解答和漏洞缺陷优先级策略门禁维护即可，无须安全人员介入进行人工检测。研发安全管控平台上线后，相比上线前至少降低了 50% 以上的人员沟通协作成本。

在不同系统和工具对接方面，研发安全管控平台打造了一个灵活配置的对接集成底座，对于不同厂商和不同的系统对接集成只需要进行接口参数配置即可，无须进行定制化二次开发，能够有效降低系统对接方面定制化开发成本（一般情况下平均每个系统对接集成定制化开发成本占项目总额度的 10% 左右）。

在自动化安全检测方面，通过研发安全管控平台能够将 SAST、SCA 等安全扫描工具接入 CI 流水线中进行自动化持续构建检测，并且将检测结果实时推送给开发人员，大大降低人员半自动化扫描检测的操作和沟通协作成本。特别是在 DevOps 敏捷开发模式下，华润银行系统数量超过 200 多个，每天构建发版量超过 50 次，通过人工对每个版本进行半自动化扫描检测难度极大，通过研发安全管控平台接入自动化扫描工具，安全检测效率提升了 5 倍以上。

在安全漏洞风险治理方面，从上线后测试和漏洞应急方面对比，通过安全左移到开发和测试阶段解决安全漏洞缺陷，运维阶段高危漏洞暴发率从研发安全管控平台建设前后相比降低 80%，在平台开始试运行初期千行代码缺陷率 7.83‰，通过半年的改进提升，2023 年整体千行代码高中危漏洞率 1.9‰，千行代码缺陷率 5.32‰，漏洞修复时间大大降低，应用安全管控稳步提升。修补漏洞的成本会随时间推移而增加。在应用程序发布之前发现漏洞，可以降低漏洞修补的成本。及时发现漏洞并进行修补，可以降低维护和应用程序更新的成本。业界统计在系统运行阶段修复一个漏洞成本至少是在设计阶段的 30 倍。以事后修复漏洞需要增加 1000 元修复成本来测算，按千行代码缺陷率 5‰，一年 20 个大型应用系统开发上线，平均每个系统 5 万行代码测算，1000 × 5‰ × 20 × 50000=500 万元，可避免 500 万元漏洞修复费用。

另外通过研发安全管控平台可以提高漏洞发现的速度和准确性，可以快速找出应用程序中存在的安全漏洞和缺陷。这些漏洞可能会导致用户数据泄露、应用程序崩溃等问题，会影响应用程序的可靠性和用户体验。提前修复漏洞避免应用系统带病上线，减少应用漏洞带来的重大安全风险和经济损失。

七、项目总结

在数字化转型的背景下，华润银行不断探索和利用各项互联网技术，发展和完善研发模式，努力打造为快速响应业务需求，向客户提供高效、稳定、安全服务的平台。以最大程度的安全左移为目的试行 DevSecOps 方案并持续优化改进，探寻 DevSecOps 最佳解决方案并在华润银行全面推行。相应成果可以在金融行业进行推广示范，为金融行业应用系统研发安全提高效能提供解决方案。

通过项目近一年时间的运行，新增应用系统单项目高危漏洞数由之前的 1.6 个 / 项目，减少为高危漏洞数 1.04 个 / 项目，高危漏洞出现率下降 35%；千行代码缺陷率由之前的 7.83‰下降到 5.32‰，下降 32%；开发团队平均漏洞修复时长缩短 66%。项目加速了华润应用安全管理和应用安全自动化检测技术深度融合，系统提高了应用安全管理水平，增强了开发人员安全意识和技能，极大地提升了应用系统安全和质量，为金融应用系统安全、可靠、高效服务于民生保驾护航。

八、项目展望

据统计，超过 40% 的企业拥有 AST 工具，其中部分企业的 AST 工具数量多达 11 款，同时，为了用好这些工具又需要招募很多熟练员工。尽管投入成本非常大，但仍然无法保障软件的质量与安全。企业对软件风险的把控准确率相对较低。即便是成熟的软件安全技术人员，也难以快速准确审核和识别出最易受攻击的软件，这导致合规工作变得异常困难。应用安全测试在 SDLC（软件开发生命周期）的不同阶段进行，由不同的操作人员执行，且运行结果也各不相同，这进一步降低了不同团队进行汇总分析的效率。建设研发安全管控平台后，通过配置接入多种安全检测工具，并统一对接到 DevOps 流程中进行自动化扫描检测。结合漏洞缺陷的优先级设置安全门禁策略，一方面，这能够在安全开发过程中实现高度自动化的安全扫描检测，并对检测发现的安全风险进行统一安全管理；另一方面，这可以让安全和开发团队有针对性地治理重要和高风险的安全漏洞缺陷，从而有效提高安全风险治理效率，降低安全风险治理成本。

业务基础设施

上海浦东发展银行

分布式数据库在浦发银行重要信息系统的创新应用

一、引言

随着“互联网 +”战略的持续推进，金融行业正在经历深刻的数字化转型。浦发银行重要信息系统面临着处理海量数据、高并发请求及复杂场景下的性能瓶颈。传统的集中式数据库架构难以满足业务需求，特别是在应对大规模数据存储和高并发访问时存在显著局限。为此，浦发银行积极探索分布式数据库技术的应用，旨在通过分布式数据库的建设和创新应用，增强系统的弹性伸缩能力、提升数据处理效率、保障系统的高可用性和稳定性，降低运维成本，支撑重要业务系统的快速发展和创新。通过项目的创新性建设实现以下目标。

（一）提升系统性能与稳定性，优化用户体验

增强系统对高并发请求的处理能力，提高系统的性能和稳定性，确保在高负载高压力极端情况下的高效稳定运行。利用分布式数据库的弹性伸缩特性，响应业务需求动态调整资源分配，有效应对业务高峰期的挑战，避免资源浪费。优化用户体验，通过提高系统的响应速度和可靠性，优化客户体验，提升客户满意度和忠诚度。

（二）构建智能化运维，实现降本增效

通过分布式数据库的智能运维建设，提升大规模分布式系统的智能化自动化运维能力，充分利用分布式数据库的高可用性和易维护性，简化系统运维流程，提升运维效率降低运维成本。

（三）推动技术创新与应用，激发内生活力

支持业务创新，通过分布式数据库的灵活性和可扩展性为新产品和服务的开发提供坚实的技术支持，更好地适应市场变化，迭代创新金融产品。通过应用分布式数据库技术，探索金融行业中的创新应用场景，为行业内数据库创新型发展贡献经验与智慧。

（四）增强数据安全，提升自主可控能力

通过分布式数据库的多副本机制和加密技术，提高经营数据的安全性和隐私保护水平，防止数据泄露篡改和勒索，增强数据安全性。在关键技术领域保障信息安全和业务连续性，实现自主研发与创新，提升核心技术的自主掌控能力。

（五）促进企业级协作，培养专业人才队伍

通过构建统一的分布式数据库平台，打破信息孤岛，促进不同部门之间的数据共享与协同，提高整体运营效率。在实施分布式数据库创新建设的过程中，培养一批熟悉分布式专业技术和金融业务的复合型人才，为浦发银行的长远发展奠定坚实的人才基础。

二、项目方案

（一）重要信息系统运行要求分析

浦发银行的重要信息系统群是支撑浦发银行日常运营的重要基础设施，涵盖了账务处理，渠道接入，信用卡业务，客户管理、风险管理等多个基础业务领域。这些系统对数据库服务实时性、准确性、高可用性和安全性提出了极高要求。传统的集中式数据库在面对日益增长的数据量和复杂的业务逻辑时，逐渐暴露出性能瓶颈和扩展性不足的问题。尤其是在高峰时段，系统往往难以承受巨大的并发访问压力，导致响应时间延长甚至服务中断，严重影响了客户体验和银行的服务质量。分布式数据库技术能够将数据分散存储在多个节点上，实现数据的并行处理和负载均衡，从而提高系统的处理能力和响应速度。同时，

分布式数据库还具备高可用性和容错性，在部分节点发生故障情况下仍能保障系统的连续运行，有效避免单点故障带来的风险。

（二）监管信创战略要求分析

为了响应国家信创战略的要求，降低对于国外关键技术产品的依赖，通过建立自主可控的分布式数据库基础设施，实现监管信创的主要要求。

1. 自主可控

在政策层面，国家提出信创政策要求的核心目标是实现自主可控。这意味着分布式数据库作为关键信息基础设施的一部分，其技术、产品和供应链应能够由国内企业掌控，避免在关键技术和领域受制于国外厂商，从而保障国家信息安全。

2. 安全可信

安全性是监管信创对分布式数据库的重要要求之一。分布式数据库需具备强大的安全防护能力，包括数据加密、访问控制、审计日志等机制，以防止数据泄露、篡改和未经授权的访问。同时，严格的访问控制策略要确保只有授权用户才能访问敏感数据，而全面的审计日志则有助于追踪所有操作，便于事后审计和问题追溯。

3. 性能高效

分布式数据库要满足高性能的要求，以应对大规模数据的处理和高并发请求。在金融行业场景，业务系统需要处理海量的数据，并且对响应速度有较高的要求。因此，分布式数据库需具备良好的水平扩展性，能够通过增加节点来提高系统的处理能力和存储容量，以满足业务不断增长的需求。

4. 稳定可靠

稳定性和可靠性是分布式数据库的基本要求。系统需要保证在各种情况下都能正常运行，即使在部分节点出现故障时，也能通过自动故障检测和切换机制，确保整体系统的持续可用。此外，还需具备完善的备份和恢复策略，以防止数据丢失。

5. 兼容适配

为了替换国外商用数据库系统，分布式数据库需要有良好的兼容性，能够支持与现有系统的快速迁移与兼容集成。这包括对标准接口和协议的支持，以及对原有数据格式和业务逻辑的兼容，以减少系统迁移的成本和风险。

（三）项目组织架构

为了积极响应浦发银行业务发展及监管信创战略要求，浦发银行自 2021 年启动建设分布式数据库技术平台规划。在充分考察业界领先分布式数据库产品基础上，结合自身现状与需求，开展了一系列创新探索与应用实践。系统性地围绕分布式单元化架构，分布式数据库扩展性，多地多中心高可用，分布式全局数据流转，数据库智能运维等方向开展工作。

为了成熟稳健推进分布式数据库在浦发银行的应用，全行上下高度重视，组建项目领导小组，成立了专业化的数据库团队专职推进分布式数据库的创新建设，以重要信息系统分布式架构改造为对象，采用融合实施方式，通过重要信息系统的运行实践，打磨迭代，形成分布式数据库的创新应用和实施方案。

（四）项目基本方案

建成计算与存储可弹性扩展的分布式数据库支撑平台，提供标准化的通用数据库语法，支持应用海量吞吐处理与弹性扩展要求，并实现同城及异地双多活单元化运行的业务连续性能力。按照如下功能方案开展建设。

1. 数据库基本功能

对象：支持常见表、序列、视图、索引、约束，支持同义词，支持多种数据类型，能够进行数据拆分

数据计算：支持函数、存储过程、触发器、游标

逻辑加工：支持逻辑、比较、集合等操作符，支持多种表达式运算

SQL：支持 DDL、DML、DQL 语句操作

字符集：支持 UTF8/UTF8MB4、GBK、GB18030、LATIN 等常用字符集

2. 数据库内核功能

内存管理：具备对 BUFFER 和 CACHE 的管理能力

日志管理：支持数据库的重做机制和回滚机制

数据组织：能够将数据以文件、块或页的方式进行存储

锁：支持乐观锁和悲观锁，能够处理死锁

事务：支持本地事务和分布式事务

计算增强：支持分布式计算和并行计算

ACID：保证事务的原子性、隔离性、一致性、持久性

3. 数据库开发功能

应用兼容性：兼容常用开发工具和应用中间件，能够对数据和数据库进行管理，支持数据建模和数据可视化

语法兼容性：支持兼容 Oracle 和 MySQL 通用语法

客户端兼容性：支持 JDBC 和 ODBC

SQL 标准：支持开发通用的 SQL 标准

开发辅助：支持优化器、本地执行计划、分布式执行计划，支持实例级和对象级的信息统计

4. 数据库管理功能

安装部署：支持对数据库进行安装部署操作

参数配置：支持对数据库进行参数配置操作

容量管理：支持扩缩容，具备数据库容量管理能力

审计管理：具备数据库审计管理能力

诊断评估：能够对数据库的状态进行诊断评估

用户 / 租户管理：具备对用户 / 租户的管理能力，对于不同租户能够做到资源隔离，提供租户级别的备份恢复能力，面向租户级别的数据迁移与 CDC 同步能力

租户集群复制：提供面向租户维度的集群复制功能，并可实现同城异地多数据中心间的切换与接管，实现租户级别的灵活连续性能力

故障自愈：能够对节点故障实现感知，并通过自动化切换接管等方式实现自愈与自修复恢复对外服务

时区：支持修改时区操作

存储配置：能够修改数据副本的数量

数据迁移：支持数据的导入导出操作

版本升级：能够进行补丁修复，在线版本升级

空间管理：能够对表空间进行管理

模式管理：能够对模式进行管理

日志管理：具备日志管理功能，能够通过日志进行故障分析

备份恢复：支持物理备份和逻辑备份，具备时点恢复和对象闪回能力

监控告警：监控慢查询，实现实例级和系统级的监控告警

扩展能力：接入层实现应用接入和数据加载，计算层、存储层和管理层具备扩缩容能力，支持数据的读写分离

分布式运维支持：通过接口形式提供数据库相关性能状态数据采集、监控告警、高可用切换等信息供外围系统使用

5. 数据库其他功能

通用兼容性：兼容不同硬件和操作系统，支持异构数据库间的迁移和同步

数据库高性能：具备 TPCC、TPCH 通用模型的高性能，具备业务场景和导入导出等其他场景的高性能

数据库稳定性：数据库具备高稳定性，稳定性测试和混沌测试

6. 数据库安全

数据管理：对数据进行存储加密、传输加密、访问控制，实现对数据生命周期的管理，支持对敏感数据进行分级、脱敏等处理

用户管理：支持对用户、角色（组）、权限的管理

访问控制：实现对节点、会话、集群、对象、数据集的访问控制

安全管理：具备密钥管理功能，支持安全告警和安全审计

数据计算：能够对数据进行密态计算

7. 业务场景支撑

联机场景：支持联机交易负载场景

跑批场景：支持批量交易负载场景

混合负载场景：支持混合负载场景

（五）重要信息系统分布式数据库建设方案

结合浦发银行重要信息系统主机下移工程，融合实施分布式数据库标准化运行架构方案，针对原有集中式架构迁移至自研分布式单元化应用 + 国产分布

式数据库的设计，承接全行超 20+ 重要系统信创改造和稳定运行。

项目提出了一套基于分布式单元化的重要信息系统分布式数据库标准解决方案。满足海量数据存储，高并发、高性能、高可用运行需求，并实现多中心多活运行。整体设计如下。

业务单元：面向银行重要信息系统的对客服务需求，将主要对客业务按照一定服务维度（客户 / 账户 / 机构）等拆分构成业务单元，由独立的分布式数据库集群进行承载。通过合理的数据分片策略实现单元化数据分片拆分，并结合单元数量的扩展能力，实现海量存储和处理能力的扩展性飞跃，有效缩小故障场景下的爆炸半径，大幅提升业务连续性。

公共单元：面向分布式单元化下的公共服务和无法按照对客服务维度进行拆分的数据，如全局公共参数配置、汇率、计价等公共信息服务。按照业务需求采用灵活的分片规则，差异化实现数据分片拆分，实现存储与处理的扩展性。

归集单元：为了解决面向单一业务单元维度拆分后仍然刚性存在的其他多种维度的业务需求（如机构维度，客户维度，或多维度灵活查询，汇聚下游整体供数场景），降低通过业务单元分别查询汇总的性能开销和复杂度，设计归集单元，通过数据复制同步工具将业务单元和公共单元数据实时同步至归集库集群，实现单元化下的数据拆分与集中的有机统一。

损益单元：为了满足日常重要系统结息试算批量，数据脱敏、临时的数据恢复查看等用途，同时服务于主机下移动态数据迁移时的数据临时中转等其他各种需求，设计损益估算单元。各主要单元可通过数据库备份恢复至损益单元完成数据的有效恢复和使用。

物理部署设计：采用两地四中心对称部署模式，数据库集群均采用 2-2-1 跨地域五副本大集群部署架构，主生产集群承担日常对外服务，同城双中心采用（2+2）4 副本部署模式，异地一中心部署 1 副本，日常运行时主生产 4 副本构成多数派，异地机房 1 副本不参与多数派构成。主生产任一单副本故障时，可由其他任意副本自动切换接管，无数据丢失。当主生产发生单中心故障时，异地机房 1 副本与主生产另一中心 2 副本自动形成新多数派关系，自动切换接管服务，实现全过程无人工干预的自动故障接管（30 秒以内），数据零丢失。同时在异地部署对称 5 副本集群构成独立灾备环境，与主生产保持准实时同步复制，当主生产发生城域级灾难时可在分钟级内一键自动化切换至灾备中心，恢复全辖业务服务。对于部分不直接对客服务单元（如损益估算单元），可根据保障等级合理降配，如采用同城 3 副本架构，降低整体成本投入。

高可用加固：针对部分刚性脆弱点进行高可用加固设计。如对承载全局公共服务的公共单元数据库增强设立同城热备集群，日常保持复制同步，如主公共单元发生整体故障时，由智能运维自动化感知并自动切换至热备公共单元集群恢复服务。对于分布式数据库集群中的单点组件如全局事务管理器，为防止其失效产生集群级服务能力丧失，设立热备集群，结合序列号跳号等配套措施用于失效后的自动接管恢复服务，实现全局刚性脆弱点的高可用重点加固。

通过本方案，构建具备海量存储，单元分片可扩展，单元间可扩展的多级业务弹性扩展的数据库承载平台。实现了浦发银行重要信息系统的数据海量存储，处理能力持续扩展，业务连续性能力的代际提升。为浦发银行新一代技术架构提供了极致承载弹性可扩展的数据库基础平台，该平台建成以来，已成功承接全行包括信用卡核心等重要系统在内的主机下移和信创改造任务，并持续稳定运行。

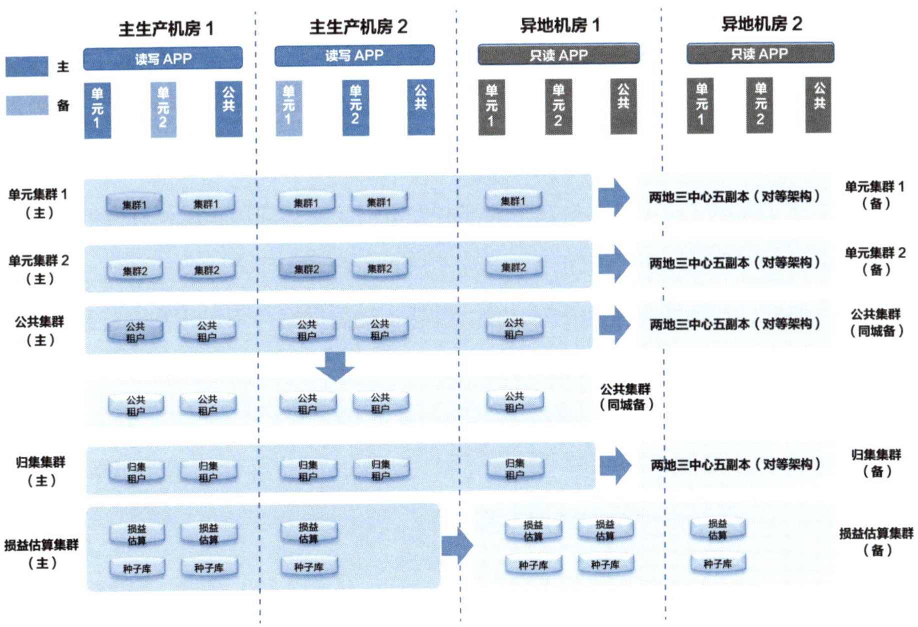

图 1　重要信息系统分布式数据库架构图

三、项目创新点

（一）重要信息系统的标准分布式单元化架构

为行业提供了一套标准开箱即用的单元化分布式数据库设计方案，通过分布式数据库将重要对客服务系统拆分为独立的业务单元，结合分片和单元扩展，提供弹性可扩展，海量存储的客户服务能力。

设立公共单元提供全局参数服务等公共服务，统一高效提供单元化公共服务并实现弹性可扩展。

创造性地设立归集单元，并通过数据库同步工具将多个业务单元与公共单元的数据汇聚复制至归集单元，在单元化分布式后提供统一的集中式视图，提供多维度汇总服务及统一下游供数等综合服务，高效满足了单元化架构下的多样业务需求，实现单元化架构下的分合有机统一。

设立损益估算单元满足结息试算、数据脱敏、验证计算、动态迁移中间库等需求，有效满足单元化差异化分级化场景的分布式数据库需求。

（二）单元化场景下数据全局聚合规模化运行

创新性地采用全局单元化数据聚合工具实现单元化数据汇聚方案，在业务单元分拆的同时，自由汇聚至归集单元，长期稳定运行数据聚合同步，实现单元化数据的分合自如，满足多维度查询与下游供数需求。

突破性实现单元化下的多链路汇聚高并发数据采集与回放，满足联机批量混合负载需求，实现金融场景的高可用，一致性与高性能。实现全局动态聚合、安全无错的数据流转，持续数据滚动比对功能，敏感金融数据聚合不错不乱，分毫放心。

建立分布式数据库单元化 DDL 执行工具，通过自动化 DDL 同步工具及数据汇聚工具结合，可 DDL 按照类型不同，智能化判断，实现 DDL 在各单元自动化保序执行，保障汇聚链路 DDL、DML 语句时序正确性，解决了单元化下全局 DDL 执行保序受控执行的技术难题。

（三）技术创新与效率融合，显著提升分布式处理能力

单元化与分布式处理能力紧密结合，充分利用分布式数据库全局一致性事

务能力，有效降低应用性能压力。全局事务管理器采用增强型协议实现实时全局事务一致性，效率比传统两阶段提交效率显著提升。特有流程优化提升事务处理效率，批量申请、批量执行等方式提升整体处理效率；算法引擎读写更均衡，避免出现其他类型算法树的写内存后落盘未排序造成的读能力下降严重问题。算法引擎无须占用大量时间进行日志归集工作，提升了整体金融交易处理效率。

（四）增强型高可用技术保障业务连续性

采用分组管理技术，领先的保障性能与安全性的调和 + 日志同步技术，实现副本间同步速度倍升。分组技术可以设置多个同步副本进行分组，通过配置各个分组的副本同步返回成功数来提升可用性与数据安全性的关系，提供传输效率与性能矛盾解决的可配置方案。多技术提升数据同步效率线程池提升系统吞并量，打断阻塞机制，避免变异步与退化。多线程并行回放，提高同步性能；同步副本上的回放线程的读写锁进行拆分，提升回放效率。

（五）全栈信创两地四中心的跨城多集群分布式高可用

业界首个大规模运行的核心系统 5 副本跨异地数据库集群架构，基于全栈信创同城异地 5 副本动态灵活构成多数派同步组，实现重要信息系统主生产故障数据零丢失，自动秒级切换业务连续性能力。

利用分布式数据库集群结合异步日志流复制技术，实现多地多活 + 异地容灾的有机结合，灾备日常承载负载分流，大幅提升系统处理能力。

通过浦发银行实践，实现重要信息系统数据库同城任意故障秒级切换 + 异地分钟级切换的多地多活高可用。数据库同城 RPO=0，RTO<30 秒，异地 RTO=1 分钟，RPO<1 分钟的多地多中心高可用能力。

（六）大规模分布式架构下的数据库智能运维能力

综合运用 CMDB 平台、告警平台、ITOA 运维信息分析系统、决策中心、自动化平台、数据库专业化平台等多个系统构成分布式数据库智能运维平台，有效提升分布式数据库运维效率，构建 1 分钟发现、5 分钟定位、10 分钟解决的运维体系建设，自动化分布式数据库故障感知干预。

数据库通过告警聚合等方式统一进行告警的梳理与规整，将告警码分类并统一进行上报，平台快速识别，智能汇聚，根因定位，自动化隔离与处置。

在面临组件多、节点规模大等复杂全局分布式场景下，创新设计 traceid 全链路传递方法，实现数据库组件级跟踪，助力运维平台快速定位至分布式数据库节点及语句级业务跟踪，打通数据库分析的最后 100 米。

四、技术实现特点

（一）跨城异地分布式数据库集群技术

主生产机房 1、主生产机房 2、异地机房设置 3 个复制组（team），team 组高低水位设置为高：低（2 ： 2）。team 组内有一个 DN 返回主节点响应即认为该 team 合格响应；主节点计入所在 team 的响应；副本选主优先级为主生产机房 1> 主生产机房 2> 异地机房，正常情况下，主本 A 提供服务。事务经由 CN 发给主本 A 写入，主本 A 收到 team2 或者 team3 中的任意一个副本响应，即可以提交；一般情况下，由于异地时延差异，副本 C、副本 D 会优先返回响应，副本 E 不纳入水位计数，对交易响应时间无影响。保持日常态下业务的稳定运行。

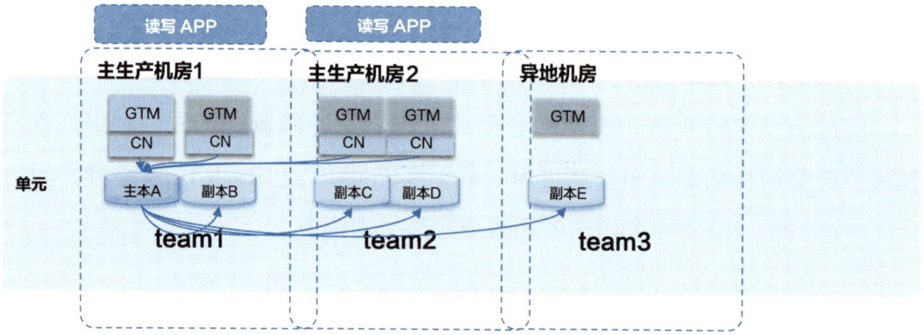

图 2　跨城异地分布式数据库集群技术示意图

（二）分布式主从副本自动切换高可用技术

当主本 A 出现故障时，优先触发本地机房内自动切换，副本 B 提升为主；

事务经由 CN 发给主本 B 写入，当主本 B 收到 team2 或者 team3 中的一个副本响应，即可以提交；一般情况下，由于时延差异，副本 C、副本 D 会优先返回响应。可实现 30 秒以内的自动切换接管，交易快速恢复，RPO=0，无须任何人工干预的数据库自愈切换接管。

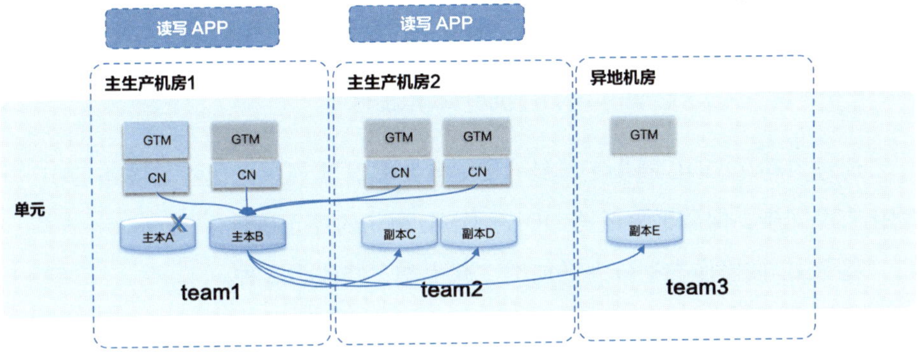

图 3　分布式主从副本自动切换高可用技术示意图

（三）同城中心级故障自动切换高可用技术

当主生产机房 1 整体出现故障，触发跨同城机房自动切换，副本 C 提升为主；事务经由 CN 发给主本 C 写入，当主本 C 收到副本 E 的响应才能提交。主本 C 与副本之间存在跨广域网时延，在机房故障场景下，交易影响时间上升 10%~15%，不影响业务正常运行。同时可同步通过脚本自动化实现副本水位降低，在保障业务自动切换恢复基础上，恢复业务响应时间至正常水平。

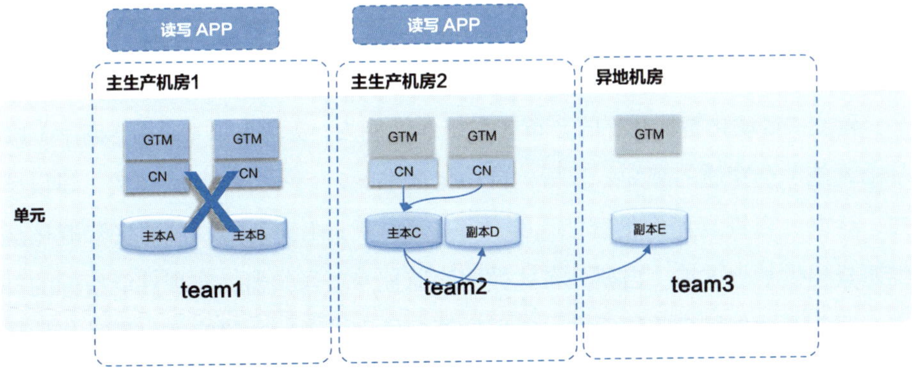

图 4　分布式同城自动切换高可用技术示意图

（四）单元化数据汇聚同步技术

采用单元化数据库汇聚复制工具实现不同单元间数据实时复制归集与自由流转，满足业务 / 公共单元向归集单元数据归集等需求。支持重要信息系统多维度业务查询，动态迁移，迁移过渡态统一报表以及统一查询的需求，有效解决了单一单元化拆分维度下，多维度业务需求同时有效满足的技术难题。

（五）单元化下数据库 DDL 执行工具技术

通过自动化 DDL 同步工具结合 Sloth 工具，实现单元化汇聚链路 DDL 自动化有序同步，保障汇聚链路 DDL、DML 语句时序正确性。

将 DDL 按操作类型分为增加类、减少类、修改类 3 种。

减少类：删除索引、删除列字段、删除表、删除分区、清空表数据、删除表——保证链路 DML 同步完成后，依次在源端、目标端执行 DDL。

增加类：增加索引、增加列字段、新增表、增加分区——依次在目标端、源端执行 DDL。

修改类：重命名索引、修改列定义、修改列默认值、修改表——保证链路 DML 同步完成且 DDL 变更期间无 DML 下发后，依次在目标端、源端执行 DDL。

智能化判断各类型 DDL 在各单元的正确执行顺序，联动单元化数据复制工具，按照源和目标单元自动有序执行，并在完成后自动恢复单元化数据复制，实现了无人工干预的单元化全局表结构变更的受控正确执行。

（六）分布式数据库智能化运维体系构建

建立“自动化智能化”的分布式系统运维能力，实现自顶（应用）向下（IT 基础设施）全穿透的感知、分析、自动化运维能力；探索 AIOps 技术，建设感知、诊断、自恢复能力的智能运维体系，为“P1-L5-R10”自动化智能化运维愿景提供基础支撑。自研分布式数据库监控专项采集器，实现性能指标的补充，覆盖个性化场景监控需求。实现告警事件直接关联故障实例，提升“故障定界”效率。告警聚合，实现主告警与子告警，通过主告警码识别故障场景。

构建数据库全链路跟踪体系，自研 traceid/spanid/segmentid 数据库组件传递解决方案，应用向数据库进行全链路传递，打通分布式数据库组建语句与应用串接的最后 100 米，助力运维平台快速定位至分布式数据库节点及语句级业务跟踪。

构建运维驾驶舱，为分布式单元化架构下，海量运维对象的众多配置、监控、告警、日志数据，以及几何级增长的自动化作业，提供统一的运维驾驶舱集中总控大脑。

五、项目运营情况及项目过程管理

浦发银行分布式数据库建设项目自启动伊始，即明确项目的战略目标和关键绩效指标，在行领导的关心下，组建专业的项目管理团队，由专业数据库团队牵头，业务分析、选型引入、研发增强、精益测试，明确各成员的职责和权限。制定详细的项目计划和时间表，包括需求分析、系统设计、开发实施、测试验收、上线准备等各个阶段的时间节点和任务安排。历经 3 年系统建设，作为浦发银行分布式架构体系的重要一环，建设成浦发银行整体分布式服务的重要基础支撑平台。与重要信息系统下移信创改造融合实施，广泛运用于浦发银行重要系统的重构与运行，目前已承接包括信用卡核心在内的全行超过 20+ 重要系统运行。

六、项目成效

（一）经济效益

在经济效益方面，开展实践以来，节省原有国外商用数据库综合软件总成本 2000 万元以上。

在业务连续性上，有效提升系统业务连续性水平，使得原有数据库服务业务切换时间从 1~10 分钟降低至 30 秒以内，极大提升金融服务客户体验。

在业务扩展性上，摆脱了原有依赖昂贵小型机设备纵向扩展的业务支撑模式，采用通用低成本设备实现近线性扩展，降低业务综合扩展硬件成本 50% 以上。

在业务安全性上，采用自主掌控的全栈信创产品构建分布式数据库平台，满足监管信创要求，并显著降低供应链依赖与风险。

在智能化运维方面，智能化自动化运维体系，解决了传统依赖人工运维经验开展分析的经验运维模式，面向海量规模负载，节省运维人力 70% 以上，实现“1-5-10”故障处理能力。

（二）社会效益

对内社会效益方面，为浦发银行全行提供符合监管要求的安全可控、极致承载的分布式数据库基座平台，有效支撑全行重要信息系统快速发展和连续运行，实现资源池化集约化建设，并对全集团形成输出能力，提升全集团数字化转型成熟度。

对外社会效益方面，浦发银行在分布式数据库领域的运用与探索，可为同业提供全栈信创下的建设参考与借鉴，对于全行业分布式数据库转型的稳定性与安全性提供经验参考。

七、项目总结

浦发银行分布式数据库在重要信息系统的实践为浦发银行建立了具备灵活弹性扩展、极致承载的新一代数据库基础平台，建设投产以来极大提升了金融服务客户体验，并满足了监管信创自主可控的战略要求，可满足浦发银行未来 5~10 年的业务增长需求。通过项目的实施以及系列创新自研工作的开展，明确了分布式基础架构领域银行业自研探索，自主掌控的可行性新路径，也为金融业分布式数据库的创新应用提供了可供参考的经验样本。

八、项目展望

近年来，分布式数据库已在金融行业的实践中积累了丰富的实施经验，但其仍保持快速发展的态势，各种新技术新概念层出不穷。同时国产分布式数据库与信创架构的结合实施仍在探索过程中，展望未来，浦发银行将继续进一步探索推动分布式数据库自主掌控，在 HTAP 多模混合负载，信创架构稳定性与安全性设计，AI 能力结合支撑，金融级可靠性能力方面开展不懈探索，建立适合金融行业分布式数据库稳定运行的全天候“适航保障”方法体系。

绍兴银行股份有限公司

基于量子密钥分发技术的密钥服务建设方案

一、引言

金融行业的信息化建设一直走在各行业的前沿，信息化、互联网、大数据、人工智能等技术为现代金融的发展提供了强有力的技术保障。同样，在金融业信息化转换过程中，也面临着信息安全风险带来的挑战。外部环境的复杂性，加之信息系统本身难以避免的脆弱性，以及在信息系统设计、运行中，技术使用不准确、处理措施不恰当、管理不严所导致的安全系统漏洞，都会被外部黑客、内部不法分子所利用，造成了信息安全风险的急剧上升，信息泄密事件频繁发生。因金融数据影响到国计民生，十分敏感，保密性要求较高，故保障金融数据乃至金融信息系统变得尤为重要。

密码技术及相应装备作为维护网络与信息系统安全的核心技术和基础支撑，是保障通信网络与信息系统安全最可靠、最有效的手段，广泛应用于军事、党政、外交、商业领域，以保障网络与业务的安全。因此金融业必须形成以密码技术为基础的信息安全体系架构，将多种信息安全技术、安全策略、管理措施等因素融合其中，才能有效解决金融业的网络与信息系统的安全问题，提高金融系统现有安全防护水平，增强信息系统的完整性、机密性、健壮性。

本方案通过分析现有金融业网络安全防护体系的优缺点，在现有金融业基础安全设施上，结合信息安全防护技术的发展，提出金融业网络安全防护体系架构。

在该体系架构中，将量子密码与经典密码的技术融合，密码算法仍采用现有的主流密码算法，密码算法所需要的密钥均由量子密钥替换。同时，基于量子网络基础设施，通过量子密码服务平台，实现量子密钥、传统密钥的集中生成、统一管理、安全分发和标准化应用，将有效提升系统密钥的使用效率并提升机构整体安全防护等级。

二、项目方案

（一）整体方案

以三数据中心结构为例，整体方案架构如下图所示。

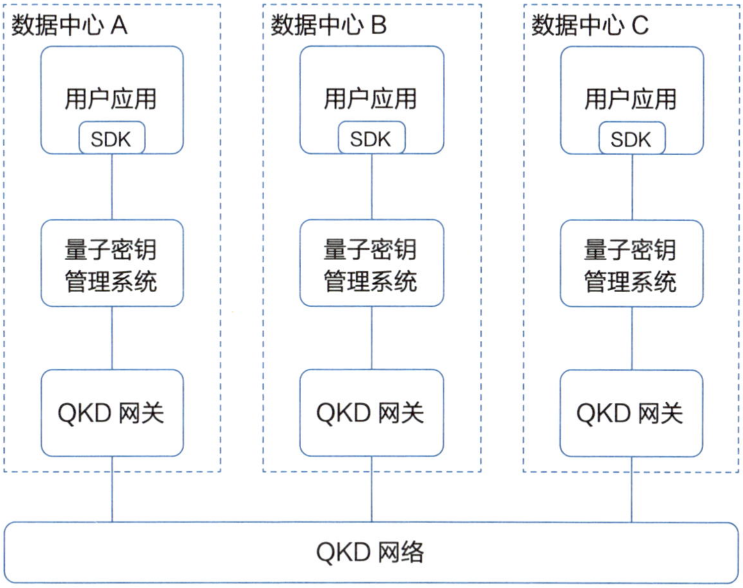

图 1 整体方案架构图

各数据中心分别部署 QKD 网关设备，通过光纤接入运营商 QKD 网络，实现多数据中心间能够在 QKD 网关间分发对称量子密钥。即在 AB、AC、BC 的 QKD 网关设备上，会按照网络服务要求的速率，生成两点间对称量子密钥。各数据中心分别部署量子密钥管理系统（简称量子密管），与本地 QKD 网关建立安全链接，作为 QKD 网络的应用，完成认证入网后，能够调用 QKD 密钥输出接口，获取量子密钥。量子密管系统之间通过 QKD 网络中的经典信道进行信息交互，各节点按照用户自定义密钥池规则向 QKD 网络获取密钥生成两点间密钥池，或通过进一步调度生成三点间密钥池。用户应用可集成量子密管提供的 SDK 完成与服务侧建立安全通道的功能，通过服务接口获取密钥。

（二）基于量子密钥分发的密码体系架构

保障信息的安全不能单纯依靠安全的密码算法，需要通过安全的密码协议在实体之间安全地分配密钥和其他秘密信息。密钥交换协议主要用于对称密钥和非对称密钥的分发，旨在让两方或多方在不安全的信道上协商会话密钥，从而建立安全的通信信道。然而伴随着中间人攻击、重放攻击技术的出现，密码行业逐渐认识到密钥分发安全的重要性，理论界在现有的密码体系设计中，提出将密钥传输通道（专线）与数据传输通道分离，以提升密码系统的整体安全性。

在此理论基础上，绍兴银行充分考虑效率和抗量子的安全性，将量子密钥分发技术融入现有的密码体系作为主密钥分发技术，在使用现有的密码算法的基础上，将密码算法所需要的密钥均替换为量子密钥。依托量子密钥分发网络（城域网、骨干网、量子卫星）的组网优势，打破现有密码体制下的单点服务模式，有效解决密钥分发及同步的安全性和效率性问题。

1. 量子密钥体系

现在的密码算法，尤其是公钥密码算法的设计是基于对数学难题的信任。目前，人们无法从计算复杂度理论的角度证明这些问题的求解是困难的，但也无法在经典的计算复杂性理论中找到有效的多项式算法。然而，量子计算和生物计算的出现又形成了新的挑战，其中量子计算中的 Shor 算法和 Grover 算法对密码算法安全性带来的影响最大。由于目前主流的公钥密码算法都是基于大整数因子分解或离散对数问题，研制可以抵抗量子攻击的公钥密码算法已成为当务之急。

量子通信是利用量子态携带信息的通信方式，利用光子等基本粒子的量子纠缠原理实现保密通信。按其所传输的信息是经典还是量子而分为两类：一类是量子密钥分配（也称量子保密通信），一类是量子态传输（也称量子隐形传态）。

量子密钥技术，包括量子密钥分发及量子随机数，现有密码体系中密码算法所需的密钥和随机数均能由量子密钥技术产生。

量子密钥体系实际上解决的就是经典密码体系面临的密钥安全分发问题，量子密钥体系可以实现无条件的安全性，构建量子密钥体系的基础是 BB84 协议。

其中量子密码算法作为对抗量子计算威胁的有效方式，一直是量子密码技术研究的重要方向。

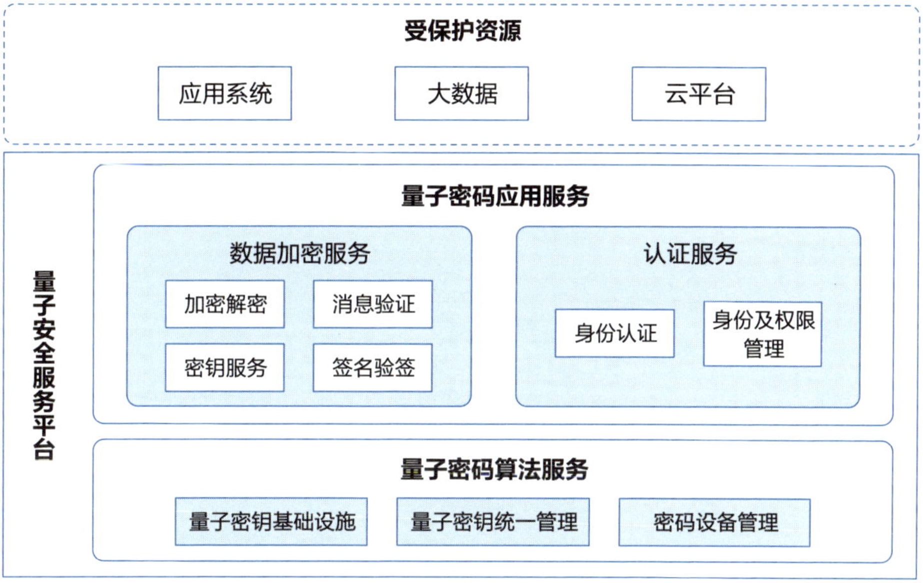

图 2　量子密钥体系

量子密码基础服务设施架构分为三层：量子密码算法服务、量子密码应用服务、安全应用。量子安全服务平台作为整套基础设施的核心，统一调度量子密钥及其他类密钥作为密钥源，管理各类核心安全设备及终端安全设备，对接上层各业务系统，提供统一的数据安全加解密服务、安全设备与密钥管理服务、身份认证与权限管理服务以及完善的应用监控与审计服务。

量子安全服务平台在架构设计上及技术实现细节上需要充分考虑稳定性，支持量子密钥分发（包含量子地面网络及量子卫星产生的密钥）和传统密钥分发两种密钥同步方式，当一种方式出现故障，或者有节点新增接入量子网络时，无缝切换到另一种方式，完成密钥的同步和更新，在密钥源这一层面提高平台的高可用性、健壮性以及容错性。整个切换过程，对上层应用透明，保证上层业务的稳定运行。

2. 非对称密钥体系融合

采用量子保密通信技术，可以很好地完成对非对称密钥中私钥的一次性密码本（one.time pad，OTP）通信，工作原理如图所示。

双方通过量子密钥分发协议协商，通过量子广域网或量子卫星，协商结果得到一串随机密钥，发送方用协商得到的密钥对非对称密钥中的量子私钥（由量子密码云服务平台生成随机数，进而生成密钥），然后进行 OTP 加密，发送方利用传统的网络信道等方式将加密后的数据发送给接收方，接收方用先前协商好的密钥进行数据解密就可以得到处理业务需要的私钥。利用量子密钥分发方法，在经典信道上实现了非对称密钥和摘要密钥的无条件安全分发，如图 3 所示。

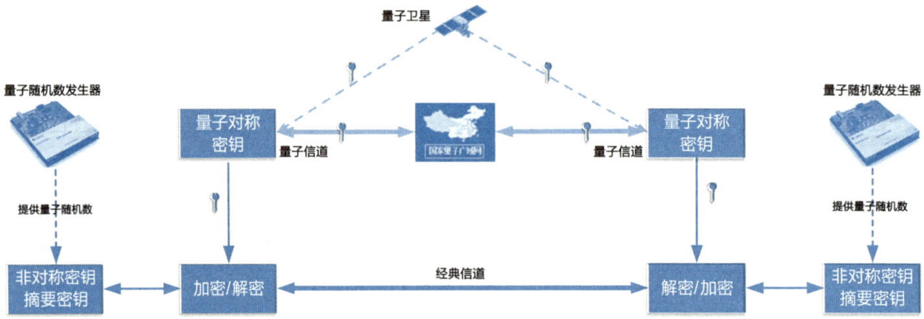

图 3 非对称密钥体系融合

3. 对称密钥体系融合

对称算法的优点是软件和硬件容易实现、运算速度快，但是由于其加、解密使用相同的密钥，并且加、解密过程互逆，对称算法的适用范围受到了很大限制。对称算法的不足之处在于其安全性依赖于对密钥的保护，密钥一旦泄露，则意味泄密。将量子密钥分发技术融入对称密钥体系，一方面，使用量子信道实现对称密钥的无条件安全分发，有效地解决了对称密钥的分发难题，保证了对称密钥的安全，提高密钥的更换频率；另一方面，实现了加密数据和密钥分发信道的分离，能够更高效地保证数据安全，从而提高整个密码服务体系的安全性。

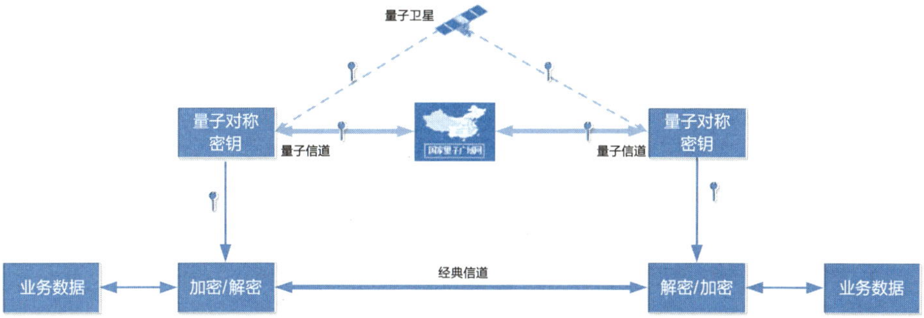

图 4　对称密钥体系融合

（三）业务流程

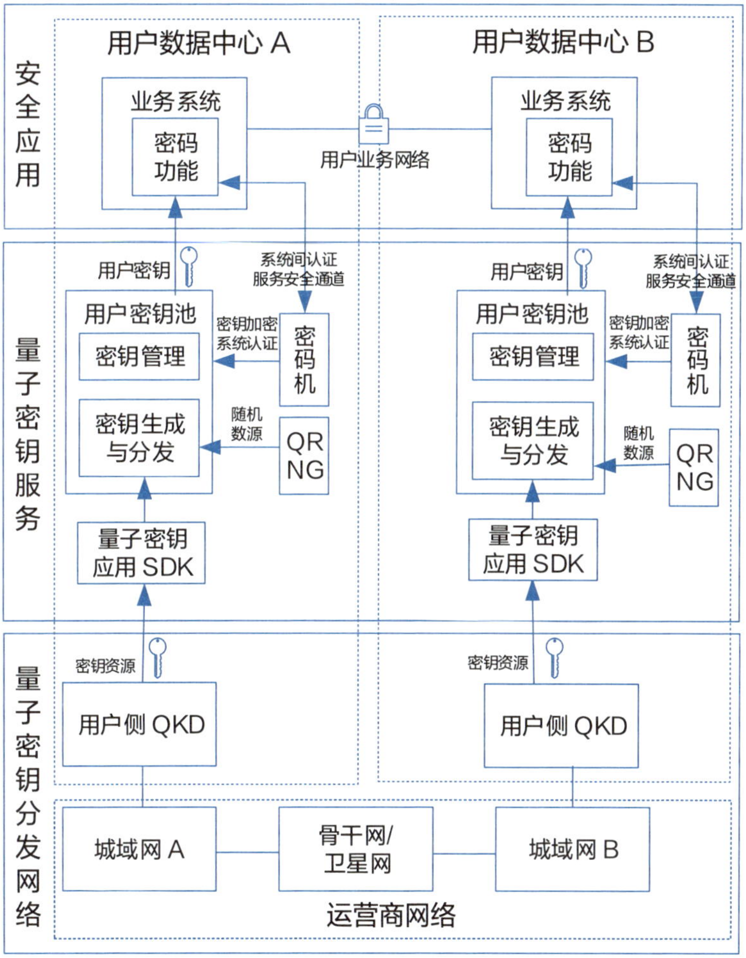

图 5　关键业务流程

以用户两个业务节点为例，密钥服务系统逻辑架构如上图所示。系统整体主要业务流程描述如下。

1. 用户数据中心 A 密钥服务系统软件配置用户业务节点 A，导入用户业务节点 A 的主密钥 ZMKa、CA 证书，完成业务节点 A 与服务节点 A 之间主密钥同步及系统间双向认证；

2. 数据中心 A 的用户业务节点与服务节点间，在系统间双向认证完成的基础上，建立安全通道；

3. 数据中心 A 密钥服务软件通过量子密钥应用 SDK 与本地用户侧 QKD 建立链接，通过入网流程后作为底层网络应用接入 QKD 网络；

4. 数据中心 B 完成 1~3 步骤，同步主密钥 ZMKb；

5. 分别配置密钥服务节点 A、B 的用户密钥池（AB、BA）及相应密钥策略；

6. 密钥服务节点 A、B 分别通过本地量子密钥应用 SDK 获取量子密钥，经过密码机处理后，存储到本地数据库，标记为可用密钥，并按密钥策略进行密钥生命周期管理；

7. 用户业务节点 A 发起密钥服务请求，服务节点 A 从密钥池 AB 取密钥，转为主密钥 ZMKa 加密后，经安全通道将密钥索引、密文密钥、密钥校验值等返回；

8. 用户业务节点 A 收到密文密钥及密钥索引后，按需处理密文密钥，并将密钥索引、密钥校验值发送给用户业务节点 B；

9. 用户业务节点 B 收到密钥索引、密钥校验值，按照密钥索引向本地服务节点 B 申请密钥，服务节点 B 从密钥池 AB 按索引查找到密钥后，转为 ZMKb 加密，将密文密钥、密钥校验值经安全通道返回给业务节点 B；

10. 业务节点 B 收到密文密钥、密钥校验值，比对密钥校验值一致后，完成业务节点 A、B 间密钥同步，可按需处理所收到的密钥，用于两点间业务数据传输加解密。

（四）创新技术

1. 密码技术

密码技术作为信息安全领域的基础支撑、核心技术，是保护国家安全的战略性资源。此外，随着云计算、大数据、人工智能技术的飞速发展，金融行业越来越多的业务应用在云和大数据平台上构建，业务的集中，数据的集中，也意味着攻击目标的集中、安全风险的集中，网络安全逐渐聚焦在数据安全及业务与安全的融合，迫切需要从安全技术手段上加强对信息安全的保护，密码技术应用的重要性逐渐凸显，并成为金融行业安全建设的基础。

2. 量子密钥分发

量子密钥分发利用微观粒子作为载体进行密钥分发，分发的密钥安全性由基本物理原理保证，通信双方利用量子密钥分发结合传统密码算法对称加密方式即可实现安全通信。在量子信息学科中，量子通信主要是基于单光子在量子传输中的无条件安全性的原理，来保证双方通信的安全。在目前阶段，量子通信主要指量子密钥分发，通过事先在通信两端进行密钥分发，然后通信双方利用分发的密钥结合传统的密码算法，就可以进行保密通信。

量子密钥分发技术是我国为数不多的具备世界领先水平的自主可控安全技术，国家量子骨干网“京沪干线”以及“墨子号”量子卫星已初步形成了星地一体量子网络的雏形，并在金融行业进行了大量技术验证及应用示范，有效提升了金融行业整体信息安全防护水平。国内人行、中行、建行、民生、光大、交行、农行、工行等银行均已进行试点应用；人行当前在 RCPMIS 和 PMTS 系统中开始进行规模化试用。

（五）项目实施

本方案作为量子密钥基础服务设施为其密码服务系统提供数据中心间的对称密钥分发基础能力，密码服务系统获取对称密钥后，用于数据中心间业务交互数据的加密保护，以及双数据中心密码服务系统多活应用。同时本方案为其业务系统提供量子随机数服务接口。

整体实施部署如图 6 所示。为保证量子网络接入的可靠性，本方案采用了每个数据中心部署双 QKD 网关接入运营商集控站的方式，实现 QKDM-A-1 与 QKDM-A-3，QKDM-A-2 与 QKDM-A-4 之间能生成对称量子密钥，不限长度存储于对应 QKD 设备。图中系统按照用户节点密钥调度需求进一步调度处理从 QKD 获取的对称量子密钥，生成两数据中心间密钥池。密码服务系统集成本系统提供的SDK，实现与本系统之间安全通道的建立，并暴露服务接口，提供密钥。

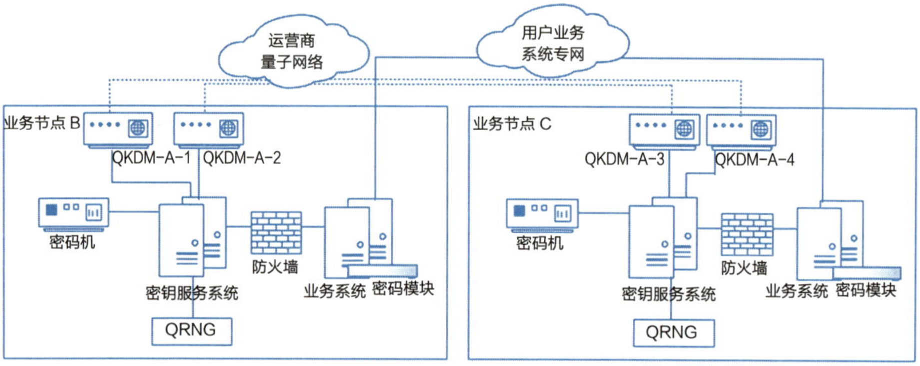

图 6　实施部署图

本方案目前三个应用场景如下。

1. 数据中心间数据加密：对密码服务系统，其所服务的上层应用系统在两数据中心间存在业务交互，报文传输过程的机密性和完整性保护需要使用对称密钥，并以一定频率更新。密码服务系统从系统获取对称密钥，并提供给本地应用系统对应密码设备，由密码设备完成密码运算功能。

2. 两数据中心密码服务系统双活：对密码服务系统，需要保证两边密钥实时的一致性来实现系统双活。两数据中心的密码服务系统调用本地系统实现为上层应用生成一致的密钥，保证能够同时为上层应用提供密码服务。密码服务系统自身其他双活功能实现方案不在本方案范围内。

3. 短信网关验证码：短信网关验证码的高随机性是验证码功能安全性的重要保证。本项目中，系统的随机数服务接口基于量子随机数发生器为用户短信网关系统提供真随机数服务。

三、项目创新点

（一）创新技术

密钥服务系统采用安全的设计架构，一要保护系统自身存储数据、传输数据的保密性；二要保证用户从平台获取密钥的安全性；三要保证访问者身份可信，操作受控。

密码算法和密钥的安全是密钥服务系统安全的核心和基础，需要设计合理有效的密码密钥管理体制，才能保证系统的安全运行，为用户提供可信的密钥服务。

1. 密钥生产安全

系统密钥采用了两种产生方式，一是使用量子随机数发生器，QRNG 的随机性基于量子内在的随机性物理特性，是符合国家密码管理局批准的随机数发生器。经实际测试，QRNG 比现有热噪声、数学算法等随机数源的随机性高，在随机数源方面对密码系统的安全性有一定的提升。另一种是使用量子密钥分发。在 QKD 网络中，通过光纤直连的两点间的密钥产生和分发是同一过程，经过密钥中继分发的密钥，由 QKD 的随机数源产生，分发过程经过可信中继节点中继完成，完整过程由 QKD 技术体系保障。

2. 密钥分发安全

用户密钥池中的两点密钥，直接从 QKD 网络获取；三点及三点以上对称密钥的分发，由随机数源的真随机性及一次一密加密等机制保证安全性；密钥服务软件从量子网络获取密钥过程安全由量子密钥应用 SDK 及 QKD 密钥接口的安全机制保证。

3. 密钥使用安全

用户密钥在服务调用过程中，直接以密文的方式导入用户业务节点的密码机设备中，直接用于对业务数据的加解密。系统中所有的密钥均不会以明文方式出现在密钥服务系统和用户业务系统中，也不会以明文方式出现在它们的系统内存中，密钥服务系统软件在从 QKD、QRNG 获取到量子密钥或随机数之后，所有的密码运算均在密码机中完成，保证密钥使用过程的安全性。

4. 密钥存储安全

密钥服务系统可实现对用户密钥的备份管理，用户密钥及备份密钥会用密钥服务节点的存储密钥经密码机加密后存储入数据库，保证密钥存储过程安全。

（二）项目特色

1. 合规自主可控

采用符合国家商用密码规范的“自主可控”的安全核心技术，支持全栈信创。

2. 高安全性

采用量子密钥生成和分发技术，无须提前约定或预制密钥，新密钥的安全不依赖上一个密钥的安全，提供比传统密钥系统更优的前向安全性和随机性。

3. 高可靠性

相关产品和服务，均支持冗余备份。

4. 高性价比

采用量子密钥分发技术替代人工密钥更新方式，可有效降低安全管理方面的风险和成本，以及相关功能的开发成本，实现密钥的安全分发和可管可控。

5. 标准化接口

提供标准友好的技术接口，便于用户密钥管理系统或业务系统快速对接。

四、技术实现特点

方案中各组件及服务调用关系如下图所示，其中 web-service 作为核心服务，通过 QKD 代理服务、QRNG 代理服务和 JNA 技术实现对密码工具相关硬件的调用。实现核心功能。keypool-service 服务通过调用 web-service 核心服务完成密钥池的构建和维护。web-admin 服务调用 web-service 核心服务管理功能并对外提供管理接口。管理 UI 调用 web-admin 管理接口提供 WEB 端管理页面，用户可以通过管理 UI 进行管理操作。center-service 服务通过调用 web-service 核心服务构建 socket 服务端，提供密钥服务相关接口。client-service 服务部署在客户端，实现与 center-service 服务建立安全通道和接口的调用并对外提供 HTTP 接口。客户应用 APP 直接调用 client-service 服务获取密钥服务。

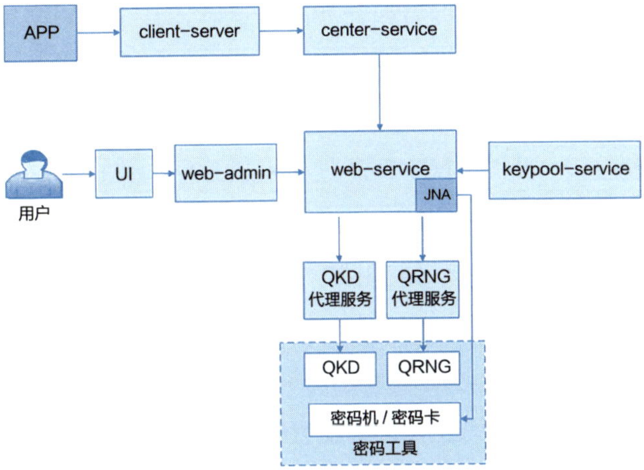

图 7　应用分布式调用关系图

（一）量子密钥分发网络

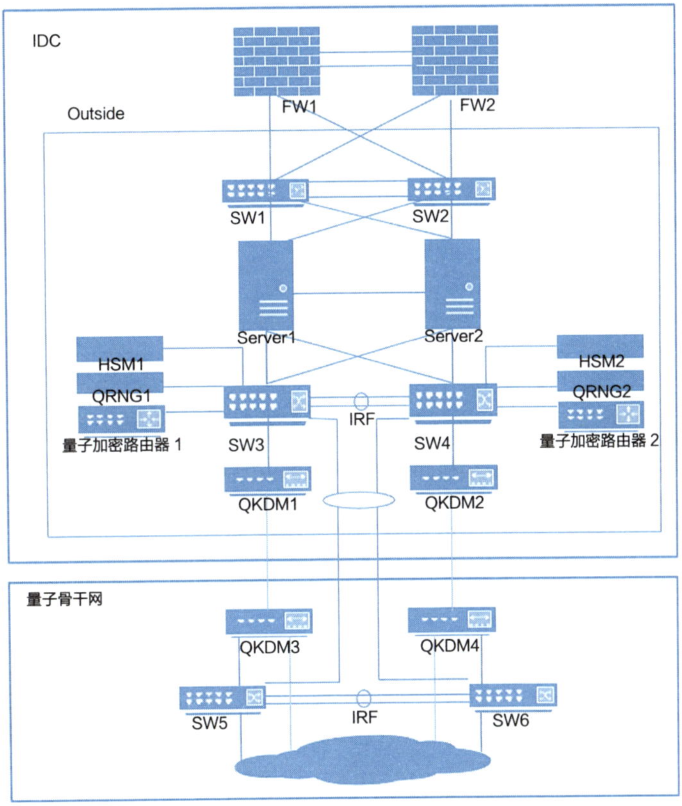

图 8　网络拓扑图

单节点网络环境及硬件部署拓扑如上图所示，其中密钥服务区为完整部署，其他业务及安全部署省略。为提高 QKD 网络服务的可靠性，用户侧采用双 QKD 接入。QKD 有三个经典链路接口，其中两个为 QKD 协议接口及 EMS 网元管理接口，用户侧 QKD 通过交换机分别与集控站侧的这两个接口互通；用户侧 QKD 与服务器间通过密钥输出接口通信。用户侧 QKD 与集控站 QKD 量子信道由单独的接口使用裸光纤直连。由于用户侧两台 QKD 接入城域网，集控站与用户机房间需部署两条裸光纤，每条裸光纤中一芯用于连接 QKD 间的量子信道，另一芯使用单芯双向光模块连接用户侧及集控站侧交换机，并与另一条裸光纤中的经典链路配置 port-channel。两台交换机设置为堆叠模式。服务器通过物理直连的 QRNG 获取量子随机数，通过密码机 HSM 实现硬件加解密功能，并从 QKD 获取量子密钥。

（二）业务节点及密钥池管理

用户节点配置功能模块的代码实现主要是对数据库中一些配置表数据的增删改查。其中 msqkmc-web-admin 模块中 controller 层的 Configuration-Controller 暴露了配置管理相关的接口，包含量子随机数设备配置、用户节点配置功能。ConfigurationController 调用了 msqkmc-service-interface 模块中 service 层的 ConfigurationService，msqkmc-web-service 模块中 ConfigurationService 的实现类 ConfigurationServiceImpl 则具体实现了这些功能的逻辑。各个代码模块之间是通过 dubbo 服务框架提供的 RPC 来进行交互的。ConfigurationServiceImpl 实现功能逻辑过程中通过 DruidData-Source 连接池访问并操作数据库，将获取到的数据通过 model 类封装，这些 model 类都是封装在 msqkmc-repository 模块中，model 类也是数据库表的映射。比如，证书模型 TSCert 映射表 t_s_cert、量子随机数设备配置模型 TCfgQrng 映射表 t_cfg_qrng 等。

用户密钥池管理功能，包括密钥池策略的管理以及可用密钥、历史密钥的查询。代码结构和上述用户节点配置类似，由 controller 层 KeyPoolCon-troller 调用 service 层 KeyPoolService，KeyPoolService 实现类 KeyPool-ServiceImpl 具体逻辑。

（三）量子密钥分发及管理

1.QKD 冗余备份设计实现

以北京与上海节点为例，对整体实现方案说明如下：

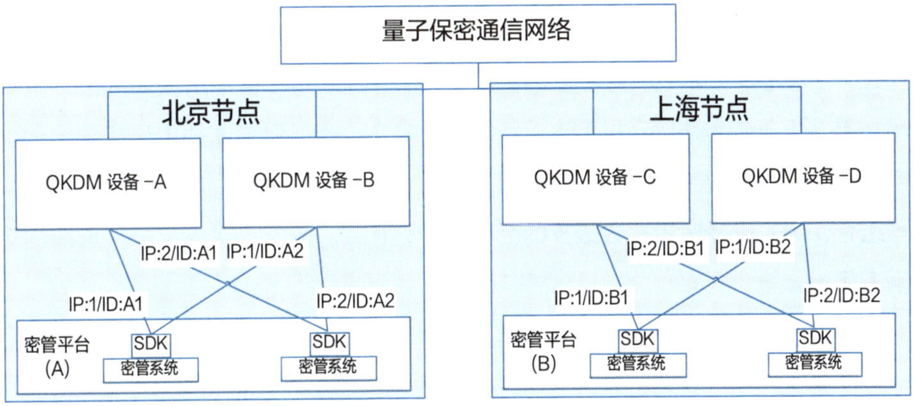

图 9 双链路接入方案

主要包括初始化、设备入网、会话管理、量子密钥申请四方面。

（1）初始化

密管系统初始化对应的 SDK，指定 SDK 配置文件存储路径，SDK 解析配置文件中 QKDM 信息，向每一个 QKDM 建立 TCP 链接。

（2）设备入网

以北京节点为例，对设备入网过程进行说明。

密管系统调用 SDK 进行设备入网，假设传输的设备 ID 为 A；SDK 根据配置规则，将其变化为 A1，并将 A1 入网消息发送至 QKDM 设备 -A；同时，将其变化为 A2，并将 A2 入网消息发送至 QKDM 设备 -B；

其他节点以此类推，最终 KMS 能够看到 A1/A2、B1/B2 设备，并记录其入网状态。

（3）会话管理

以北京节点主动创建至上海节点的会话为例对会话创建进行说明。

系统调用 SDK 进行会话创建，传输对端密管设备的 ID 为 B；SDK 根据配置规则，将其变化为 Bx（上图中的 B1 或 B2），并分别尝试与其创建会话（需将会话创建的指令发送至 KMS），直到所有的 Bx 尝试完毕，SDK 最终将会话创建结果反馈至密管系统。

特别说明：这里可能会创建出多个会话，比如，A1-B1、A1-B2、A2-B1、A2-B2 共 4 个会话。会话销毁与会话创建基本类似。

（4）量子密钥申请

基于已经创建会话进行密钥申请，申请流程与正常流程相比基本一致。当存在多个会话时，需要根据选择算法选择会话，直到密钥申请成功或会话全部遍历完毕。会话选择算法满足 2 个条件：第一，根据配置文件中设备配置的前后顺序组合出可选择的所有会话，比如，A1-B1、A1-B2、A2-B1、A2-B2 4 种组合，优先选择使用次数最少的会话组合；第二，保证本次与前一次选择的会话不重复。

2. 密钥池设计实现

密钥池中密钥根据密钥池策略配置生成和同步功能实现中，msqkmc-keypool-service 模块中 SycKeyTask 类定时执行同步密钥任务，将同步密钥操作行为放入用 redis 实现的消息队列中。KeyPoolListener 类作为消息监听器实时监听消息队列，并处理消息。当 KeyPoolListener 监听到同步密钥消息时，则调用 SycKeyBus 类中的 timerSyc 方法进行密钥同步。包含缓存用户节点、密钥过期处理、清除缓存中 qkd 数据、读取密钥池策略、根据策略同步密钥等操作。其中同步密钥操作时，会循环密钥池策略，每个策略都会参与处理。处理时，根据密钥池策略中“是否多节点同步”参数判断选择两点间密钥同步或者多点间密钥同步，即向消息队列中发送两点间密钥同步消息或者多点间密钥同步消息。KeyPoolListener 根据监听到的消息进行两点间密钥同步或者多点间密钥同步。

以两点密钥分发及同步实现为例，KeyPoolListener 调用 TwoSycKey-Bus 类中的 twoKeySyc 方法。同步过程会根据密钥池策略中的“密钥池数量”参数判断当前密钥池中可用密钥是否足够，不够才会继续同步。先通过量子密钥处理器 QkdHandle 获取量子密钥，调用密码机进行加密处理后，保存在临时密钥池中。从节点则根据同步密钥同步消息获取从节点量子密钥。主节点在 KeyPoolListener 收到同步响应消息时才会调用 TwoSycKeyBus 类中的 updateKeyPoolStatus 方法，将其放入可用密钥池中。

（四）量子密钥服务

本节以用户侧实现为例，说明部分功能实现。为方便描述，将用户侧称为客户端，本系统侧称为服务端。服务端与客户端之前使用 Netty 作为编程框架，实现各项功能。主要实现内容如下。

在自定义 Netty 客户端处理器中，LoginAuthReqHandler 处理安全通道建立，ClientHandler 实现消息处理，和 LoginAuthReqHandle 处理心跳检测，三者均继承 ChannelInboundHandlerAdapter。LoginAuthReqHandler 中包括了发起握手以及收到握手应答消息时的验签、认证、返回确认消息等逻辑，实现安全通道中认证、会话密钥协商；ClientHandler 获取加密数据，然后根据消息头中的 serviceId 判断服务类型，使用安全通道的会话密钥解密出对应类型的消息并封装，解密操作通过调用用户侧业务系统外挂密码机实现，调用方式与服务端相同，解密后的明文存放在缓存中。LoginAuthReqHandler 实现在收到握手成功的消息时启用单独的线程定时进行心跳检测，向服务端发送心跳信息。

（五）量子随机数服务

系统可以通过服务接口为客户提供量子随机数服务，具体流程见图 10。

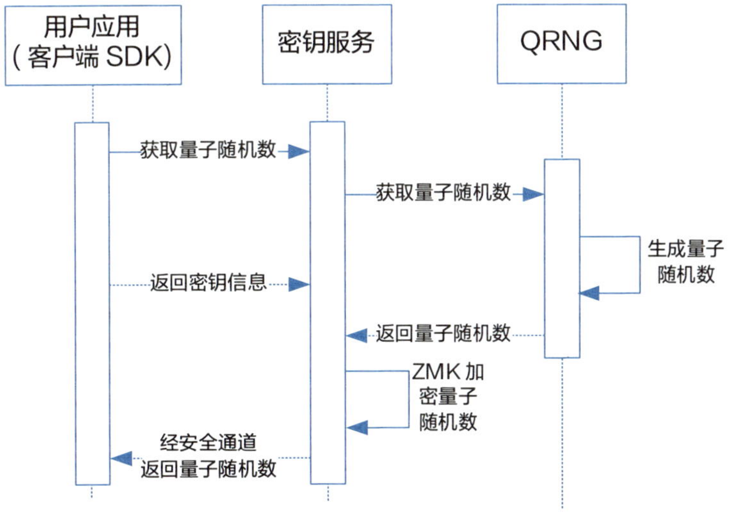

图 10 获得量子随机数流程图

1. 用户应用调用密码服务获取量子随机数接口获取量子随机数；

2. 密钥服务调用 QRNG 设备获取量子随机数；

3.QRNG 设备生成量子随机数；

4.QRNG 返回量子随机数给密钥服务；

5. 密钥服务使用 ZMK 对量子随机数进行加密；

6. 密钥服务经安全通道返回量子随机数给用户应用。

五、项目运营情况及过程管理

（一）项目成效

1. 完成了基于量子力学的物理原理构建完善的金融密码体系的初步实践

本方案在金融领域完成了基于量子力学的物理原理构建完善的金融密码体系的初步实践，有效提升了用户的密钥分发安全性、密钥分发效率以及数据加密安全性。方案支持多系统复用，能够有效降低业务系统开发成本，在实际使用过程中能有效降低密码应用约 40% 密钥维护成本。

2. 通过工程优化实现量子密钥技术切实可用，助力国家的技术创新

本方案通过技术创新实现了多点量子密钥分发，解决了 QKD 只能进行两点密钥分发的问题，大大增强了量子密钥分发的实用性；通过密钥池技术构建的量子密钥管理方式，极大提升了量子密钥的可用性；通过 QKD 冗余备份设计构建的双链路接入方案，极大提升了密钥分发的可靠性。

经实践证明，通过工程化提升，量子密钥技术的可用性和可靠性大幅提升，已能够满足金融客户的业务需求。本方案的成功实践，是面向国家在信息安全领域的技术创新号召的积极响应，后续可逐步向金融、电力、税务、国防、交通、政务等领域开展应用推广和深化，为国家信息安全建设添砖加瓦。

（二）项目执行程度

本项目经过两期项目建设，通过系统设计评审、安全风险评估、集成测试、性能压力测试、用户验收测试等过程管理手段，已基本实现量子密钥、传统密

钥的集中生成、统一管理、安全分发和标准化应用等项目目标，切实有效提升了系统密钥的使用效率以及机构整体安全防护等级。

六、项目成效

（一）经济效益

1. 通过本方案，在实际使用过程中能有效降低密码应用约 40% 密钥维护成本。

2. 同时方案支持多系统复用，能够有效降低业务系统开发成本。

（二）社会效益

金融机构存在大量的业务需要依托第三方机构配合完成，然而外联业务一直存在跨机构密钥分发困难的现状。未来，人行可以构建一张基于量子密钥分发的量子密钥交换网，依托量子网络密钥分发的优势，将需要进行交互的金融机构分别就近接入量子网络，即可轻松实现跨机构间的密钥分发功能。

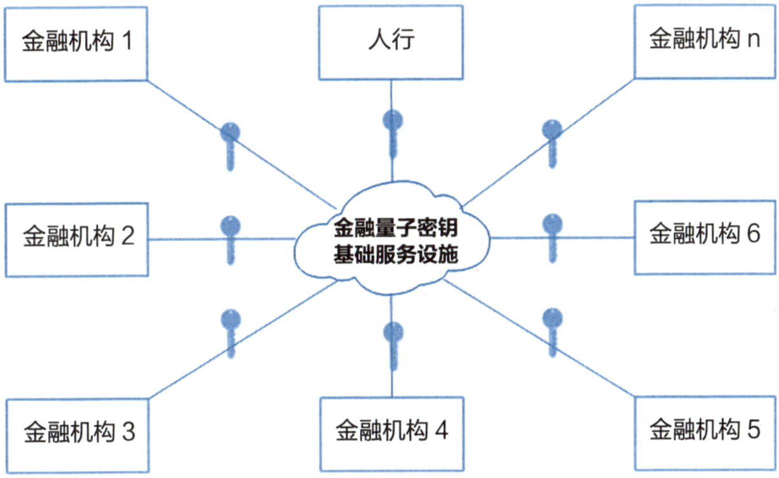

图 11　量子金融密钥基础服务设施

基于以上的量子密钥分发网络体系，可构建形成跨域、跨机构的，可信通信网络、密码密钥服务平台一体化的量子金融密钥基础服务设施。

七、经验总结

（一）探索密码创新融合体系，发挥量子密钥分发技术优势

经典密钥依赖于计算困难假设等数学理论，当下可靠未来不一定安全，而量子密钥以光子的量子态为载体，根据量子不可克隆定理，理论上防窃听、防测量。经典物理过程在考虑所有变量的情况下是可以被模拟的，唯有某些量子物理过程所产生的随机性是完全真随机的，随机性是量子的内禀性质，某个量子经过一段时间演化后的状态是无法精确预测的，与任何外部因素无关。

利用量子的真随机性可生成完全随机的密钥，避免经典密钥中伪随机带来的可预测风险；利用量子传输的防窃听不可测量性质，可实现密钥的安全分发，避免经典密钥协商过程中的安全隐患。具体地，可通过量子信道进行密钥安全分发，利用传统信道进行密文传输，既能利用现有资源，也将密钥数据与业务数据分开传输。

（二）通过工程优化实现量子密钥技术切实可用

通过 QKD、QRNG、密码机等组件的融合利用，完成密钥复制及二次分发，实现多点量子密钥分发，解决 QKD 只能进行两点密钥分发的问题，大大增强了量子密钥分发的实用性。

本方案实现了单点随机数、两点密钥及三点或三点以上的多点密钥提供方式，能够满足当前金融密码体系的实际应用需求。通过密钥池技术构建的量子密钥管理方式，极大提升了量子密钥的高可用性；通过 QKD 冗余备份设计构建的双链路接入方案，极大提升了密钥分发的高可靠性。

本方案将 QKD 网络信道与经典网络信道整合，发挥各自优势，在 QKD 网络中完成量子密钥的随机生成与安全分发，在经典网络中传输密钥索引、密钥策略、密文数据等非密钥本身内容，实现密钥数据与非密钥信息的区别传输管理，使量子网络专注于密钥数据分发，进而提升了量子网络服务的可用性。

八、项目展望

（一）构建统一的密钥交换网络，形成量子服务基础设施

金融行业、电子商务等领域的密钥交换场景丰富，且机构庞杂、参与方众多。不断拓展的业务应用将提出密钥交换安全性、便捷性等方面的要求，经典的密钥交换技术愈发难以满足上述需求，而量子密钥技术真随机、防窃听的特点，能够应对未来安全高效的密钥分发技术要求，且密钥生成、分发与管理等方面较经典交换方式有较大优势。利用量子密钥技术构建统一的密钥交换网络，从技术层面有利于提高密钥交换的安全性；从管理层面有利于提高密钥交换的便捷性；从未来发展层面有利于提高跨行业跨领域密钥交换技术的标准统一。

构建统一的密钥交换网络，有利于形成基于该网络的量子技术服务基础设施。加快量子通信技术创新和产业发展是我国的科技创新规划，量子通信的核心是为通信方产生和分发密钥的网络，即密钥交换网络，构建跨行业跨领域的标准密钥交换网络，能够进一步丰富和完善量子通信网络，从而为上层应用提供有力保障，形成基于密钥交换网络的量子技术服务基础设施。

（二）基于量子服务基础设施，打造量子技术安全服务

基于前述的量子技术服务基础设施，能够打造一系列的应用服务和商业生态。能够促进政务、金融、国防等领域内和跨域应用，如电话、传真、电子文件传输等保密通信业务；能够促进移动通信、电子商务等领域的安全应用，如安全移动办公、量子安全印章等；能够促进与云、物联网、大数据、5G 等新技术的融合创新。此外，还能够为智慧医疗、智慧交通、智慧金融、智慧能源等应用场景提供量子安全接入服务。各行业各领域能够基于量子服务基础设施，搭建安全的通信渠道，提供强有力的安全服务，护航国计民生。

九江银行股份有限公司

多变金融场景下的智能风控决策应用

一、引言

（一）项目背景

随着我国银行业资本监管体系整体框架与要求的确立，近年来科技呈爆发式发展，大数据时代汹涌而至，“数字金融”已成为各大热门议题的常客，“数字经济发展”也频繁现身政府工作报告之中。央行陆续印发的关于金融科技发展规划等一系列指导性文件，从治理体系的完善、业务创新的推动、技术与数据能力建设的强化以及风险防范的加强等多个维度提出关键任务，全力推动行业数字化转型的落地实施。

在当前阶段，银行与实体经济的横向联系日益紧密，深度融合进程不断加快，业务数据量持续增长且内容愈发丰富多样。然而，传统风险控制手段主要依赖人工经验，暴露出诸多弊端，其评估覆盖面较为狭窄，难以全面把握风险状况；自动化能力严重不足，工作效率低下；线上线下场景相互割裂，缺乏协同性；决策效率低下，无法及时应对风险变化。此外，为迅速响应业务发展需求，各业务条线要么直接引入第三方风控模块，要么针对自身独立需求进行风控模块的烟囱式建设，这导致业务与模型分散、功能单一、无法实现升级迭代、不符合监管要求且难以自主掌控。鉴于此，建立全行级的模型管控平台已成为当务之急，唯有如此，银行才能在数字化浪潮中有效应对风险挑战，实现可持续发展。

（二）项目目标

在全面推进数字化转型、业务场景智能化的环境下，一是致力于持续拓展决策支持场景，构建全行级统一风控引擎。在信贷业务全流程决策支持逐步趋于完善时，积极寻求将评分模型、应用策略、监控预警等广泛应用于更多业务场景。旨在实现统一风控模型管理及预警指标体系的搭建，进而形成一个全面、统一的决策支持平台，即全行级智能风控决策平台。这将为银行各业务条线提供标准化、精准化的风险评估与决策依据，有力推动银行风控体系的现代化建设。二是着重提升信贷决策的效益性与科学性，强化信贷风险管理能力，助力全面风险管理体系的建设与完善。具体而言，九江银行将整合行内现有的各类信贷模型，运用数据分析、规则筛选和模型匹配等科学方法，全面加强贷前贷中的审批管理。在此过程中，积极推动传统信贷业务与线上信贷业务深度融合，实现信贷业务全流程环节的高效风控决策支持，确保实时决策精准且高效。通过这些努力，银行的全面风险防控能力将得到显著提升，为信贷业务的稳健发展筑牢坚实防线。三是聚焦业务自动化与智能化决策，全力提升决策分析效率，实现降本增效。九江银行将通过持续优化业务流程、不断迭代产品模型，逐步提高各业务条线的决策科学性和决策效率。借助先进的技术手段，实现业务决策的自动化、智能化，减少人工干预带来的不确定性和成本。最终，推动银行以“科技驱动，数据赋能”为指导的数字化转型进程，使银行在激烈的市场竞争中凭借高效的风控决策体系和创新的业务模式脱颖而出，实现可持续发展。

二、项目方案

为实现银行数字化转型和风险自主可控的战略性目标，基于大数据的全行级智能风控平台项目不仅仅是一项技术系统的建设，它同时还是一个风险管理模式的变革项目，是关于转型发展思想的具体体现和实践探索，有效推进风险文化建设，积极有序地开展各类实质性风险管理工作。智能风控平台项目，在数字化转型层面，实现了信贷业务线上化、流程化、自动化、数字化、智能化的集中统一管理，同时在风险管控层面，建立和完善风险管理政策制度，开发和应用风险管理方法和工具，加强行方风险管理人员团队建设，实现了核心风控策略、模型、决策的科学化、合理化，优化流程，提升效率。

在九江银行业务快速发展的当下，项目整体的目标蓝图、建设框架与实施方案已经明确，为了让多项工作齐头并进并保证其协调一致，采取业界先进的“敏捷迭代”开发模式，在保证现有信贷业务运作的同时，加快风险模块迁移，同时快速响应新生业务产品的快速上线需求，项目实施过程中面临了较多的挑战和风险，为确保项目成功，九江银行组建了强有力的组织团队，整合业务部门、科技部门优势资源，构建敏捷组织，打破部门壁垒，设定切实可操作的短期和中期目标，分步骤实施，分部门、分条线进行业务覆盖，逐步迭代上线，最终实现整体目标，智能风控项目应用架构如图 1 所示。

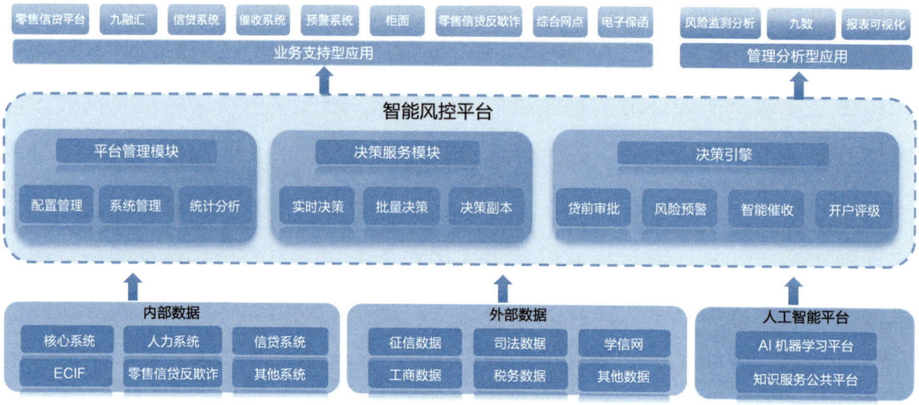

图 1　智能风控平台应用架构图

三、项目创新点

（一）构建全行级统一平台，多业务场景深度融合

全行级统一的智能风控平台实现了多业务场景对接，覆盖全行零售、普惠、企金、村镇、运管、票据、汽金七大业务条线，极大地提升了服务的普及程度，使得银行能够广泛覆盖不同客户群体的多样化需求，还在业务处理速度方面实现了质的飞跃。通过标准化的决策流程和统一的数据支持，平台确保了决策的一致性和可靠性，有效避免了因人为因素或业务差异导致的决策偏差。此外，统一架构可更好地保障数据的安全，有效防止数据泄露，确保全行数据安全处于高水平。智能风控平台的可扩展性和兼容性为银行预留了广阔的发展空间，能够在业务场景拓展方面不断自我完善与升级。

（二）创新在线多模型实验，高效驱动模型优化

智能风控平台支持同一产品多版本风控模型的在线部署，保证生产主模型有序运作的同时，实现了在线多模型实验和冠军挑战，节省模型实验成本，保障生产数据安全，提升实验比对效率。根据实际风险管控需求或业务发展战略，快速调整模型参数或直接切换到表现更优的模型版本，确保风控模型始终与业务需求和市场变化保持高度契合，大大提升了银行应对市场变化的敏捷性和竞争力。

（三）灵活可配置与热部署，推动业务敏捷转型

智能风控平台依靠引擎多组件支持和便捷的拖拉拽配置方式，为业务人员带来了操作便利性，非技术背景的业务人员可根据业务需求快速配置和调整风险管理模型与策略。可视化的配置界面不仅简化了操作流程，还将复杂的风控流程以直观、透明的方式呈现，增加配置便利性，缩短业务上线周期，提高了业务人员对风控策略的理解和掌控能力。平台具备强大的数据整合和复用能力，能够快速接入和整合内外部数据源及指标项，使得策略随市场变化快速落地部署实现成为可能；平台的模型热部署服务实现了线上业务模型的自动化切换功能，业务响应更加敏捷，进一步增强了银行在数字化时代的市场竞争力。

（四）打造敏捷组织架构，实现风险决策自主可控

通过内部科技人员与业务团队的深度协作，成功打造了一个高效敏捷的智能风控项目团队，在风险模型的开发、配置及测试全流程中紧密配合。科技人员为风险模型的构建提供了坚实的技术支撑；业务人员则充分发挥对市场需求和业务流程的深刻理解，确保风险模型与实际业务紧密结合，能够精准应对各类风险挑战。与系统开发过程进行有效隔离是该组织架构的一大特色和重要保障，有效保护了银行风险模型的知识产权，防止核心技术和算法被外部竞争对手窃取或滥用，有效复核及识别系统潜在问题，确保模型的准确性和稳定性，有效提升核心竞争力和风险决策的自主掌控能力，为银行的稳健运营提供了坚实保障。

（五）确保平台稳定高效，保障业务决策连续性

智能风控决策平台运作稳定、高效，风险模型平均决策时长在 20 s 以内，具备全年不间断运转的能力，采用服务器集群和 redis 主从哨兵等模式，实现服务的高可用性、负载均衡、熔断降级等功能，保障系统在单点故障时仍能持续稳定运行。增加流量控制、报错监控和异常信息提醒，对运行状态进行实时统计和监控，便于及时发现和定位问题。系统上线以来未发生过重大生产稳定事故，保障了九江银行智能风控决策的业务连续性。

四、技术实现特点

智能风控平台作为全行级风控中台，宛如银行风控体系的智慧中枢，可全方位满足多条线业务部门在智能决策方面的多样化业务需求，可实现多系统多渠道松耦合、标准化的接口对接，达到全行级标准。智能风控决策平台划分规则引擎、决策服务、管理平台、批量子系统、风险集市五个子系统，规则引擎专注于模型配置，为风控模型的构建与优化提供了坚实基础；决策服务能够实时响应，为业务决策提供即时支持；管理平台负责系统配置与管理，确保平台稳定运行；批量子系统则依托脚本化设计，借助行内统一调度平台，与风险集市指标层调度任务紧密协作，有力保障了数据加工、决策结果生成及卸数等环节的高效执行，实现系统间批量数据的无缝传递，大大提高了数据处理效率。智能风控项目具体技术架构如图 2 所示。

决策服务的上层架构采用迪普负载均衡技术，其心跳轮询机制如同敏锐的守卫，时刻监控决策服务的运行状态，确保交易请求能被智能地分配到运行正常的服务器，从而保证服务的稳定性和高效性。

风险集市采用分层设计，利用 Perl 脚本的并行处理和兼容性优势，实现高并发的指标标签化，为规则模型提供强大支持。批量子系统则通过脚本化与行内统一调度平台的紧密集成，确保数据加工、决策结果生成和卸载的高效执行，实现系统间数据的无缝流转。

实时决策服务采用分布式缓存和决策结果异步持久化技术，从接收上游系

统请求到输出决策结果，全程避免磁盘和数据库的 IO 操作，最大化利用服务器资源，确保在高并发场景下，决策服务依然能保持卓越的响应速度和可用性。这样的设计，使得整个平台在应对复杂和频繁变化的业务需求时，依然能展现出卓越的稳定性和适应性，为银行的智能风控决策提供强大支持。

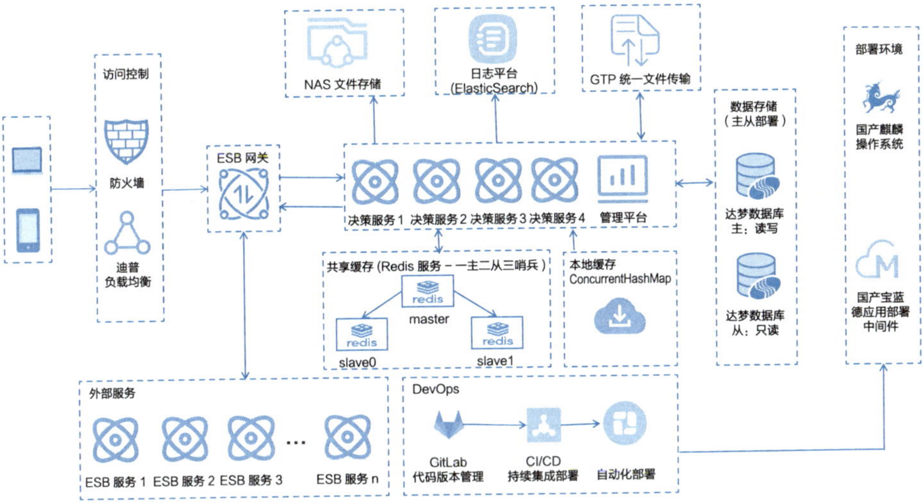

图 2　智能风控平台技术架构图

五、项目运营情况及项目过程管理

（一）项目运营情况

自智能风控平台 2020 年 12 月上线以来，平台运作以及进件稳定、高效，历史无重大缺陷出现，全年 7×24 小时不间断高效运转，且在不断迭代进行各条线信贷产品部署、迁移以及已上线产品模型优化工作。自运行以来，部署模型规则超 300 余种，加工内外部指标 1500 余项，总交易量超 740 万笔，日均决策量超 8000 笔。累计投放规模超 2000 亿元，在贷余额超 900 亿元。

（二）项目过程管理

1. 平台基础建设阶段（2019 年 6 月至 2021 年 5 月）

将决策引擎搭建成全行统一智能风控平台、全行级数据集市以及实现风控模型核心知识资产的可视化管理，完成与行内网贷系统、云平台、信贷系统打通。对于实时风控模型，通过行内 ESB 提供接口，供上游系统实时调用。对于贷后模型，上线批量子系统，批量决策结果通过行内通用 GTP 文件或数据库卸数方式同步给正在建设中的催收、预警系统，完成基础产品模型上线。

2. 打通风险管理链路阶段（2021 年 6 月至 2022 年 6 月）

持续进行信贷产品部署，新上、迁移零售、企金、普惠、村镇各条线近 50 款信贷产品；完成多模型实验功能上线，支持同一产品多版本风控模型部署，节省模型实验成本，保障数据安全，提升实验比对效率；完成决策平台副本服务部署，实现线上模型对比；完成指标管理模块，对各条线指标统一管理。完成多个业务系统对接，包括信贷系统、互金系统、电子保函、九融汇、柜面、综合网点、面签个人，随着单位及个人简易开户模型上线，实现了从开户到贷前客户准入、预警、客户综合评分、额度授信，到贷中提款交易监测，最后到贷后管理，逾期催收，一整套信贷管理流程均需打通壁垒，实现标准化、线上化、智能化的风险管控。

3. 决策支撑拓展阶段（2022 年 7 月至今）

主要拓展决策支持面，进一步完善全面风险管理体系，联合贷后预警、催收系统，打通贷后管理数据壁垒。通过数据建模和多维度数据支撑将风险识别决策自动化、规范化、透明化、去经验化，大量减少人工干预和业务瓶颈，有效降低不良劣变概率，对有潜在重大风险的客户制定针对性的贷后管理措施，通过对客户及业务特征的抓取和分级，输出系统化、标准化的贷后管理动作供客户经理运用，为进一步优化整个信贷流程建设提供决策助力，实现全面风险管理数字化的目标；对接知识服务公共平台，引入知识图谱，将知识图谱工具应用在信贷贷前、贷后反欺诈流程中，推动通用反欺诈模型落地；引入机器学习模型，开发出高度定制化的贷款准入规则、预警规则和评分卡体系，提升数据分析与应用效率，为业务决策提供强有力的数据支撑。

六、项目成效

（一）服务全行多条线场景

自智能风控平台 2020 年 12 月上线以来，成功实现了与零售、普惠、企金、村镇、运管、票据、汽金七大业务条线的深度对接。在大数据平台架构的支撑下，完成了行内外数据的深度融合，构建了统一的数据和指标服务体系。为各业务条线提供自动化、智能化的风控决策服务，实现了风险评估和决策的标准化、精准化。根据不同业务特点和风险需求，提供量身定制的风控解决方案，有力推动了全行各业务条线的协同发展，提升了银行整体运营效率和风险防控能力。

（二）助力普惠小微及地方特色产业发展

利用智能风控技术突破普惠金融服务瓶颈，深入分析地方产业的特点和需求，创新性地建立了“整圈授信”方案。根据不同产业集群的经营模式和风险特征，设计开发了 30 余款符合地方产业特点的金融产品，有效满足了普惠小微地方企业的多样化融资需求。自上线以来，支持千余户普惠小微地方企业的发展，总投放额 3.45 亿元，在贷客户超 500 户，为地方经济发展注入了新的活力，有力促进了地方特色产业的繁荣。

（三）提高金融服务效率

借助大数据和人工智能等前沿技术，智能风控平台能够对客户潜在风险进行精准评估。在账户风险评估方面，通过实时分析客户的交易行为、资金流向、账户活跃度等多维度数据，快速准确地判断账户风险等级，及时发现异常交易行为并采取相应措施。在信贷业务风险初筛环节，利用机器学习模型对海量客户信息进行快速处理和分析，筛选出潜在风险客户，大大提高了风险识别效率。自上线以来，已完成约 363 万笔个人开户评分评级、超 18 万笔单位开户评分评级以及约 1.3 万笔票据业务风险初筛工作。在风险客户识别方面，能够在 2 小时内完成百万级风险客户的识别任务，将传统审批 1~2 天缩减到 5~20 s 决策，极大地缩短了风险筛查时间，提高了决策的科学性和及时性，为客户提供了更加快捷、高效的金融服务体验，显著提升了银行市场竞争力。

（四）发挥技术效能，提升决策有效性

通过与 AI 机器学习平台的深度对接，实现了传统风险评估模型和深度学习模型的有机结合。两者相结合，使得风控模型具备了自我学习和迭代优化的能力，能够根据不断变化的市场环境和风险特征，自动调整模型参数和算法，适应不同的风险场景，精准预测潜在的风险趋势。此外，平台整合了海量的行内外数据，包括客户基本信息、信用记录、交易数据、市场动态、行业趋势等，为决策提供了丰富而准确的信息基础。基于这些数据和先进的模型算法，平台能够生成更加科学、合理的决策建议，有效提升了决策的准确性和前瞻性，为银行风险管理提供了有力支持，保障了银行在复杂多变的金融市场中的稳健运营。

（五）节约资源，发挥数字风控价值

针对不同风险等级的逾期客户，平台制定了层次化、阶梯化催收策略。通过精准的催收策略，结合 AI 技术，实现了催收资源的优化配置，提高了催收效率，优化资源配置能力，使客户经理集中精力服务实体经济，提升服务水平，实现降本增效。模型上线以来，催收回款率提升近 10 个百分点，客户经理上门催收次数同比下降约 20%。不仅降低了银行的运营成本，提高了风险管理效益，使客户经理能够从烦琐的催收工作中解脱出来，集中精力服务实体经济，提升服务水平，实现了降本增效的目标，进一步发挥了数字风控的价值。

七、项目总结

（一）科技驱动，数据赋能

大数据能力是未来十年银行的核心竞争力，但只有先明确全行层面的数字

化金融创新战略蓝图，明确战略重点，确定在哪些领域成为领头羊，哪些领域需要做跟随者，并由此制定全盘的行动方案，推动自上而下达成共识，有了航海图，才能乘风破浪。智能风控决策系统就在九江银行“科技驱动，数据赋能”的指导思想下扬帆起航，有远见地建设了健全且可拆配的龙骨，继而在此基础上丰富了大数据、风险集市、可视化配置等诸多功能，并将持续优化建设，使决策快速便利地应用于更多业务场景，用数据为业务赋能。

（二）统一平台，降低边际成本

通过搭建全行级统一的智能风控平台，服务全行多业务条线，避免了传统模式下各业务场景的重复建设，提升了服务的普遍性。统一平台的建设缩短了业务决策时间，极大地提升了业务处理速度，确保决策的一致性和可靠性。此外，智能风控平台的可扩展性和兼容性，能够在业务场景拓展方面不断完善和升级，有效地降低边际成本。

（三）场景孵化，拓展支持面

智能风控决策系统自上线以来，不拘泥单一业务，积极探索，挑战自我，寻找较为成熟的场景进行决策线上化对接，一步步从贷前拓展到贷中、贷后；从信贷业务拓展到前台开户；从风险初筛到价值客户营销，为本行的数字化转型添砖加瓦。后续也将持续拓展业务面，实现特定业务场景自动化监测、辅助决策。

（四）团队融合，事半功倍

事在人为，智能风控决策系统的建设离不开本行优秀项目组与合作团队的辛劳付出。整个项目组技术扎实、吃苦耐劳、敢想敢做，克服了技术上的一个又一个困难，建立了全行级统一风控引擎、统一决策平台、统一风险指标体系，对风险模型进行规范化、集中化统一管理，灵活应用到信贷管理流程中，满足各部门、各业务条线、各产品贷前、贷中、贷后全流程风险决策需求。

八、项目展望

在当前的金融环境中，智能风控决策平台的稳定和高效已经成为我们银行的核心竞争力。平台的运作如同银行的心脏，持续而有力地推动着信贷业务的血液流动，确保了业务的顺畅进行。通过不断的迭代升级，本行已经成功部署和迁移了多条线的信贷产品，优化了产品的模型，使得本行的服务能够适应不断变化的市场环境，满足客户日益增长的需求。

金融市场的挑战永无止境，科技的进步日新月异。因此，项目组全体成员将积极进行自我挑战，持续学习，不断提升，以适应未来更复杂、更快速的市场变化。本行将致力于构建更智能、更安全、更高效的风控决策平台，将前沿的科技如人工智能、大数据等深度融入，以提升决策的精准度和效率，进一步降低风险，提高业务处理的灵活性。未来，本行期待通过系统建设的持续创新，为业务发展提供更强大的技术支持，为本行的智能化转型注入新的活力。九江银行将以更全面的视角，更深入的洞察，更精准的决策，为客户提供更优质的服务，为业务的持续增长保驾护航。在金融智能化的道路上，我们坚信，只有不断超越，才能引领潮流，实现银行的长期繁荣。九江银行将以坚定的步伐，迎接未来的挑战，共同书写智能风控决策平台的新篇章。

武汉农村商业银行股份有限公司

武汉农村商业银行新一代信用风险管理系统

一、引言

（一）项目背景

面对国际经济形势的变化和监管要求的提高，银行信贷业务管理面临着新的挑战。信贷管理系统是武汉农村商业银行信贷业务的核心。为支持信贷领域业务的应用创新，推动流程优化再造，围绕提升客户服务质量、深化信贷风险管理的总体目标，围绕业务应用创新、流程优化再造、数据标准化、系统协同与集成、合规内控管理、智能化应用等方面进行深度创新整合，致力于建成一个全流程、全周期的电子化、无纸化、智能化的数字化信贷风险管理系统。

武汉农村商业银行新一代信用风险管理系统综合考虑全行战略规划、业务发展、风险管控等要求，结合外部监管和领先银行系统建设趋势，对武汉农村商业银行信用风险管理相关系统进行改造，着力提升系统对客户营销、流程优化、产品创新、风险管控、管理决策等方面的支持，同时增强其对未来业务的适用性。

（二）项目目标

武汉农村商业银行新一代信用风险管理系统秉承“以业务驱动服务，以服务为技术向导”的建设理念，打造参数化、标准化、组件化、模块化的智慧系统，应对变化频繁、复杂的业务问题与需求，努力达成“能够系统处理的，不让人工处理；能够银行内部处理的，不让客户处理；能够后台处理的，不让前台处理；能够通过渠道处理，借助渠道处理”的目标。

项目将基于对系统支持现状及差距的评估，根据武汉农村商业银行系统建设蓝图规划目标、战略规划和国内外先进理念，制定切实可行、行之有效的符合武汉农村商业银行信贷服务和管理要求的业务架构，搭建完整的信用风险管理系统群架构。为实现信贷服务全流程系统化、加强系统的决策支持作用、构建多层次的风险管理工具，提供全方位的系统优化改造方案，提升武汉农村商业银行信贷服务管理能力和系统服务能力。

二、项目方案

（一）组织架构

武汉农村商业银行新一代信贷系统群于 2023 年 3 月启动，全行高度关注，经过一系列的需求调研、系统开发、数据移植、系统测试和多轮演练，投入测试人员、开发人员、业务人员共计 150 人左右，2024 年 8 月顺利上线，完成了新老信贷系统的切换投产。

（二）业务流程

业务流程包含以下阶段，每个阶段投入都由行内业务人员高度参与，确保后续新老系统切换阶段能够无过渡期。

- 项目启动阶段
- 需求分析阶段
- 系统设计阶段
- 编码和单元测试阶段
- 集成测试阶段
- 用户测试阶段
- 模拟演练阶段
- 投产上线阶段

（三）创新技术

武汉农村商业银行新一代信贷系统群采用了分布式微服务架构和 Kubemate 云原生分布式应用平台，满足监管合规全面风险管理，也实现了“1+4+N”的规划架构，一个作业主信贷系统、4 个管理服务中心，包括额度管理中心、押品管理中心、贷后检测中心、对公移动信贷，以及对接 30 余个外围关联系统。通过“新信贷”的建设，也进一步提升系统对客户营销、流程优化、产品创新、风险管控、管理决策等方面的支持，同时也增强其对未来业务的适用性。

（四）具体实施

系统上线后，武汉农村商业银行将实现全客户类型的统一授信管理及产品全生命周期、业务条线全覆盖的管控。系统在实现全行统一授信额度管控的同时，对不同类型客户进行差异化、多维度的限额管理。通过建立组件化、参数化的产品规格定义功能，设计产品流程以及产品评价与调优机制，构建“产品工厂”，最大程度地实现部分产品创新、流程设计的快速投产应用。同时，系统也提升了贷后管理及资产保全管理能力，有效完善了全面授信管理体系。

三、项目创新点

（一）技术创新及模式创新

1. 强化事前授信管理。持续开展对政策、环境和行业的前瞻性研究，及时调整授信策略。

2. 强化事中押品管理。优化押品价值的评估管理模式。严格押品分类，实施差异化管理，建立押品动态监测和预警机制。加强对分支行押品评估管理的检查通报。

3. 完善授权管理有效管控风险，同时提高业务办理效率。对一些大额信贷、关联交易管理的授权管理体系，灵活调整全行授权。

4. 强化数字化赋能，利用大数据、人工智能等先进技术手段，提升贷前、贷中和贷后管理效率，提升数据对称性和风险管控水平。

5. 加快押品管理系统、信贷档案管理系统、诉讼管理系统、影像系统等模块建设和子系统改造。

6. 引入标准报告模板，深度整合行内外数据，建设企业综合信用报告。将重点数据聚焦，深挖数据价值，精准披露主体风险，高度交叉组合分析客户风险，展现出企业社会人、行为人、经纪人全貌的综合企业信用风险画像，嵌入信贷系统的贷前尽调、信贷审批、贷后检查等各个环节。

7. 整合住宅房产、写字楼、商铺等押品交易案例、价格指数等数据，设计满足押品选择、押品准入、初值评估、批量复估、日常维护等押品管理全流程的智能应用，实时完成押品价值评估，关注押品变现能力，保障第二还款来源稳定。

（二）风险点

应用大数据、人工智能等先进技术，改变了业务人员原有的作业习惯，可能不仅不会提升业务人员作业效率，反而起到反作用。所以，在项目过程中，应充分让一线作业人员参与方案设计，特别是涉及改变原有作业逻辑和习惯的内容，并且本项目不追求大步跨越，而是小步快跑，使得系统与使用者在磨合中不断前进。上线之后，业务人员能够快速上手使用系统，大大提升了作业效率。

建设主动触发的贷后风险预警模型，担心触发过多的风险预警信号，对业务流程产生阻碍。所以，在风险信号设计上，最开始上线时对强控信号非常谨慎，尽量更多使用提示类信号，在使用过程中，逐渐加强风险的强控。上线之后，风险信号能够及时触发，但没有对原有业务流程产生过多的阻碍。

四、技术实现特点

整体系统前后端分离，前端使用主流的 Vue 框架，后端使用的是以 Spring Cloud 作为服务治理方案的应用技术体系；前端 UI 风格拥有统一的系统设计风格要求，功能操作页面布局合理，操作按钮简洁清晰，方便操作人员熟悉和使用；后端系统内各子系统基于数据耦合程度和业务交互频繁度划分清晰，属于并只属于某一业务领域，具备独立实施、独立部署的能力。系统微服务组件划分合理，能实现应用和数据之间完全解耦；系统具备分布式事务组件，支持国产分布式数据库。具体前后端描述如下。

前端要求：采用当前较为流行的前端技术，Vue 框架上构架的各种前端组件。

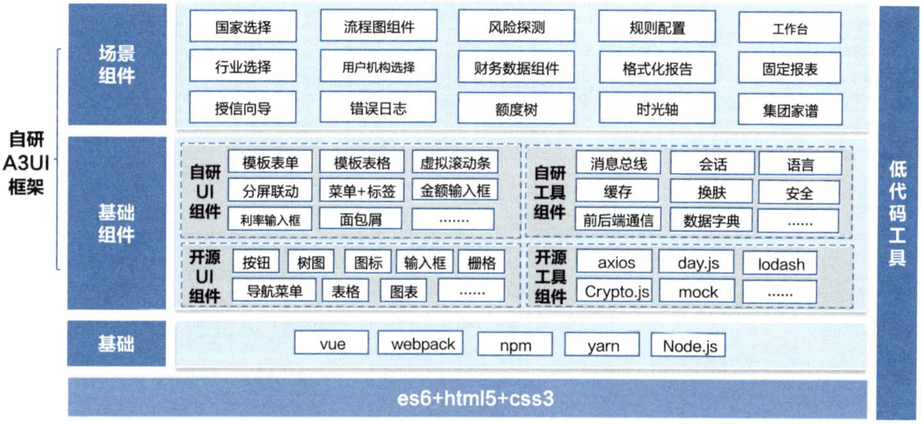

图 1　功能组件图

基础组件为满足通用场景的前端组件库，包括了 UI 组件和工具组件。UI 组件为网页显示的界面组件，工具组件为支持前端逻辑处理的功能代码。

在开源 UI 组件的基础上，封装了满足管理系统场景需要的自研 UI 组件。同时基于开源的工具组件和浏览器常用的工具进行包装，形成了自研的工具组件。

UI 组件库，是基于 vue2.6 和 ElementUI 2.13 进行了封装，除了支持丰富的基础组件外，还支持管理类常用的 UI 组件。主要功能如下。

1）模板组件：模板表格和模板表单组件，配置化生成功能丰富的表格或表单；

2）虚拟滚动条：实现更加美观和灵活的滚动条，替换浏览器自动的滚动条，更加贴合系统风格；

3）分屏联动：实现可自定义的左右、上线分屏联动组件，更容易实现具有联动关系的场景；

4）菜单 + 标签：将菜单和标签组合使用，可以满足多数据集中展示的地方，简单配置使用，不关注 UI 实现细节；

5）金额、利率数据框：实现金额、利率的数字格式化输入，控制数字格式，更友好展示金额型数据。

后端要求：应用后端是以 Spring Cloud 作为服务治理方案的应用技术体

系。如图 2。

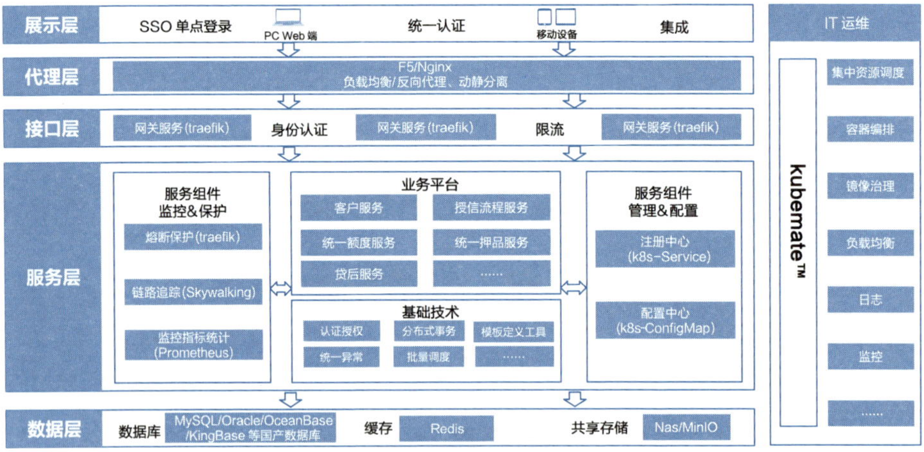

图 2　系统架构图

五、项目运营情况及项目过程管理

（一）项目运营情况

截至目前，新一代信用风险管理系统已成功完成了第一个月末及季度末的业务运行日终批量，将在年末的重要节点待后持续跟踪；从功能上来看，新一代信用风险管理系统除部分特殊场景外，从流程和功能上基本已完成全部业务场景的覆盖，经过 2 个月的稳定运行及监控，各项系统指标情况达到了项目建设预期技术目标。

（二）项目过程管理

1. 项目实施模式

武汉农村商业银行新一代信贷系统群于 2023 年 3 月启动，全行成立了专门的新一代信用风险管理系统项目组，项目组采用行方人员主导开发、公司人员配合实施的项目实施模式。经过一系列的需求调研、系统开发、数据移植、系统测试和多轮演练，投入测试人员、开发人员、业务人员共计 150 人左右，2024 年 8 月顺利上线，采用双中心部署，完成了新老信贷系统的切换投产。

2. 实施周期

表 1 项目实施表

阶段	主要工作说明	开始时间（月）	完成时间（月）
项目启动阶段	公司人员进场 召开项目启动会议 制订实施计划	T	
需求分析阶段	现有业务调研 需求差距分析 外围接口确定 需求规格说明书编制	T	T+3
系统设计阶段	系统设计 设计方案文档编写 平台设计评审	T+4	T+5
编码和单元测试阶段	系统配置及编码 单元测试	T+5	T+11
集成测试阶段	系统功能测试 系统集成测试 系统性能测试	T+12	T+14
用户测试阶段	UAT 测试案例编写 UAT 测试案例评审 用户测试 UAT 测试报告评审	T+15	T+17
模拟演练阶段	应用开发 \ 系统维护 \ 用户操作培训 上线准备 上线评审	T+17	T+17.5
投产上线阶段	投产上线 系统跟踪及问题跟进	T+17.5	T+18

3. 数据迁移

新信贷系统上线后，原系统的存量业务要在新系统上持续展业，需把原业务系统相关的数据进行迁移。计划做好数据准备工作，确定数据迁移范围、制定数据迁移步骤，以及数据处理方案、数据质量方案、数据补录方案。

数据准备工作：对现有信贷系统的各类业务数据进行正确性核对，对历史数据核对需区分数据的应用级别，确认数据正确性的部门，包括客户类数据、业务类数据、台账类数据、报表类数据等。

数据迁移范围：贷款客户的信贷信息，包括贷款形态信息、贷款基础信息（客户号、合同号、借据号、利率、贷款期限、还款方式、还款计划、结息方式等）、还款记录、抵质押信息等。

数据迁移步骤：迁移过程包含十个操作步骤，测试、演练、生产环境均按此步骤执行。

数据处理方案：静态数据为历史业务操作过程中产生，且相关的所有业务操作均已结束，未来的业务开展不会再对这些数据有任何影响，比如，已经结束的合同、已经不会再发生业务的客户、已经不再使用的抵质押物等，也不为后续业务提供所需数据；活动数据是在新系统上线前产生，但在新系统上线后，有可能因为业务的继续而发生变化，或者是属于业务继续操作所必需的数据。

数据质量方案：数据质量是迁移过程中最核心的环节，数据质量决定了存量信贷数据迁移后新信贷系统是否可以正常开展业务。对于数据质量校验通常会采用数据库表统计法，对单个数据指标或多个数据指标按业务的必要性进行校验。设立数据质量校验的阈值，通过脚本语句执行后比对结果是否符合预期，如不满足则需要追溯定位源系统数据生成逻辑、迁移程序处理逻辑等。

数据补录方案：旧系统中通过数据补录方式采集到的数据，相对系统而言称为“缺失数据”。补录数据与迁移数据一并作为新系统环境下所对应的源数据。

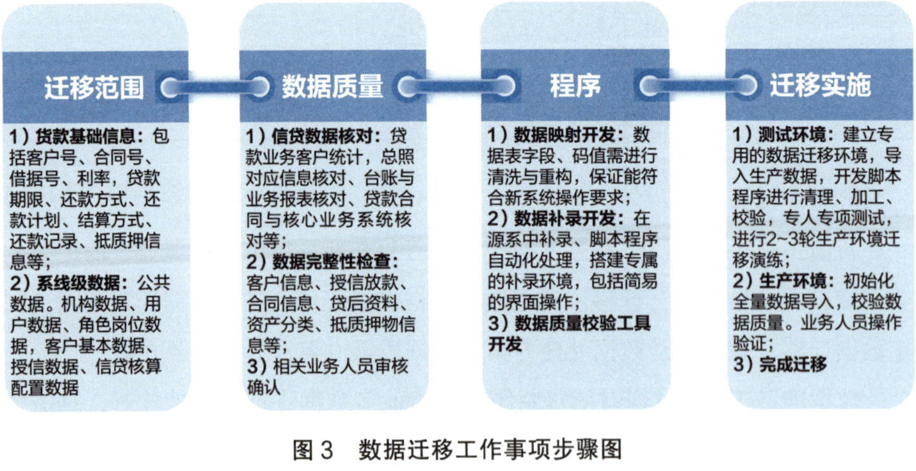

图3　数据迁移工作事项步骤图

六、项目成效

本项目融合内外部大数据，构建智能化应用组件，大大提升了一线人员的作业效率。原来收集、录入、维护一个客户信息每年至少需要 6 小时工作量，现在一键引入数据每个客户至少节省 4 小时工作量，按照 10000 户企业客户进行评估，在客户信息维护方面，每年大约节省 20+ 人年的工作量。截至目前，全行通过新一代信用风险管理系统发放贷款几千笔，放款金额数百亿元，涵盖几十个业务品种；产生预警信号 1 万多个，其中红色千余条，有效加强了风险贷款审批拦截，大大减少人为判断的时间和风险。

七、项目总结

（一）确定视角，深耕细节决定项目质量

在新一代信用风险管理系统项目组的领导下，通过参考行业经验，吸收同业项目优点，新一代信用风险管理系统以覆盖全客户、全资产、全机构、全流程的管理原则为视角，重新拟定了授信权责分工、规划授信模式、重构授信流程，规划了额度管理系统、押品管理系统、贷后管理系统、信贷主流程系统等系统职能定位。同时深化实施能力赋能，从权限划分、技术驱动和流程变革三方面，通过升级流程工具、优化页面响应时间、升级合同文本开发工具、开发设计易于业务维护升级批量工具、缩短批量执行时间和便捷的业务操作等工作，全面提升项目效率，保证了项目的整体质量。

（二）目标导向，统一的价值观保证项目执行

新一代信用风险管理系统项目的建设过程中，不仅是对现有客户基础信息、业务基础数据的统一和梳理，更是针对全行的风险文化建设，项目组通过线上授课、线下培训等各种方式有效加强全行风险管理意识，深化客户管理理念。现实情况存在部门 / 岗位不同、经营指标 / 考核指标不同、人员组织架构不同等因素，各业务品种在风险认知角度、风控管控措施和具体应用手段方面

各有差异。为了确保项目成功落地，项目组成员通力合作，求同存异，细化各业务种类的操作环节，力求从最细颗粒度进行拆解和重组，克服重重困难，最终实现了“全面、统一”的管理体系的落地和执行。

八、项目展望

（一）技术研发展望

1.RPA 机器人技术

公司财报方面，目前录入财报还会消耗部分人力，虽然系统支持财报导入，但很多公司财报都是 PDF 或者通过移动端上传的，引入 RPA 机器人技术。自动扫描导入图像 / 影像，进行材料预处理，通过基础建设 OCR 识别能力，对图像进行纠偏处理，并进行模板匹配，获取识别结果。随后自动校验并实时批量导出数据，随即录入信贷系统中。这一过程极大地提高了信贷业务的效率和准确性。

2.AI 技术引入

通过分析借款人的信用数据、信用历史、社交数据等多维度信息，提供更全面、精准的信用评分。提高了信贷审批的效率和准确性，还使得更多用户能够获得贷款机会。通过 AI 技术能够实时监控信贷业务中的异常行为，识别潜在风险，并提前发出预警。这有助于金融机构及时采取措施，防范信贷风险。建立 AI 反欺诈系统，通过分析交易数据和行为模式，有效拦截可疑交易，保护用户资金安全。

（二）数字化深度应用展望

1. 流程风险筛查

结合内外部数据建设风险筛查模型，实时风险筛查，使得授信全生命周期各环节信息保持对称，使得决策链条上的每个人对授信或放款对象建立自己的主观认知，同时减少了由于审批流程过长导致的信息失真。

2. 智能精准营销

整合内外部数据，利用身份识别、社会评价、经营管理、财务状况、风险事件等多维度客户动态标签筛选满足特定要求的目标客户，按照机构、人员等类别进行任务分发，同时对营销效果进行跟进和分析。

3. 大户重点监测

对于授信大户（例如，授信千万以上）和重点企业，进行重点风险监测，发生风险后在分钟级发送到行长、风险官、部门领导手机移动端，自上至下对大户进行风险监测。

4. 集团关系管理

深化集团数据应用，不单单使用外部数据整合内外部数据加工集团家谱，提高集团家谱信息的时效性、客观性和完整性，通过页面展示可由客户经理单独做修改，为集团统一授信管理和集团风险监测提供关键数据和工具支持。

5. 智能财务分析

合理分析财务报表各项指标，横向或纵向对标自身历史水平、行业水平、同类企业水平，评估企业当期财务表现，形成格式化财务分析报告，为业务各环节决策提供信息支持。

6. 热点突发监测

针对社会中的热点事件和突发事件进行监测，以最快速度传达到行内，以防对我行客户产生重大风险。

新一代信用风险管理系统的成功上线不仅有效提升了武汉农村商业银行信贷业务的整体运营水平，也为金融科技助力金融业务创新发展提供了宝贵的经验借鉴，标志着武汉农村商业银行在数字化转型道路上迈出了坚实的一步。未来，武汉农村商业银行将继续深耕与优化。一方面，持续关注行业动态和技术发展趋势，对系统进行升级迭代，进一步提升系统的性能和功能。另一方面，加强与其他业务系统的集成与协同，形成更为强大的金融科技生态体系，为武汉农村商业银行整体业务的数字化转型提供更有力的支撑。

2

第二部分

科技企业篇

金融数智化升级

中国邮政集团有限公司
中邮信息科技（北京）有限公司

中邮代理金融智能风控管理平台

一、引言

（一）项目背景

纵观同业发展形势，我国部分大型商业银行以及金融科技企业在持续加大投入建设金融风险管控体系，借助大数据、人工智能等先进技术构建从被动防御到主动发现、人防到技防的风控体系，更好地满足新形势下风险管控的需求。中国邮政金融代理业务是一种国内独有的金融运营模式，依托邮政渠道网络优势，利用自身的经营职能和资源，代理委托人开展金融业务。从中国邮政内部管理来看，点多人众面广、业务外延非常大，代理金融自带风险基因，防范化解金融风险是永恒主题。由于经济环境因素，大量外部金融产品近年表现波动剧烈，邮政代理金融风险事件、违规事项时有发生，风险的识别、预警与处置均存在一定滞后性；与此同时，为了防范化解金融重大风险，外部法规与监管要求日益强化，因此企业亟须通过数智化手段提升风险管控能力。

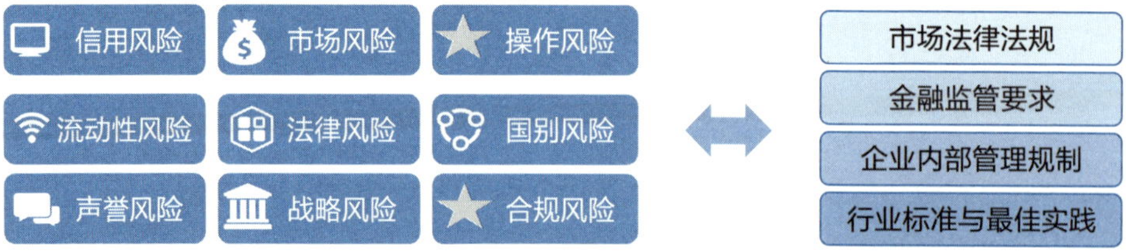

图 1　代理金融面临的内外部合规环境

（二）项目目标

通过建设中国邮政代理金融智能风控管理平台，统筹一线员工、内控检查人员、经营管理人员在内控管理方面需求，涵盖全国 20 万代理金融员工、3.2 万代理网点，形成集内控检查、问题反馈、整改考核、合规学习、智能预警、风险分析等“查打”一体的数智化闭环风控管理体系，基于数据应用和 AI 技术，实现风险识别精准化、内控管理规范化、监管检查体系化，为提升风险管理能力和内控管理水平提供有力支撑。

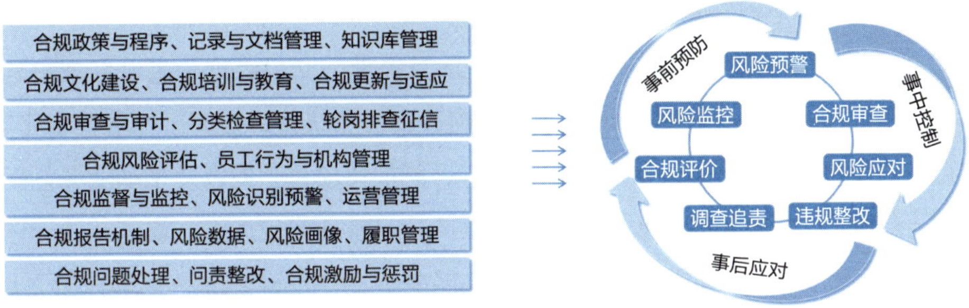

图 2　代理金融智能风控数字化升级目标

二、项目方案

（一）组织架构

本项目作为中国邮政集团公司重点数字化转型升级任务之一，集团金融业务部风险合规处、中邮信科邮政应用部共同负责项目的组织协调，对项目范围、进度、质量、风险等方面进行整体把控；金融业务部风控主管、中邮信科高级需求分析师为本项目的产品经理，负责定义、规划和执行系统从构思、需求、设计到上线培训、实施的全过程。中邮信科高级工程师为本项目的项目经理，负责整体项目预算、计划、方案、工程管理和协调沟通；并设置项目交付经理，负责开发团队、技术管理与系统交付；设置测试经理，负责确保产品质量，通过设计和执行测试用例发现缺陷和验证功能；设置运营经理，负责系统运行资源及实施维护工作。每个分组下有若干团队成员，抽调部分省市公司业务骨干全程参与。

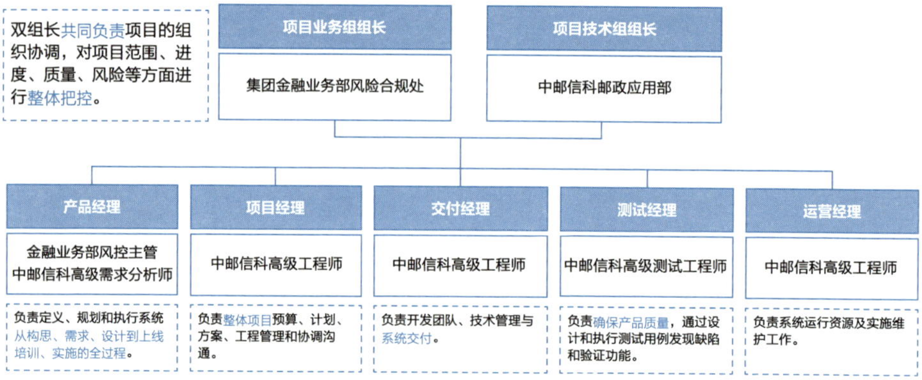

图 3　代理金融智能风控项目组织架构

“业务组长—技术组长—项目经理—产品经理—交付经理—测试经理—运营经理”的全业务 + 技术的组织架构明确了责任和权力，提高了专业化水平，促进了团队协作和沟通，便于管理和监督，能加快项目上线以及推动业务创新和持续改进，共同构建高效、协同、优化的项目管理建设体系，提高整体运营效率和管理水平，为本项目的持续稳定发展提供了有力的支撑。

（二）业务方案

代理金融智能风险管控平台的使用对象包括：集团、省、市、区县合规主管，集团、省、市、区县合规管理员，合规检查人员、网点负责人、综合柜员、网点一线金融人员等。根据业务需求分析和基础数据治理成果，主要业务流程包括：系统综合管理、公共管理、检查管理、风险数据管理、行为管理、运营管理、知识库管理、合规学习、风险画像等。

1. 系统综合管理：通过综合管理实现对系统人员、机构、角色权限、登录设置等基础信息的管理，对全国 20 万代理金融员工、3.2 万代理网点及各管理层级机构进行系统管控。

2. 公共管理：对通报提示、建言举报、消息通知等进行管控，实现基层员工的金点子及发现的违规违纪线索可直达省分公司，提升信息传递效率和效果。各种通报提示信息、系统公告等也能够及时准确传达到相关人员。

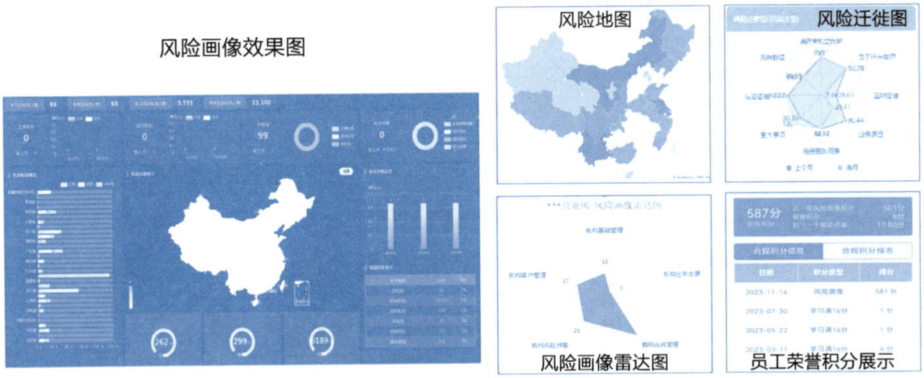

图 4　代理金融全环节风险管控可视化示例

3. 检查管理：包括综合性检查、日复盘检查、飞行检查、邮银联合检查、专项检查、问责整改、检查统计分析报表等功能。实现全环节的检查管理、问题整改、问责处理等业务流程，并进行统计分析，形成简单清晰、重点突出具有指导作用的风险报表，同时也为画像部分提供数据支撑。

4. 风险数据管理：包括预警数据管理、监管类核查、风险数据核查管理、任务中心、风险数据核查问责整改等功能。实现对监管转办数据、自定义模型数据、预警数据等风险数据的自动采集、清分、统计、任务派发、进度提示及整改问责。

5. 员工行为管理：包括轮岗管理、排查管理、征信管理、申报管理、强制休假、承诺书签订管理、行为排查问题整改问责等功能，实现对金融从业人员的轮岗、行为、征信、签订承诺书的管理，对各类排查出现的问题进行整改问责。

6. 运营管理：包括集中授权监测、会计稽核监测、现金运营监测、投诉数据分析、反洗钱管理等功能。对运营管理数据进行统计分析，更加清晰直观地显示运营数据，同时为画像部分提供数据支撑。

7. 综合管理：包括报表管理、履职管理、合规会议、风险合规 KPI 考评、日常考评、词条管理等功能。为集团、省、市提供重要数据看板、数据统计及明细报表查询、导出功能；为集团公司提供在线数据浏览及数据收集等功能，以辅助管理决策，线上开展合规奖励、风险合规 KPI 考评、综柜考评工作，对检查、排查、履职等各类词条进行集中化的管理。

8. 知识库：包括规章制度、学习资料库、警示教育、大模型检索等功能，实现规章制度等众多学习资料的归集，支撑金融从业人员查询和学习相关规章制度、合规学习资料留档，并通过大模型检索功能，提升员工获取知识的速度，提高学习效率。

9. 合规学习：包括专项合规学习、每日答题、考试管理等功能，实现组织合规学习、学习资料留档、学习信息发布、学习数据统计及学员答题等，通过组织员工合规学习或员工自学以提升员工风险素质。

10. 风险画像：包括数据及算法、员工画像、机构画像、风险预警、积分管理等功能，通过设计模型算法，根据系统内各项数据，自动生成员工画像、网点画像、区县画像、地市画像，绘制省、市、县三个层级的风险地图，省、市、县、网点四级雷达图，便于清晰、直观地展现员工及机构的风险状况，及时准确掌握风险区域和风险个人，为内控检查和管理提升提供精确靶向。

（三）创新技术

建立主题大数据集市，以数据分析技术实现预测性分析、关联性数据挖掘及可视化，应用通用大模型 LLM 技术及智能知识库，基于 GIS 网点风险地图，自然语言处理技术 NLP 和检索增强生成 RAG 技术、OCR 识别技术、目标检测等智能技术，开发过程使用低代码及 AI 编码辅助技术。

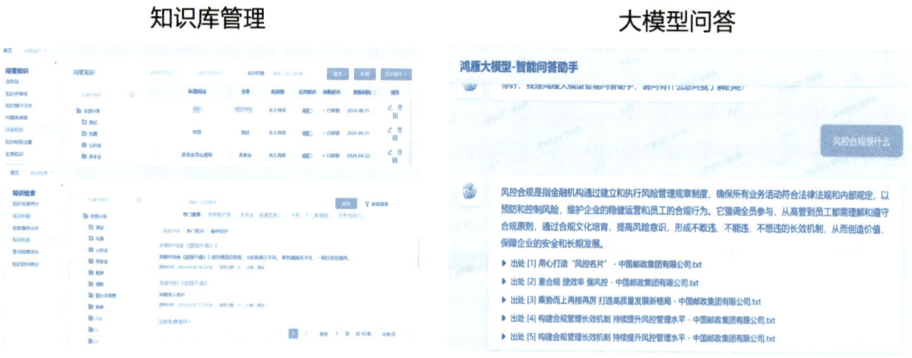

图 5　合规文化建设应用智能知识库与 AI 大语言模型

（四）具体实施

本项目历时 18 个月，需求、立项及可研的前期阶段约 6 个月，2024 年全年进入开发实施阶段，分三批次迭代上线，先期三个月完成首批敏捷需求分析与设计，4 月完成首批功能上线，9 月完成二批次主体功能上线，年底完成全部功能收尾上线及初步验收。实施内容包括需求分析、详细设计、系统开发、测试部署及性能优化等步骤，上线后进行关键用户培训及 31 省市分批初始化，本项目制订了详细的计划及质量管控。

三、项目创新点

（一）技术创新

一是通过应用大数据分析，以探索性数据分析 EDA、数据清洗与特征工程、LGBM 神经网络与树模型等，从多维历史行为数据中分析违规风险场景，自动匹配预警规则。系统能够深入挖掘大量的员工行为数据，实现对潜在风险的智能预警，并自动构建员工及机构的风险画像，从而显著提升风险管理的效率和精准度。二是将大模型技术 LLM 应用于员工合规知识学习，解决了知识库更新及合规宣贯及时性，结合 DNN 推荐算法、深度兴趣网络 DIN 等多模型融合，提高培训效率和辅助风险识别。应用由语言模型驱动的 LangChain 框架，以 Qwen14B 模型为基础，综合运用微调 +RAG+COT 等技术举措，解决了话术内容、标签解读、业务释义、风险画像、推荐文本、话术逻辑方面生成场景的性能问题。三是接入远程监控 AI 识别代理金融操作风险模型，通过自动调取辖内网点远程监控数据，进行图像识别、行为识别等 AI 识别分析，自动识别违规操作并进行标记、取证、预警，供风控合规管理人员复核问题对网点员工行为识别、分析及复盘，提升风险管控效率。四是通过 OCR 识别与算法优化实现海量征信报告解析，批量自动实现员工信用风险智能监测。

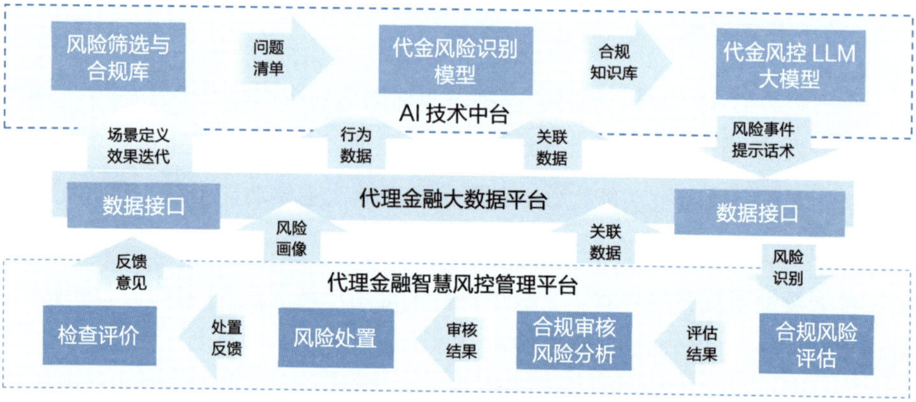

图 6　基于技术 AI 中台 + 大数据中台的智能风控模型应用

在 AI 应用选型中，坚持“需求牵引、价值导向、场景驱动、新旧并跑”，新型智能（大模型）在处理复杂以及需要高度泛化能力的任务上具有优势，传统智能模型更适合于规则明确的特定场景，将二者共同演进、相互补充和融合，有效匹配风控管理实践。

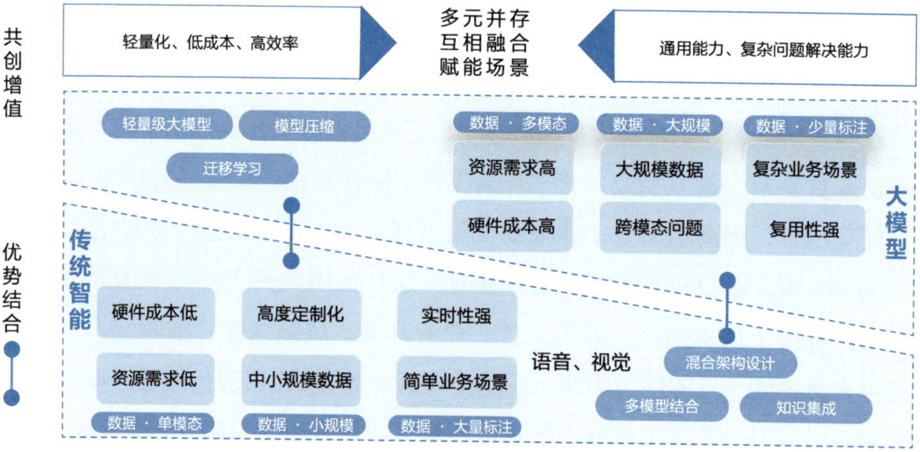

图 7　新旧模型在代金风控中结合应用分析

（二）运作模式

一是整合企业级风险合规管控流程，本项目将风险数据管理、员工行为管理、检查管理等关键功能流程与问责整改进行深度整合，生成统一的“目标到人、问题到人、责任到人、考核到人”的闭环管理，以集中化的方式高效管理风险问题，通过任务中心与风险场景下发提供项目提示、进度提醒、员工督办，实现项目全流程的集中管理和便捷操作。二是增强流程规则定制化，增加对轮岗规则、非现场抽检等定制化审批流程，适应各省风控工作管理需求，支持风险数据要素的定制填报类表单，灵活定制信息收集内容，满足差异化风险数据采集与统计。三是数据应用与智能分析精准覆盖风险环节，通过代理金融数据共享运行机制，建立中台数据共享，提升人员、机构、产品等风险数据一致性、增强数据安全性。多种数据模型与算法应用，进行数据分析、运营管理和风险预警，以数据驱动管控流程，提升风控管理的自动化、数智化水平。四是提升风险处置管理及时性，识别员工存在或潜在的行为风险，设置自动预警规则与提醒、升级机制，发现问题进行快速响应和“跟单”处理。

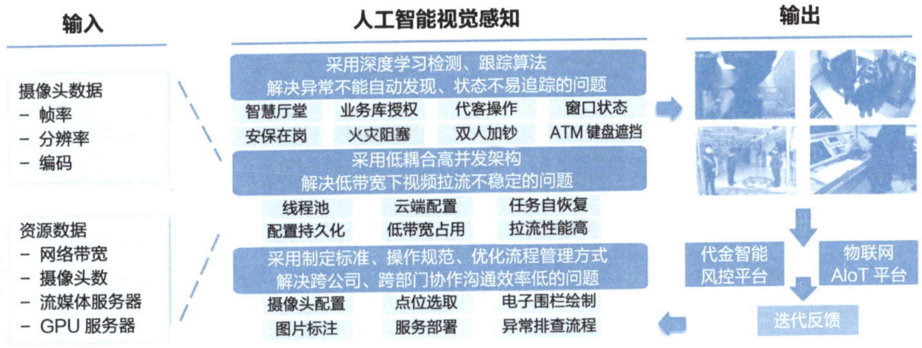

图 8　应用 AI 视觉感知识别代理金融网点风险示例

四、项目风险点

（一）数据安全

系统包含大量业务数据及个人信息，数据泄露和个人隐私泄露将带来巨大损失，针对此风险项目采取的措施是：①数据分级管理，各层级用户只能访问本级及下级数据；②数据安全符合监管要求，数据相互独立，相互隔离；③个人信息收集、传输等生命周期各环节满足安全防护、最小化要求；④敏感信息采取安全措施避免信息泄露，登录用户密码及其他敏感信息部分采用国产密码技术加密存储、脱敏展示；⑤日志审计方面，系统关键操作过程、结果进行留存、备查。

网络扫描	鉴定对外网络主机的信息安全漏洞，脚本与宏拦截、渗透测试、输入验证等
防泄露	权限控制（防越权非法访问），敏感数据加密存储、脱敏输出，密钥管理（从认证接口获取加载到内存），加密通信、双向签名，防抵赖、防篡改、防窃听
防攻击	以硬件为基础的防火墙 IPS/IDS 功能，攻击者拒绝、流量检测、僵尸网络 DDoS 防御
程序漏扫	抓取和刺探系统程序的指令，鉴别 SQL 注入和跨站脚本 XSS 等漏洞，主动防御
木马检测	找出可能由服务器感染访客的恶意软件或后门程序，防窃取数据、防账户盗用
证书验证	采用来自受信证书颁发机构的安全传输协议 SSL/TLS 加密通道（如 SHA512），支付请求在安全电子交易标准 SET（ISO/ITUX.509 基于公共密钥体系标准 PKI）
摘要认证	确认传输信息的完整性，防止支付数据的完整性（数据被恶意修改、非法篡改）遭到破坏

图 9　平台面临各类信息安全风险因素及举措示例

（二）系统安全风险（含网络安全）

系统如果存在漏洞或受到网络攻击，可能导致系统崩溃、渗透权限等严重后果，针对此风险，本项目采取的措施是：采用独立隔离的网络及软硬件环境，在网络传输、数据存储、应用程序等方面具有权限控制、抗非法入侵、抗病毒破坏、日志跟踪等能力，并采用动态防护专业安全软件进行系统实时监控。

五、技术实现特点

一是系统采用前沿开发技术，使用分层设计与前后端分离架构，前端（展现层）网站采用 Vue3 等主流技术，APP 采用原生开发 + 移动开发平台组件库 + H5 的模式；后端（服务层）采用 SpringCloud 等主流框架，RPC/Restful、分布式、微服务等常见技术；数据库采用 TBase 等、OSS 对象存储、Redis KV 储存等，使用 git 等工具实现代码管理、自动化部署。二是基于数据中台的数据治理与集市应用，大数据及数据湖相关功能，采用业界主流分布式存储、实时流处理与 NoSQL 等技术。三是系统及基础环境采用国产化信创、私有云技术，基础层兼容技术中台虚拟化、容器化技术，使用 K8S 进行容器编排，以实现自动扩缩容、服务命名空间隔离、硬件资源隔离，软件应用得到良好适配。四是智能化与数据分析，采用主流大模型 LLM 与传统 OCR、图像识别、语音识别 ASR、数据分析深度学习算法等相结合。

图 10　代理金融智能风控平台对 AI 技术深度应用

六、项目运营情况

项目从流程、数据、智能三方面落地，建立规范化的风险数据核查、员工行为排查、综合性检查等流程，形成全面覆盖的风险合规检查流程。应用 3.2 万代金网点数据、20 万员工申报数据、行为数据、排查信息等，综合运用预警模型分析，建立机构风险画像、员工风险画像，发现风险隐患、消除潜在风险。例如，平台已经上线轮岗管理功能，实现员工轮岗计划生成、审批、执行提醒、轨迹查询、轮岗交接、轮岗台账查询等各项工作集中统一管理，并对同时同向轮岗、提前轮岗等不规范操作进行系统阻断，及时阻止风险发生，轮岗上线 3 个月，对不规范轮岗操作预警 3486 次（其中超期轮岗 2454 次，同时同向轮岗 554 次，提前返岗 478 次），阻断不合规轮岗操作，强化轮岗执行过程的风险管控。平台全面上线后，将对代理金融员工的风险管控进行全面覆盖，实现风险“预警能及时、追踪有路径、管理可闭环”。

七、项目过程管理

（一）立项与可研阶段

2023 年下半年逐步完成外部监管、内部管理要求、业务需求梳理，形成项目整体方案提报，并纳入中国邮政 2024 年重点数字化项目建设预算，完成工程立项。

（二）需求分析和概要设计阶段

2024 年 1 月至 3 月，主要完成了项目启动、组织分工，对业务需求详细分析、业务功能和技术架构的详细设计，完成提交了需求分析文件、概要设计文件、数据库设计文件、接口规范文件及相关质量管理规范性文件。

（三）敏捷迭代上线应用阶段

2024 年 4 月至 6 月，首批功能开发批量自动、测试和上线准备阶段，其间完成了优先核心功能开发、测试以及试点运行上线准备工作，提交了测试用例、上线方案、培训文档等。第二阶段 9 月底前完成主体功能全面应用，对项目遗留问题进行销号处理，进入初验前试运行阶段。

（四）推广与验收

2024 年年底，完成工程全面建设，全功能、全流程、全覆盖在代理金融业务板块深入应用，完成工程验收。

八、项目成效

（一）业务成效

本项目搭建一个代理金融内控检查、合规学习、智能风险分析、整改考核等为一体的数字化平台，通过合规管理、行为排查、轮岗管理等模型功能和流程，并对省间差异性的规则、流程、模板形成可定制的功能设计，实现全国统一平台、统一流程、统一管理，项目较好地实现内控、合规、案防等各项工作集中集约管理，形成“事前预防—事中控制—事后应对”闭环体系，防范违规事件与风险发生，降低企业经营损失与声誉影响，提高监管认可，以数智化技术升级传统代理金融风控合规管理模式。一是实现风险数据集中化，充分发挥邮银总部数据共享交换核心枢纽作用，推动数据跨系统、跨部门有序流通和共享开放。依托邮银“总对总”数据传输机制，实现三项清单、预警数据、反洗钱数据、投诉数据的统计和可视化呈现，实现对风控数据的有效采集、分析、呈现和应用；以风险数据建模为抓手，实现对风险数据自动采集、清分、统计、任务派发、进度提示及整改问责的闭环管理流程。二是实现合规管理规范化，包括综合性检查、日复盘检查、飞行检查、专项检查等的标准化的合规管理流程，实现从风险的识别、预警、排查、处置、整改评估的全流程闭环线上化管理，打造“全面、全程、全员”的代理金融风控合规体系。三是实现内控管理智能化，实现对简版和详版征信报告的自动识别、自动匹配预警规则；实现机构画像与人员画像的可视化呈现，精准锁定人员风险和机构风险区域，实时、动态掌控全国全省风险状况；从员工行为排查、非现场检查、风险现状揭示等方面提升风险管控智能化水平，完善风控合规体系、结合搭建行之有效的风控模型、创新风险数据核查方法，实现风险的早识别、早预警、早暴露、早处置。

（二）技术应用与架构设计成果

系统按平台化建设思路，利用技术中台、数据中台能力，对接相关外围系统，实现基础数据、智能识别、大模型、视频培训等成熟能力利用，避免因地域差异带来的信息化支撑能力缺乏，减少省内单独建设系统的建设费用、运维费用等投入，实现软硬件的集约化管理。基于大数据的研究和运用，可以实现数据自动化对接、智能化识别，减少各级人工处理风控数据表、非结构化数据的工作量和人力成本，同时提升数据处理过程的安全性，避免IT资源重复投入。

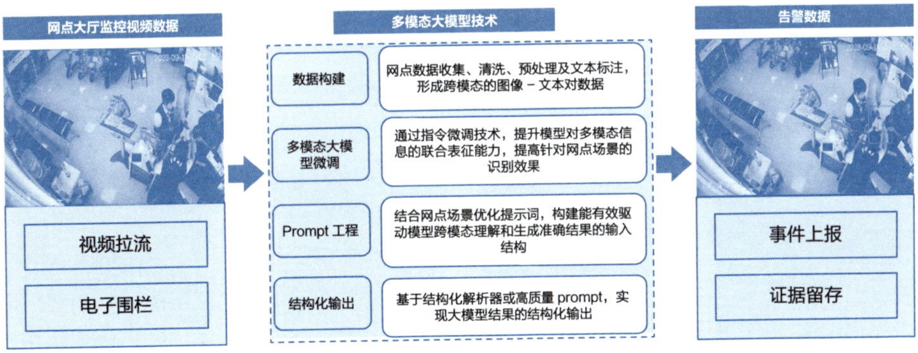

图 11　代理金融网点合规检测大模型应用示例

（三）社会价值

邮政代理金融作为国内金融市场独有的经营模式，由于对客网点多、经营代理产品丰富，面临比一般商业银行更为广泛和复杂的风险因素，也让邮政企业具有独特的风险管理特征。通过邮政代理金融智能风控平台建设，让合规管理步骤的完整流程线上化、数智化、集约化，旨在确保金融机构的经营活动符合法律法规要求，有效管理和控制风险，实时把握风险存在和发生、风险的影响和损失、风险可能性、可控性及风险级别，主动应用金融科技以“嵌入式”风控管理落实金融行业“穿透式”监管的要求，为防范化解金融风险提供邮政企业最佳实践。

九、经验总结

由于代理金融业务的独特性、复杂性，风险合规管理面临与一般商业银行不尽相同的内外部要求，数智化技术让代理金融风控合规管理水平迈上新台阶主要把握三个“充分条件”：一是基于“充分”数据共享建立企业级标准化流程是平台有效运行的前提条件，二是运用智能化技术“充分”解决业务能效的痛点与淤堵点是项目出彩的关键，三是“充分”围绕用户体验与风险场景响应的敏捷迭代是本项目持续发挥作用的基本要求。

另外，对于当前热点 AI 技术应用，通过平台实践探索“AI+ 数据 + 场景”，以场景化、嵌入式“AI+ 流程”有效解决风险合规管理主要业务痛点，大幅提升内部运营效率，并从技术可行性上总结出“小模型 + 大模型”的综合使用，解决大模型、大数据、大算力与业务实际灵活场景的矛盾，更敏捷地响应业务前端需求，有效反映环境因素及风险因素变化。

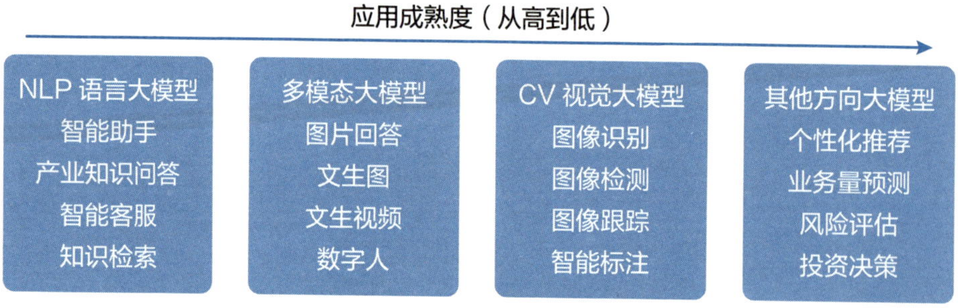

图 12　人工智能 AI 技术应用趋势分析

十、项目展望

党的二十届三中全会指出，要“完善金融监管体系，依法将所有金融活动纳入监管”。智能风控管理平台作为邮政代理金融业务风险管理的重要抓手和关键举措，着眼于数字风控转型，积极发挥数字风控新质生产力作用，为邮政系统更好落实中央对金融工作的重大部署、着力推动自身金融业务高质量发展提供智能科技支撑，有效助力国家金融行业更好实现数智化转型。

（一）显著提升风险管理效率与准确性

智能风控管理平台通过集成机器学习、大数据分析、自然语言处理等先进技术，实现了对风险因素的智能化识别与处理。平台收集并整合来自不同渠道的数据，包括交易记录、用户行为、市场动态等，为风险评估提供全面、准确的信息基础。基于大批量数据，平台能够构建出针对特定风险类型的预测模型，实现风险的精准预测和量化评估，极大提升金融行业对风险的应对能力，降低风险损失。

（二）拓展金融风险防控应用场景

智能风控管理平台的应用场景正在不断拓展。通过对海量数据进行挖掘和分析，识别潜在的风险因素，提高风险识别的准确性和及时性；能够实时监控金融交易、用户行为等，及时发现异常交易和风险行；基于预设的风险规则和模型，对潜在风险进行预警，提醒金融机构及时采取措施。后续，智能风控管理平台将不断拓展新的应用场景，提供更加全面、深化的服务。

（三）促进技术创新与产业升级

智能风控管理平台的发展离不开技术创新和产业升级的推动。随着大数据、人工智能、云计算等技术的不断发展，智能风控平台的技术水平也在不断提升。未来，随着技术的不断进步和应用场景的不断拓展，智能风控平台将更加注重技术创新和系统升级。通过引入新的技术手段和算法模型，平台将不断提升风险识别的准确性和效率，为各行业提供更加优质的风险管理服务。

（四）增强精细化管理水平

智能风控管理平台后续将成为代理金融各级管理部门提升欺诈检测、市场风险管理等方面效率与精度的关键工具。随着金融行业数字化转型的加速，金融机构对智能风控系统的需求不断增加。智能风控平台能够利用大数据、人工智能等技术提升风险管理效率，精准发掘潜在风险、预判未来风险，以高水平安全推动金融行业高质量发展。

综上所述，智能风控管理平台对未来行业发展的影响是深远且积极的。通过提升风险管理效率与准确性、推动金融行业高质量发展、拓展应用场景与深化服务、促进技术创新与产业升级等方面的努力，智能风控管理平台将为金融行业风险防控工作的稳健发展提供有力支持。

上海期货信息技术有限公司

上期所新一代交易系统 NGES3.0 研发项目

一、引言

国务院发布的《关于加强监管防范风险促进期货市场高质量发展的意见》指出：期货市场是我国金融体系的重要组成部分，具有发现价格、管理风险、配置资源等功能，与企业和群众生产生活直接相关，对稳定企业经营、活跃商品流通、服务保供稳价发挥着积极作用。近年来，我国期货市场发展成效显著，有力支持了国民经济平稳健康发展，但与中国式现代化和金融强国建设需要相比，还存在服务实体经济质效和价格影响力不强、监管规则和风险防控体系适应性不足等问题。《意见》第九点特别指出要提高期货市场风险应对和处置能力，提高期货市场基础设施的网络和信息安全水平。在上期所党委的坚强引领下，聚全所之力，按照“技术服务业务，业务服从技术，更要服从安全”的要求，于 2020 年启动新一代交易系统（简称 NGES3.0）建设工作。

NGES3.0 借鉴国际期货交易系统的优势，结合国内期货市场特点及发展的长远目标，践行核心技术牢牢把握在自己手里的发展战略，采用先进软件设计理念，通过技术创新与实际需求融合，建成一套满足中国期货市场发展需求的世界一流交易系统。

二、项目方案

NGES3.0 的建设方针按照技术服务业务，业务服从技术，更要服从安全的总要求，秉承上期所 2023—2025 战略技术子规划的指导思想，根据以下几方面的原则进行设计。

（一）框架性

交易系统是典型的业务系统，业务功能需求会伴随市场的发展而变化，耦合度很高的设计方案将无法适应未来的迭代更新。为了尽可能地保持交易系统技术框架的稳定性，一个重要的前提就是在设计初期就需要将交易系统的目的、业务、功能及运维的需求进行系统性分析，尽可能将技术平台搭建得更加科学。我们将模块化的思想应用于软件架构设计，目的是给交易系统未来的发展奠定坚实的基础。

（二）可靠性

交易业务处理连续性是交易系统的首要要求，系统应具有在线式的备份和恢复能力，并有应急处理、故障恢复功能。以提高系统的容错、排错以及检错、纠错能力来提高系统的可用性。

一是对可能的错误，进行容错设计。对关键的应用部件，都采用支持冗余设计。交易系统的所有关键节点都有备份系统，出现故障时可以迅速、平滑地切换系统，不会影响系统的运行。

二是内置运行日志和信息跟踪功能。对关键性的数据和操作，设置必要的权限控制，防止越权操作，引发系统故障，保证系统重要数据的安全性。

三是严格开发流程管理，透明化开发过程，避免风险累积；在设计接口时，对关键的输入信息设计检错、纠错的功能，使引发系统故障的原因被排除在系统之外。

（三）安全性

交易系统的安全要求是显而易见的，其安全性体现在多方面：如交易系统与所外系统的连接，既要达到系统交换数据的及时性要求，又要满足证监会、国家信息安全相关规定，保证交易系统的安全性；交易会员的身份必须进行有效验证，未授权的用户不允许进行交易；对交易行为进行监控，并记录关键数据，满足不可抵赖性以及日后审计等要求。

（四）大道至简

本系统的一项主要目标是稳定、易扩展、易维护，这就要求避免过度设计。业务发展过程中不可避免会造成需求增加或者变化，降低复杂度的目的就在于未来重构及变更需求变得更加简单。

（五）高内聚、低耦合

系统建设不仅要实现功能性需求，还需要达到一定的性能要求，尽力打造一个用户满意的系统。高内聚的设计原则要求每个模块内部元素联系紧致，性能最优；低耦合要求每个模块之间相对独立，关联度最小化。降低模块接口设计的复杂度、尽量简化接口传递信息的方式和数据，提高整体系统的质量。

（六）代价权衡

系统的设计目标往往存在矛盾，例如，“处理时间快 vs 存储空间小”，“代码优雅 vs 执行效率低”等。整体系统的设计是典型的“非线性多目标规划”问题，在整个设计过程中，都是在系统质量和目标期望之间的权衡取舍，对属性指标的重要性进行分级排序，寻求系统设计的最合适平衡点。

（七）平滑升级

为了最小化系统改造升级对当前业务及客户端系统的影响，需秉承兼容当前线上系统业务和对外接口的设计要求，保证升级过渡阶段对外部系统与客户的影响最小化。

（八）科学管理分工

科学有效的分工，是一切高效协作的基本前提。科学的过程控制体系也有助于项目组人员对整个项目保持信心和认同一致的目标。项目参与者是系统建设过程中涉及各个领域的专业人士，如专业的业务分析、架构设计、开发测试、质量文档管理、运维、技术保障服务等，各个角色各司其职，形成合力，充分发挥团队力量，保证整个实施过程有序、高效。

三、创新点

NGES3.0 结合当前的技术发展趋势和交易所未来业务发展方向，采用了全新的设计理念。一是系统采用主从备三节点的确认架构，能够防范双点故障。二是对组件进行了精简，降低运维风险。三是与老系统接口兼容，实现对外透明、对内无感，最大化地降低系统上线对外部市场和所内系统的影响，同时也减少安全生产风险。基于以上设计方案，使 NGES3.0 系统在系统可靠性、性能容量、运维支持、公平性、自主可控等方面有了显著提升。

（一）系统可靠性方面

首先，交易核心通过主从备机制和网络双发双收有效防范防双点故障，发生故障可在 1 秒内完成自动切换，市场基本无感。

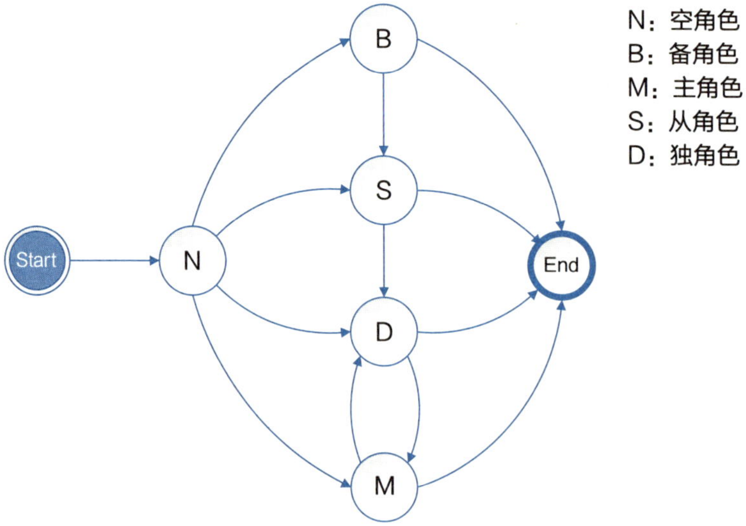

图 1　集群工作节点角色转换图

如图 1 所示，其中箭头表示角色的切换路径，整个集群包括两类节点：一是仲裁节点，负责对当前的集群状态做出决策；二是工作节点，负责数据的序列化和业务处理，包括 5 种角色。

1）空角色：集群初始化时，每个工作节点的初始角色，按照仲裁的决策可以从空角色切换到所有类型角色；

2）主角色：负责对系统输入的各种数据进行序列化，生成全系统唯一的业务输入数据流，也可称为排队流，并将排队流发布给从角色和备角色，进行业务处理，但不发布结果数据；

3）从角色：根据主角色产生的排队流，进行业务处理，并发布结果数据给集群之外的业务组件；

4）备角色：根据主角色产生的排队流，进行业务处理，不发布结果数据；

5）独角色：同时具备主角色和从角色功能，为了应对双点故障下仍旧能够提供服务的场景。

主从备机制具备以下几点特征：一是主排从发，即主角色生成并发布排队流，从角色生成并发布业务处理结果；二是主独互斥，即集群内主角色和独角色不能同时存在，防止出现脑裂；三是热备转从，备角色处于旁听状态，当主从角色发生故障时，可以升级为从，集群恢复到主从状态提供服务。

其次，根据国密 SM2/3/4 标准，项目自研实现整个加密套件，不再依赖开源加密库，使交易系统和市场间的通信具备加密能力，大幅提升信息安全水平和自主可控水平。

最后，项目实现了一种业务避障机制，当某个业务指令导致系统崩溃时，可以通过特定紧急手段跳过该业务指令继续进行后续业务处理，为降低交易系统中断时间，快速恢复系统提供了新思路。

（二）性能容量方面

项目组测试团队以及第三方测试的测试报告显示，NGES3.0 峰值报单处理能力达 10 万笔 / 秒，比老系统提升 40%；支持 10 亿报单容量，较老系统提升 3 倍；支持多达 100 个品种，10 万个合约、单前置支持 1 万个席位。

（三）运维支持方面

采用模块化设计原则，支持组件灵活扩展和部署，有效降低实施风险；监控运维精细化程度更高，支持夜盘不停机运维模式，降低运维风险，进一步夯实安全运行基础。

（四）公平性方面

交易系统采用轮转调度机制，对市场发送的指令处理更加公平。

（五）自主可控方面

系统 100% 自主研发，无第三方库依赖，未引入开源代码；支持多种主流 CPU 架构和多种主流操作系统。

四、风险点

为保障上线运行的稳定性、切换的平滑性及最小化对市场的影响，项目组在上线前制订了一套涵盖系统上线前技术准备、上线首日及保障期的技术保障方案，从各时期的值班保障、盘前检查、盘中监控、盘后检查、特殊业务检查等各个环节进行了详细的规划和准备，形成了交易及周边系统的完整检查表。同时还联合其他技术部门和业务部门全面分析上线过程中各类风险场景，制订技术和业务应急方案，为稳定运行做好充分的准备。

五、技术实现特点

（一）软件设计

采用了全新的理念对交易系统软件进行重构设计。

1. 扁平化：摒弃内存数据库在交易系统的业务处理载体作用，仅保留其作为数据存储和保证事务一致性功能；

2. 模块组合式：厘清系统各个功能和关系，对底层框架和业务规则进行功能划分；一些大的功能，亦通过小的模块进行组合实现；各模块内部紧致，外部接口清晰小巧。

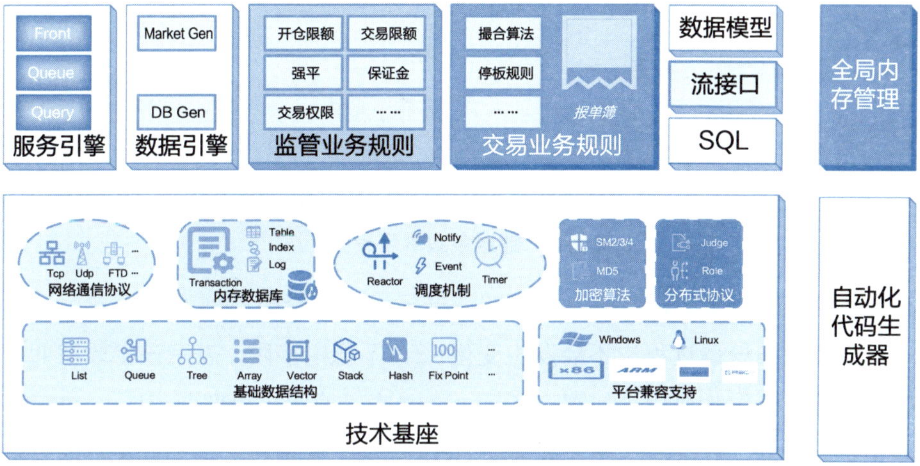

图 2 NGES3.0 软件架构

如图 2 所示，软件整体分为技术基座和功能模块两大体系，技术基座包含了数据结构、网络通信、内存数据库、调度机制、集群机制等底层基础框架；上层是具体的业务规则和组件模块；系统内部的组件可按照规则模块组合，提供实际业务功能，增强了整体软件的扩展性。

（二）系统可靠性

交易核心采用主排从发备听的三节点集群可靠性协议，在基本不降低响应时间的前提下有效防范双点故障。

（三）支持事务的多版本内存数据库技术

以往交易系统处理查询业务时无法进行撮合业务，这将导致查询核心的运行效率明显低于交易核心，尤其对于一些结果集较大的查询任务，例如，管理员进行批量报单查询等，会严重影响查询核心的服务能力。NGES3.0 为了优化查询服务性能，设计了多版本内存数据库技术，目的在于提高读写的并发性，从而提高查询服务的效率。

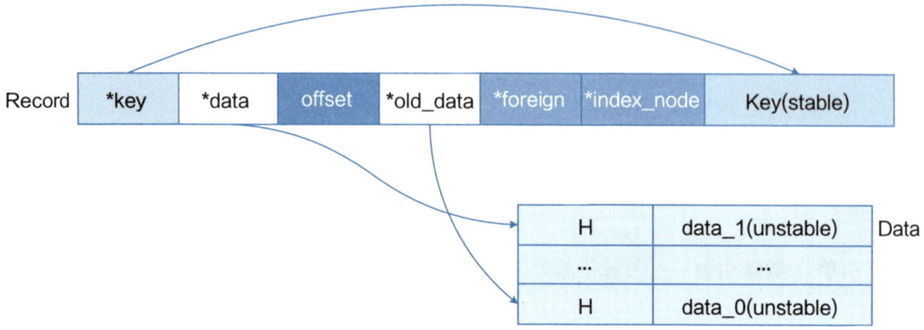

图 3 数据多版本示意图

在内存数据库中，我们针对表的数据字段进行分类：1）稳定字段，表示该字段在业务处理过程中不会发生变化；2）不稳定字段，表示该字段在业务处理过程中会发生变化。如图 3 所示，Key 表示稳定字段部分，Data 表示不稳定字段部分。数据的多版本体现在 Data 部分，这种设计优势在于每次只需要增加 Data 所占用的字节数，不需要复制整个 Record。

（a）采用 key-value 分离存储策略和数据多版本技术，解决查询阻塞撮合处理导致查询服务效率低下问题。

（b）独创内存数据库索引延时重建技术，降低内存数据库索引调整带来的性能开销。

（c）独创基于 redo 日志多版本数据自动回收机制，解决多版本数据带来的空间占用问题。

内存表数据在逻辑上是无序的，常规的表数据回收方式是同时定时扫描机制，该方式具有显著缺陷：回收性能随数据量增大而下降，数据规模越大，回收效率越低，我们设计了一种基于操作时序的表数据回收机制，该机制与数据规模无关，极大提升回收效率，该机制的关键点如下。

表数据时序化：表数据的增删改是时序化的，只要维护好数据变化的时序，将数据操作时序化，就可以通过这个序列对数据实现访问的严格时序化，进而才能够将内存结构中杂乱无章的数据通过该方式形成严格的时序流数据，如图 4 所示。

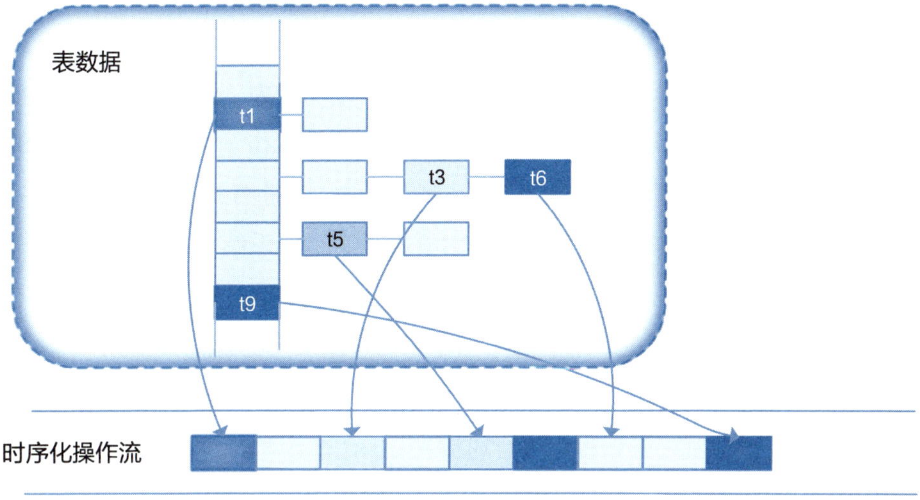

图 4　操作流时序化

（四）应用层快照技术

基于模块化的软件设计，实现应用层数据快照机制，支持实时生成任意时刻的交易核心快照，大幅降低系统恢复时间。

（五）数据流内存自动重用技术

高性能处理是交易系统关键指标，这就要求大量的数据应当常驻内存，减少操作系统的 IO 处理次数。本项目设计统一内存管理机制，支持对交易业务数据流的并发自动回收重用，降低交易规模增大对内存的占用，也进一步提升交易系统的容量上限。

（六）支持因异常指令导致交易核心宕机的快速恢复机制

交易系统是一种实时业务处理技术系统，并且支持交易数据重演机制；当出现异常指令导致交易核心宕机时，即使切换到灾备中心也无法工作。本项目实现一种指令避障机制，可跳过异常指令，避免由于软件编码逻辑错误导致交易中断。

（七）多平台兼容支持

在当前多核处理器下，为了提高指令的并行处理能力，编译器会对读写指令进行重排，分配到不同的核上进行处理，但是不同架构下，对于处理结果的内存一致性保证是不同的。ARM 架构是典型的弱内存序方式，而 X86 架构只允许写读乱序。NGES3.0 选择 C++ 作为开发语言，在系统中大量的多线程操作。一套交易系统代码同时支持不同平台有利于增强兼容性和验证软件逻辑的正确性。基于此，我们在系统底层增加了 X86/ARM/LoongArc 下的 CAS 指令的汇编实现，以保证原子操作的正确性；对多线程操作进行了强制内存同步的显式调用，避免乱序导致程序运行崩溃。

六、运营情况及项目过程管理

在 NGES3.0 研发项目整个生命周期中，首先通过预研项目确定系统的建设方针和方向，并进行广泛和深入的调研，确定建设方案。其次在开发项目中通过持续的质量保证手段，进一步提升系统交付质量，确保系统安全稳定运行。项目组设立“六道管控防线”通过需求评审、设计评审、交付评审，确保关键交付物的质量；通过风险管理、过程检查、问题回顾，确保发现的风险和问题及时发现、闭环管理。

建立“十把质量测试锁”，通过全方位全覆盖测试检验系统质量。通过开发自测、三轮次全量代码走查，在提测前尽量发现问题，减少后期返工工作量，提升系统建设进度；实施四轮大规模全面测试，引入第三方测试、安全渗透测试、交易所技术和业务验收测试、13 次全市场演练，对系统各项质量特性进行多角度全面测试；通过 3 年的实时验证和跟随运行、725 个交易日历史数据流水比对，进一步确保系统上线后与原交易系统实现一致；提前引入先锋会员测试和柜台厂商测试，尽早完成市场端的适配验证，力求上线的平稳。最终 NGES3.0 于 2024 年 6 月 11 日成功上线，圆满达成所有建设目标。

七、项目成效

NGES3.0 上线运行一段时间后，对每日运行日志进行分析，与老系统相比结果如下：一是撮合组件平均重演时间下降 37%；二是系统报单平均响应时间减少 40%；三是夜盘盘后处理平均时间减少 23%；四是报单平均响应时间的标准差更小，对投资者更加公平。

NGES3.0 为期货业务的创新发展提供了坚实的技术支撑，提供了精细化监控指标和便利可靠的运维手段，为安全生产提供了强有力的保障，同时也推进了金融基础设施的安全和自主可控进程。为加快建成世界一流交易所，更好服务中国特色期货市场，推进国际化任务奠定更加坚实的技术基础。

八、经验总结

NGES3.0 吸收了国内外交易所先进的设计思路和最佳实践，调研了市场需求和国内外交易所的交易机制，并结合上期所的业务发展规划，经过充分的架构论证、全面测试，最终形成了一套高可靠、易扩展、易维护、自主可控的交易系统。

（一）锻炼了一支技术团队，带动全所技术能力提升

一是通过技术培训使运维和开发人员深入了解 NGES3.0 系统。二是通过代码走查促进了各项目团队的技术交流。形成知识与经验沉淀分享到其他项目组，为后续新系统的建设提供成功案例。

（二）促进了团队融合和知识融合，业务和技术部门更加紧密团结

通过项目建设过程，加强了交易系统团队的凝聚力，增进了技术和业务的沟通协作，强化了开发和运维的合作；项目团队齐心协力共同保障系统安全平稳上线。

（三）形成了建设核心系统的成功经验和方法

一是形成了一套有效的核心系统建设机制。二是形成一套确保开发质量、提高系统安全度的质量控制、检验、提升的做法。三是将实践中行之有效的做法归纳形成技术管理规范。形成缺陷回顾会议工作模式，定期对问题进行回顾，确保问题闭环管理，解决方案正确有效。

交易系统是国家关键金融信息基础设施，安全稳定运行是业务发展的前提。但交易系统研发要想能取得突破性进展，需要大胆创新，不断吸取新思维、采纳新方法、运用新技术，同时也不能脱离生产运行实际情况，不能抛弃再开发和运行过程中积累的经验。通过对 NGES3.0 建设的经验总结和提炼，为今后的系统建设提供了更加科学、规范的技术保障支持。未来，项目团队将继续研究新兴业务对系统架构带来的挑战，更长交易时间对系统容量和运维带来的挑战，更多元化的交易撮合规则对软件设计模式带来的挑战。业务和技术是相互促进，共同发展的，业务不断创新，技术永无止境！

北银金融科技有限责任公司

京小科企微 SCRM，数字生态下零售客户经营转型

一、引言

数字经济的高速发展深度影响着银行业经营方式、人效管理方面的变革与升级，伴随着互联网流量红利见顶，公域获客成本升高，银行私域经营布局势在必行。各家银行不断强化科技赋能，探索创新经营模式，本项目依托企业微信开放能力，赋能银行业对客经营场景，打造线上运营服务体系，进一步给客户提供零距离、多维度、24 小时的线上金融服务。通过搭建京小科企业微信私域经营服务平台（下称“京小科企微 SCRM”），帮助一线人员快速、有效推广行内业务，在提高服务质量的同时，拓展服务边界，提升人均能效，实现线上客户服务的精细、高效、多元化发展。京小科企微 SCRM 对管理侧提供合规审计能力，通过会话存档回流，开展敏感词和敏感行为审查、分析，满足金融行业合规监管和行内管理的要求。

与此同时，京小科企微 SCRM 支持多租户、多条线管理，实现银行内各部门、各条线业务差异化经营和数据隐私隔离要求，以支持各租户、各条线差异化的业务经营和风险管控要求。

京小科企微 SCRM 系统助力北京银行以企业微信服务平台为依托，通过微信生态将金融场景进行科技赋能，从平台能力建设、私域客户经营与敏捷团队打造等维度，不断丰富完善银行数字化服务体系。基于企业微信，打造集客户运营管理、员工管理协同为一体的数字化运营平台，沉淀银行自己的私域运营能力，助力业绩增长。主要目标有三点。

（一）客户运营管理：形成一套标准化运营体系，精细化运营客户

从“客群细分、场景选择、内容与权益匹配、运营 SOP”等多维度助力银行针对目标客群建立完善的运营能力，形成标准化客户运营体系，通过客户精准识别、运营策略推送、客户旅程追踪，提升客户触达率、社群活跃度，产品转化率等业务指标，实现客户从“流量”到“留量”的转变。

（二）员工管理协同：建立员工管理架构与管理机制，提升人效

通过完善平台运营架构、工作流程与考核指标，确保总分支各层级、各岗位在运营过程当中清晰了解自身角色与职责协同形成运营合力。实现“业绩目标设立—拆解—划分”，以及“考核指标监测—追踪—提醒”的管理机制，为管理者运营决策提供有力的数据支撑。

（三）沉淀私域运营能力：总结银行私域客户运营方法论，赋能全行员工

通过平台经营打磨沉淀有效的私域运营方案，以培训、会议、公告等形式复制推广至全行，培育一线团队对私域客户的用户运营、社群运营、内容运营、活动运营等能力，以及员工的企微营销工具使用、数据分析处理、内容创造等能力，打造具备创新意识的敏捷团队。

二、方案描述

（一）业务方案

1. 业务对象

京小科企微 SCRM 系统由 PC 端管理后台、企微侧边栏工具和企微工作台应用组成，其中 PC 端管理后台主要由运营人员及管理人员登录使用，企微侧边栏工具和企微工作台应用主要由一线客户经理使用。

（1）客户经理：平台服务于行内零售、信用卡、信贷等业务条线客户经理，为一线人员提供客户管理、营销物料、日报 / 周报数据、业务办理等客户经营所需功能；

（2）运营人员：平台为总分行运营人员提供客户批量经营管理、营销活动

管理、数据分析统计等功能，实现管理范围内客户分层分群精准营销；

（3）管理人员：平台为管理人员提供销售管理、合规经营、数据看板等功能，满足团队业绩拆解追踪、过程化监控管理，规避违规风险等诉求，为管理者决策提供数据依据及管理工具。

2. 用户规模

（1）分行规模：京小科企微 SCRM 平台已向全国 18 家分行，超 400 家支行推广普及应用，推动各家分行不断创新、深入数字化转型，为客户提供更高效、更便捷、个性化的金融服务。

（2）人员规模：使用的一线人员覆盖行内包含零售、信用卡、信贷多业务条线的超万名客户经理，以及各分行机构配备的运营管理专岗，平台为客户经理与客户保持密切的沟通，深入了解客户的需求和期望，精准营销客户及客群，提供营销工具和运营策略。

3. 应用模式

当前，在业务应用层面，京小科企微 SCRM 平台满足总分行运营管理人员、一线客户经理等多角色用户在零售客户营销、远程银行空中营销、信用卡社群营销等业务场景下客户经营管理、运营成效分析、业绩数据追踪等诉求。

平台从私域“获客—经营—转化—运营”等维度提供一线团队经营管理所需的基础功能支持，帮助全行实现客户经营从“流量”到“留量”的转变，同时，平台对营销过程全面实行监控管理，有效拦截告警敏感、违规行为，保障业务合规经营，通过与行内多系统融合及数据交互，为运营分析、管理决策提供有力数据支撑。

4. 项目特点

京小科企微 SCRM 平台基于企业微信开放能力，打造对银行获客、营销转化、客户运营、合规监控等方面的基础能力，同时与北京银行的系统及数据进行深度打通，形成自闭环的后台能力，将金融服务和金融交易的达成无缝整合进客户的运营过程中，为北京银行沉淀丰富的客户资源和流量资产。

（1）引流获客

补充企业微信二维码基础能力，提供适应多种场景的二维码、客户 MGM 以及社群经营等工具，陆续打通全电子渠道，满足客户经理及业务条线批量建

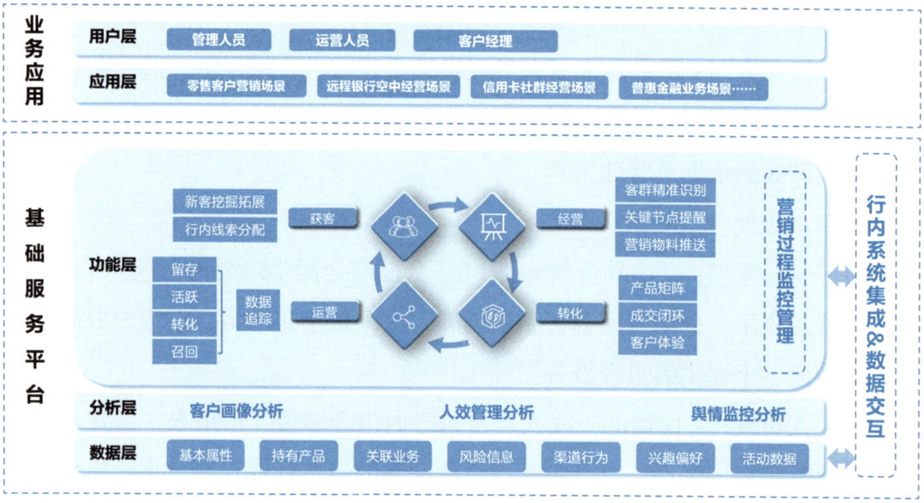

图 1　京小科企微 SCRM 应用模式图

联的需求，实现丰富的场景营销能力。

（2）客户经营

实现客户数据分析和客户画像功能，帮助客户经理洞察客户需求和客户变化；打造快捷回复、营销物料、产品推荐、活动分享、业务办理等个性化侧边栏功能，帮助客户经理及时与客户进行有效沟通，满足客户需求；建立智慧客户运营工具，提供自动化商机提醒、关键节点策略，建设平台智能运营能力。

（3）业务转化

对接北京银行理财、存款、基金、保险等泛金融交易系统，客户通过企微平台推送的产品链接，可一键跳转各电子渠道（手机银行、微信银行等）相互引流，客户达成交易后，系统自动记录回算归属业绩。

（4）内部管理

提供轻量 SCRM 能力，管理不在传统 CRM 中的微信侧客户，并进行存量客户身份匹配和识别；提供客户检索、分组圈客、自动标签等丰富的客户管理基础功能；提供客户继承功能，将客户资源留存北京银行；提供标签管理、内容管理、产品管理等素材维护功能，支撑对客营销；提供任务分发、绩效可视化等功能，实现高绩效管理。

（5）合规管理

客户经理和客户的会话记录作为银行重要的数据资源，系统须按同步策略统一从腾讯服务器回传、存储会话记录，以便各业务部门可以按自己的需要灵活查询、质检、分析会话，满足金融行业合规监管需求。

（6）多租户管理

支持不同的多租户管理模式，包括支持“多企业号”管理模式和支持“单一企业号 + 多业务条线”管理模式，即支持多个或同一组织机构树下，按条线区分客户经理人员归属、差异化的素材管控、权限范围管控、客户服务策略管控、会话与质检或分析管控等，根据不同租户或业务部门进行各项参数或策略的逻辑隔离，以满足不同业务条线个性、独立、差异化的经营诉求。

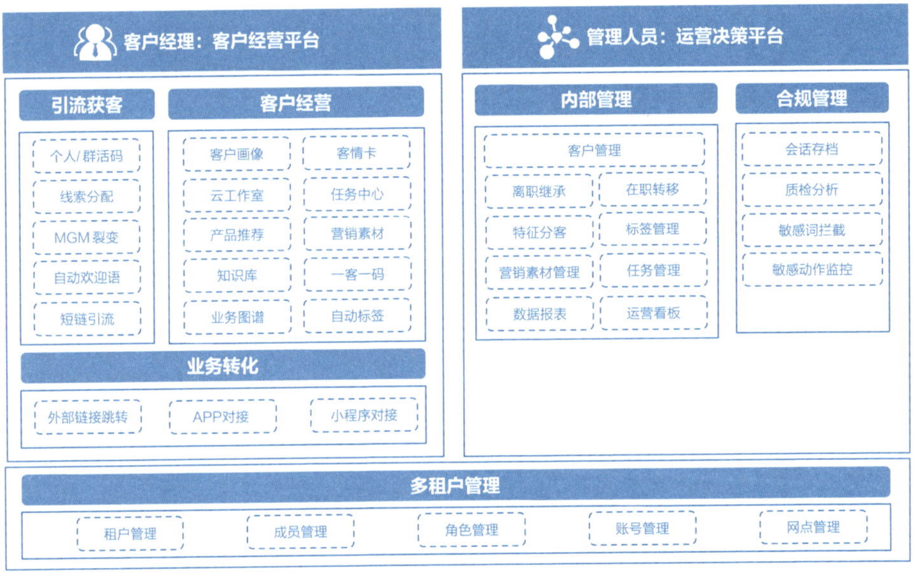

图 2　京小科企微 SCRM 重点功能图

（二）技术方案

1. 技术框架

（1）应用架构

京小科企微 SCRM 平台以微信公众平台和企微开发平台的服务支撑为驱动，旨在为银行与客户提供一个便捷、高效、可信的沟通协作平台，实现在微信生态圈内对客户全生命周期的专业化和集约化管理，提升银行的客户服务水平和营销效率。

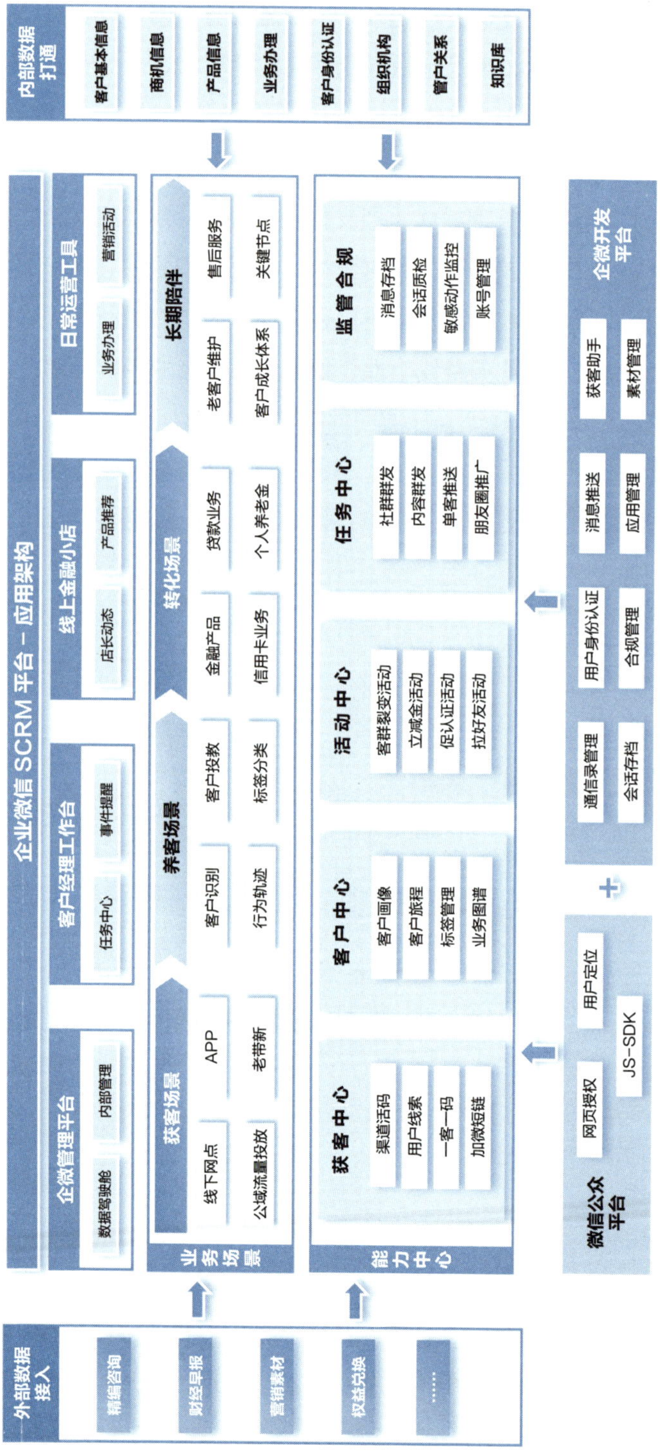

图 3 京小科企微 SCRM 应用架构图

京小科企微 SCRM 平台从不同角色系统应用层面共分为四个板块，涵盖以银行内部管理为核心的企微管理平台、以客户经理日常办公为重点的客户经理工作台、以线上引流活客为突破的线上金融小店、以用户与客户触达为关键的日常运营工具，四个板块共同构建为银行实现与客户的全方位互动、精细化管理赋能，并协同作用于标准化的四大业务运营场景，推动客户达成从“获客、活客、留客、转化”的闭环管理。平台为保障用户诉求的及时响应、业务运营的精准定位、客户使用的极致体验，建立“获客中心、任务中心、活动中心、客户中心、监管合规”五大能力中心，从多维度、多环节、多层次的角度出发全面增强平台业务服务效能。为打破系统间数据壁垒、完善平台内部数据质量，对外持续接入精编资讯、财经早报、营销素材等内容，向内打通客户基本信息、商机信息、产品信息等数据，强化平台数据资源融通共享能力。

（2）技术架构

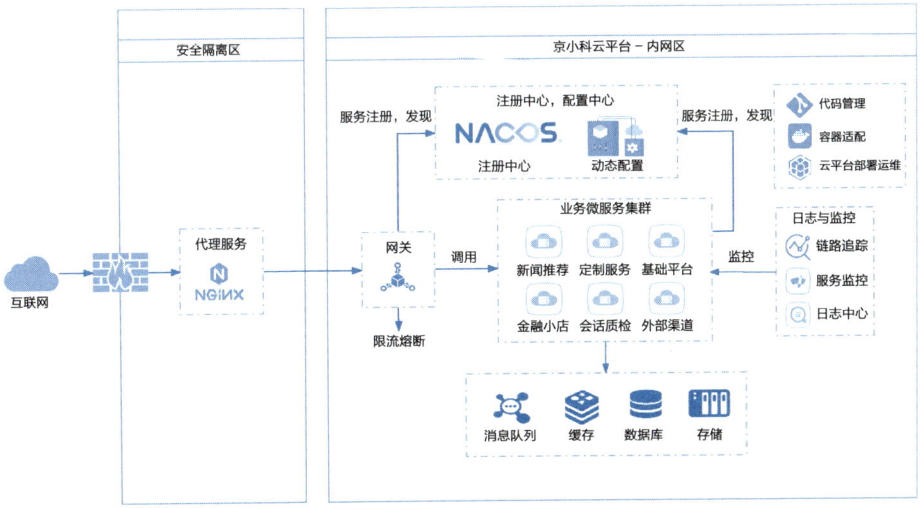

图 4　京小科企微 SCRM 技术架构图

京小科企微 SCRM 平台基于京小科云平台建设部署，兼容底层环境，为项目研发和容器化部署提供从基础设施到应用发布的全流程支持，让研发人员更专注于业务功能的实现，提升应用研发交付效率。

后端微服务以北银金科自研的 Fin-OS 框架搭建建设，Fin-OS 将金融业务处理特点和分布式技术两者相融合，封装了大量公共组件，拥有强大的分布式技术体系，提高了开发效率和便利性。服务治理侧以微服务网关为入口，配合注册中心、配置中心，实现了动态服务发现、配置管理和服务管理，引入分布式流量防护组件，从流量控制、限流降级、负载保护等方面保障系统稳定。监控管理侧，通过分布式链路追踪监测请求调用链，协助问题定位，性能瓶颈分析；集成监控告警中心，采集系统指标数据，多维度监控服务健康状态，实时告警。

数据存储侧，使用了分布式缓存，分布式消息队列，满足系统热点数据缓存，异步，解耦能力；使用分布式数据库具备更好的数据拓展性和可靠性；人工智能侧，利用语音识别、深度学习和语义理解等前沿技术，包括语音转文本、关键词检出、语义分析和业务规则检测，实现了会话质检与实时辅助；外部渠道能力侧，接入了企微开放 API 能力、企微 JS-SDK、微信公众平台能力以及微信小程序等，为系统拓展了丰富的互动与沟通渠道，提升了用户体验和业务价值。在应用模块设计方面，遵从低耦合、单一职责、组件化和去中心化原则，拆分构建灵活可拓展的系统架构。

前端架构上用户界面被分解为一系列高复用的组件，使用响应式布局来应对不同尺寸屏幕的使用场景，针对企微场景抽离特定组件进行封装，可快速迎合市场需求进行高质量交付。利用 D3.js 技术实现 BI 面板，使系统具备完美的数据可视化能力，充分的前端风险规避意识，对于 xss 攻击以及敏感参数的加解密等都进行完善的处理，保证系统的良好运行和客户隐私的保密。资源进行 CDN 加速，再加上合理使用缓存技术，极大减少用户的无效资源请求。对微信和企微的原生能力进行总结和二次封装，可快速打通微信和企微环境的原生功能，同时依托企业微信的底层数据，为整个系统添加企微属性，更加方便定位客户和运营产品。同时，通过用户体验和设计理念的结合改善交互方式，最终实现一个足够安全、体验良好、高效流畅的平台系统，为企微客户的运营管理和拉新进行充分赋能。

（3）安全架构

京小科企微 SCRM 平台在安全建设过程中，深入分析潜在的安全威胁与风险，制定全面的防御策略。网络安全层面部署应用防火墙、入侵检测系统等，防范恶意攻击；应用安全侧加强身份验证、访问控制等机制，防止未经授权的

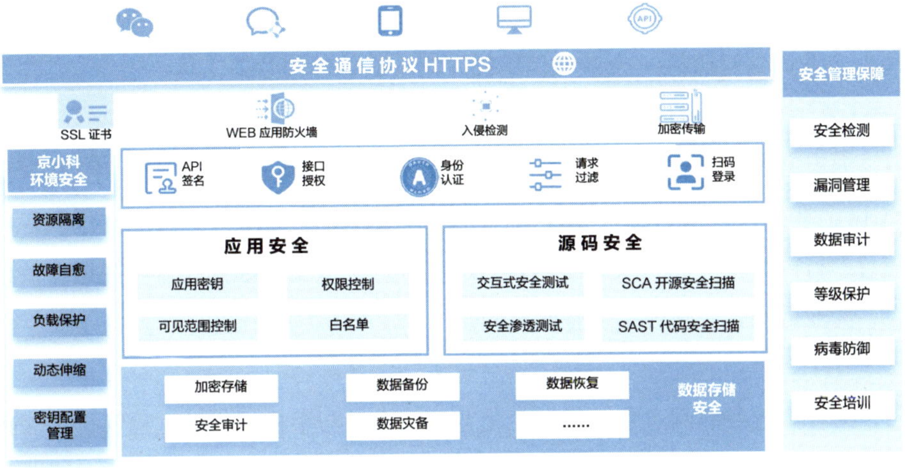

图 5　京小科企微 SCRM 安全架构图

访问和操作；源码安全经过源码扫描、渗透测试等方式，解决潜在的漏洞及安全隐患；数据安全通过加密存储、备份恢复等技术手段，确保数据的机密性和完整性。

系统依托京小科云平台的安全体系，具备资源隔离、容器隔离、镜像规范、信息加密、漏洞扫描、监控变更、流程合规等。此外，建立安全管理保障制度贯穿于整个生命周期的动态持续性的长效安全，落实安全保护责任，实施安全管理要求，明确网络传输的安全标准，增加数据安全风险专项审计，及时发现安全隐患并优化管理措施，有效保障业务系统及应用的持续发展。

（三）项目实施

1. 项目建设

通过京小科企微 SCRM 项目为北京银行打造企业微信私域经营服务平台，旨在为客户经理线上拓展业务提供支撑，提升客户线上业务办理体验，为北京银行的私域流量管理与运营提供一站式闭环解决方案。项目总体规划包括基础能力建设、行内系统对接、场景生态拓展三方面。整体建设思路如下。

（1）基础能力建设

平台采用大数据、人工智能等技术，打造引流获客、客户经营、流量变现、内部管理、合规管理和多租户管理等基础能力，同时，打造包括 PC 后台管理端 + 企业微信侧边栏 + 企业微信小程序矩阵的管理和营销工具。

（2）行内系统对接

为丰富客户画像，助力精准营销，将逐步实现企微平台与CRM、手机银行、ECIF、掌上银行家、智策等行内系统的对接，实现行内身份认证，获取客户信息、行内标签和商机策略等内容，通过客户企微生态数据和行内数据有效结合，为业务场景化建设提供基础保障。

（3）场景生态拓展

结合全行各部门、各分行特色化业务需求，与手机银行、远程银行等深化对接，将企业微信服务有效嵌入各类业务场景，协助客户经理开展客户服务与营销，沉淀客户资源和流量资产，实现私域流量的精细化运营。

2. 项目实施

京小科企微SCRM项目启动后，相关部门组成融合共创小组，深化跨条线、跨部门协同，全力推进项目落地工作。

（1）项目第一阶段

2022 年 9 月至 2023 年 3 月，第一阶段实现基础功能上线，并与手机银行渠道的对接，打通线上营销成交闭环，助力远程银行空中客户经营团队精准便捷地开展客户服务与营销。

（2）项目第二阶段

第二阶段于 2023 年 8 月上线，重点是平台与行内系统打通，主要包括 ecif 客户信息管理系统和策略平台实现行内身份认证与基本信息获取，目标是丰富平台承载的基础数据，将客户企微生态数据和行内数据有效地结合，为业务的场景化建设提供基础保障。

（3）项目第三阶段

第三阶段进一步深入行内业务场景，与业务部门以及分行建立业务合作，打通数据渠道，不断深化客户关系服务与连接，实现产能提升，提升精细化管理水平，打造特色化线上服务。

此外，在平台推广上，项目团队提供专家运营服务，通过宣导培训、经营诊断、运营陪跑等服务，一方面助力平台在全行的推广应用，提升一线客户经理活跃度；另一方面不断挖掘行内客户经营痛点，不断迭代产品，为行内的私域流量运营和管理持续赋能。

三、平台创新点

（一）服务模式创新

随着行业数字化发展，金融客户的服务内容、服务方式日渐趋于精细、高效、多元。通过京小科企微 SCRM 平台功能，可帮助银行客户经理快速、精准识别客户问题，在提高服务质量的同时，拓展服务边界，实现能效提升。

1. 服务模式高效化：客户经理利用企微发布金融早报、推荐理财产品信息，为客户提供丰富金融资讯，建立 1 对 1 线上专属服务，在线解决客户金融相关问题，通过京小科企微 SCRM 中的“业务图谱”“客户画像”“触客商机”对日常待办事项、潜在客户需求进行营销提醒，助力一线人员精准对接服务，提升客户满意度。

2. 服务渠道多元化：京小科企微 SCRM 以企业微信社交平台为底座，建立远程银行空中客户经营场景，与智能外呼、在线客服、短信平台对接形成全渠道线上服务体系，为客户提供全景式响应服务。

3. 服务内容多样化：运营人员可通过京小科企微 SCRM 配置“产品推荐”“知识库”“营销物料”，分类营销内容，为不同客户推荐更符合其需求的营销话术和产品，方便客户快速获取所需信息。客户经理通过企微“客户朋友圈”定期、定向推送最新活动、优惠信息，降低营销打扰度的同时，帮助客户及时了解一手资讯，持续服务不断档。

（二）客户运营创新

伴随着客户行为线上化，数字化运营已成为银行拓展客户资源、满足客户需求的重要方式，京小科企微 SCRM 通过企微搭建客户经理个人工作台，可快速提升一线对客经营、线上服务响应能力。

1. 营销线索挖掘：平台通过与掌上银行家对接，按管户关系向客户经理企微推送客户线索，建立长期触客营销渠道，通过对接行内智能策略系统分析，自动下发对客跟进提醒，对满足总、分行各层级个性化触客经营需求。

2. 搭建“云工作室”：平台支持客户经理通过专属云端金融小店，将专业服务、爆款产品、市场资讯、热门活动第一时间推给企微客户，在降低客户获取专业金融服务门槛的同时，增强客户经理触达能力、扩大营销覆盖范围，在客户经理日常管理工作中，推行智慧服务新模式。

3. 企微多重礼活动：总分行可通过 PC 端管理后台灵活创建企微专属回馈活动（客户需完成首次认证、邀请好友、加入群聊等活动任务，以获取奖励），以此活跃企微老客户、增加新客户，以存量客户的社交传播不断带动新客户，快速抢占客户时间，扩大客户规模，为后续精细化运营沉淀私域资源。

（三）平台模式创新

京小科企微 SCRM 平台为实现多个用户或部门在共享同一实例系统时的无缝协作，创建了租户并基于平台应用层研创了多租户插件，搭建了多租户群体体系的数据隔离模式，不仅支持普通租户，更支持租户群的数据隔离。

1. 租户群体系的共享隔离解决方案：系统管理员可以精心选择多个租户，组成一个租户群，并在其中指定一个租户作为大租户。大租户管理员享有对整个租户群的统一管理权限，从而能够更加高效地管理和运营整个系统。当用户登录系统时，后台会根据其身份信息，确定其所属租户，并将相应信息嵌入 token 中，并通过巧妙设计的拦截器机制，保障多租户之间的行为和数据的严控隔离，从而为用户提供更加安全可靠的服务，使系统能够更好地适应不断变化的业务需求。

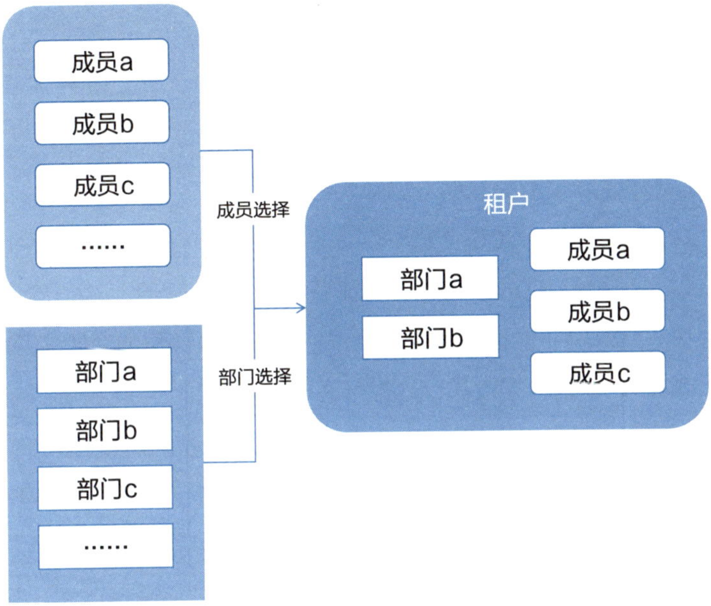

图 6　京小科企微 SCRM 平台“租户”组建图

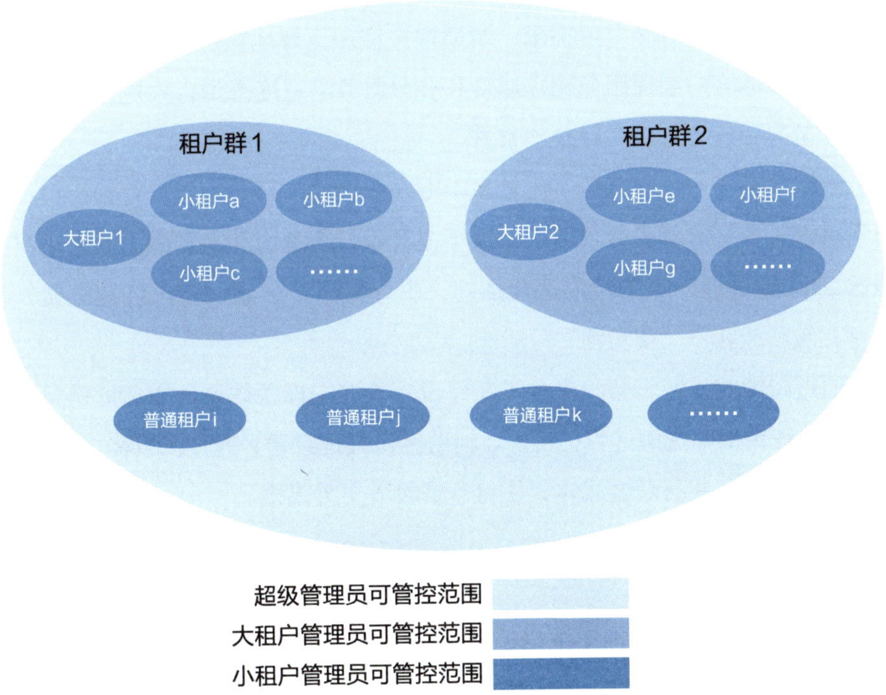

图 7　京小科企微 SCRM 平台“多租户”体系

四、应用与成效

（一）经济效益

1. 打造银行专属定制的企微 SCRM 系统

深耕银行业务场景，通过一线的深入调研、用户行为数据分析等方式，不断更新迭代平台能力，打磨出包含“引流获客”“运营管理”“客户管理”“销售管理”“会话存档”等功能模块且更贴合银行从业人员使用的企微 SCRM 系统。

通过 ToA-ToC 的传导模式，为银行客户提供精准个性化服务。与行内系统互通互联，深入分析客户的全行数据，建立精准用户画像，通过产品、内容、服务、权益将客户留存在银行私域平台中，做长期经营服务转化，挖掘客户潜在价值。

2. 赋能客户经理线上经营服务场景

京小科企微 SCRM 为客户经理提供了活动运营、内容运营、场景营销、社交拉新等互联网运营手段，助力一线快速创建线上经营活动，丰富线上营销场景，同时通过追踪客户点击、浏览、分享等行为，分析客户的产品兴趣、投资意向、资讯偏好等多维度需求，帮助客户经理更好地识别管理客户、优化销售流程，整体客户经理服务响应速度和客户服务满意度得到有效提升。

3. 沉淀银行百万级私域数字资产

私域数字资产是银行数字化转型中非常重要的一环，运营培育银行自己的忠实客群，挖掘客群长效价值，有助于提升银行竞争力和盈利能力。京小科企微 SCRM 通过近一年的行内运营推广，引导流量客户添加客户经理企微，沉淀百万级私域客户“留量池”。

通过持续的私域经营，平台不断建设完善客户标签体系，实现批量集约化运营，快速精准筛选触达目标客群，辅助客户经理经营，提升私域客户复购率，这也大大降低了银行获客成本，使得营销投入更为高效。

（二）社会效益

1. 积极响应国家政策 大力推进数字化转型

《政府工作报告》提出大力发展数字经济，金融业数字化转型的进程进一步加快。在政策背景下，本项目将金融科技创新作为新着力点，促进 IT 技术与业务的深度融合，不断推动数字化商业模式的创新转型。京小科企微 SCRM 为数字化客户经营提供了宝贵的数据分析和洞察，通过优化线上客户服务体验，提高客户留存率、转化率，降低整体运营成本，提升银行的经济效益，促进业务的长效发展。

2. 打破传统网点与客户之间时间和空间上的距离

为银行客户经理打造的企微“云工作室”是首个线上综合金融服务空间，以企业微信平台为依托，为客户提供“店长 / 热门推荐产品”“业务办理快捷入口”“资讯早晚报”等专业便捷的线上综合金融服务，满足客户日益增长的数字化服务需求，打破传统营业网点与客户在时间和空间上的距离，同时贴合客户移动端社交习惯，通过微信等互联网平台及时响应服务。

五、未来发展

（一）持续升级平台数字化运营能力

全面贯彻全行数字化转型战略，持续夯实客户管理基础，提升经营效能，京小科企微 SCRM 将持续深化京行数字化运营能力建设，不仅将各类业务场景简单迁移至线上实现基础层面的客户运营，更要对既有产品板块进行精细化打磨，贴合一线团队实际需要，升级平台数智运营能力，从客户画像分析、渠道流量分析、员工人效追踪、舆情分析监控等方面，为业务提供数据、策略支撑，帮助管理团队提升管理效能，达成业务目标。京小科企微 SCRM 系统将以更加严谨的态度、更加专业的技能，助力全行深入践行中央金融工作会议精神，全力做好“五篇大文章”。

（二）探索多业务条线创新经营模式

平台将拓展更多的业务场景及产品功能，帮助银行更多业务条线推动其数字化经营转型，以数字金融为驱动，赋能科技、绿色、普惠、养老等多个领域，创建标准化、线上化、智能化运营管理流程。例如，在普惠场景下，客户经理运用平台为有贷款需求的客户提供专属服务，在贷前，对接获取普惠客户身份认证标识、营业执照等信息资料，自动为客户经理生成客户的全景画像图谱，在产介环节，自动推荐“核心 / 特色产品介绍”，在提款环节，与交易系统打通，方便客户通过平台跳转手机银行 APP 实现提款和还款，在贷后，对接风险监测系统，实现风险预警，加强智能化管理。

未来，我们将持续践行中央金融工作会议精神，全力做好“五篇大文章”，京小科企微 SCRM 将构建形成具备“全产品、全渠道、全流程、全方位”的数字化营销管理服务平台，为全行数字金融、科技金融的发展提供重要支撑。

深圳壹账通智能科技有限公司
浙江清华长三角研究院

数智银行人工智能平台

一、引言

2023年中央金融工作会议指出，金融要为经济社会发展提供高质量服务，做好科技金融、绿色金融、普惠金融、养老金融、数字金融五篇大文章；《中共中央关于制定国民经济和社会发展第十四个五年规划和二〇三五年远景目标的建议》提到要大力发展数字经济，推进数字产业化和产业数字化；《金融科技发展规划》明确了金融数字化转型的总体思路、发展目标、重点任务和实施保障；《关于银行业保险业数字化转型的指导意见》指出，以数字化转型推动银行业保险业高质量发展，构建适应现代经济发展的数字金融新格局。

数智银行人工智能平台以更低成本、更高灵活性和更优体验的业务系统为目标，支持银行基于客群或合作场景的独立部署，主要通过去IOE、多活分布式、业务彻底松耦合、客户群细分灰度发布、大中台数字运营、以用户为中心的数字化流程再造等各项重要举措，赋能银行实现“一降三提”，即降低成本，提升性能，提升创新和提升体验。

（一）技术目标

（1）通过去IOE、多活分布式、业务彻底松耦合等技术手段，实现系统性能提升，确保平台的多节点处理速度不低于2万tps，主要金融类服务的平均响应时间小于200 ms。

（2）利用人工智能技术，实现存款、贷款交易和核算流程的自动化处理，减少人工干预，将错误率降低至 1% 以下，同时提升业务处理速度和准确性。

（3）构建全行统一的客户信息共享机制，实现客户信息互联互通，通过数据挖掘和分析，形成客户评价体系，为差异化服务提供数据支撑。

（二）经济目标

（1）通过平台的高效运营，实现单账户年度运营成本的大幅降低至 1 元以下，为银行节省运营成本超过 10 亿元。

（2）利用平台的极速业务上线能力，实现新业务上线时间缩短至 1 天，加速产品创新，提升银行业务增速至 6 倍。

（3）通过云原生技术平台，支持快速开业，在 6 至 9 个月内完成新银行的快速开业，提升系统平台业务增速。

（4）利用数字化手段，优化客户体验，通过数智化银行服务，将客户业务办理时间缩短 50% 以上，显著提升客户满意度。

（三）社会效益目标

通过科技赋能，优化金融机构服务及客户体验，提升金融机构在技术创新动态、技术机会识别、创新资源整合和组织变革方面的能力，为金融行业带来新的增长动力和竞争优势。已覆盖过亿金融用户、超 200 万家企业，覆盖 4000 余项各类金融业务场景。

二、项目方案

该项目搭建起一个以数智银行为核心的人工智能平台，它通过多个数字化渠道提供服务，包括移动银行、开放银行、网上银行等，并通过智慧银行家服务整合这些渠道。平台的 4 大核心业务包括数字化存款、贷款以及支付服务，既有传统贷款也有数字化解决方案。技术层面，平台建立在云原生核心系统平台上，确保了安全、合规和效率。该系统平台支持存款户、贷款账户的独立核算和客户信息管理，同时具备操作数据存储（ODS）和报表功能，并通过核心API与外界交互。此外，平台还提供应用平台即服务（A-PaaS）、数据即服务（DaaS）和智能即服务（I-PaaS），以支持上层应用的开发和数据智能处理。基础设施层面，平台利用基础设施即服务（IaaS）来虚拟化硬件资源，确保了整个系统的灵活性和可扩展性。

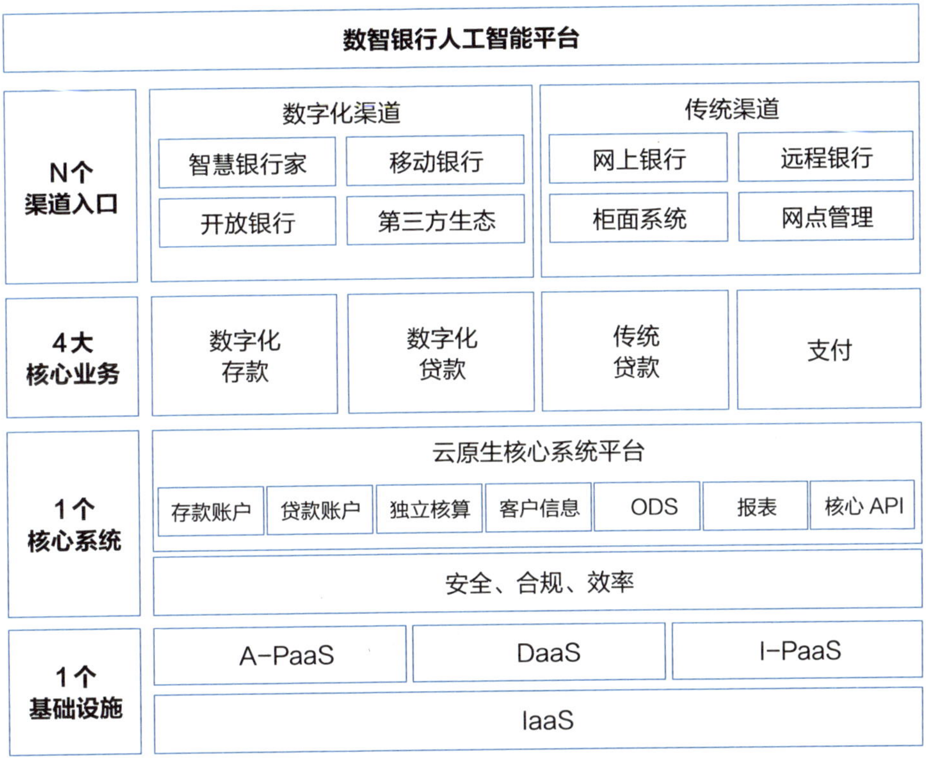

图1　系统平台架构图

（一）业务方案

在业务流程方面，本项目顺应利率市场化要求，提供按机构、部门、客户、渠道、产品类型多维度利率灵活定制机制，支持多维度定制利率浮动方式、浮动范围，支持多维度定制利率组合优惠。支持按机构定义参数使用范围，并根据业务发展的要求，不断优化利率实现体系，满足差异化服务，实现以客户为中心的差异化定价，共同实现产品创新和面向营销的经营活动。

1. 业务服务对象

数智银行人工智能平台旨在服务于商业银行，支持大中小型金融业务机构的日常运行。实现多个数字化渠道提供服务，包括智慧银行家、移动银行、开放银行、第三方生态等数字化渠道，以及网上银行、远程银行、柜面系统、网点管理等传统渠道。通过降低运营成本、增强系统处理速度和稳定性、激发快速迭代的创新能力以及优化用户交互体验，有效解决了金融机构在成本控制、服务效率、产品创新和客户满意度方面的难题。目前，平台业务层主要分为若干个系统，主要包含存款系统、贷款系统、客户信息系统等交易系统，以及公共管理、批量管理、核算引擎、内部账等运营管理相关系统。每个系统可以分为若干个交易组件，如公共管理包含：产品工厂、定价中心、公共模块等组件，每个组件拥有独立的业务构件、数据库表等。

2. 用户规模

以客户为中心，为营销提供支持，具有完善、相对独立的统一客户视图，能够提供及时、完整的客户信息，以实现与各外围业务系统、管理信息系统与综合业务系统共享客户信息，并保证在系统中的唯一性和正确性；支持对客户的差异化服务、差异化的定价策略；提供主要客户数据，帮助银行进行分析和决策。

3. 应用模式

（1）模块化设计

平台业务模块彻底松耦合，实现了金融服务的高效性和灵活性。将客户、产品、账户、交易、核算模块完全解耦，转化为可以单独升级和维护的独立组件。核心业务模块组件化，平台能够灵活地根据业务需求调整资源分配，实现不同模块间的高效协作，同时降低单个模块的负载，全面降低核心负载，提升系统处理能力。

（2）高性能处理

数智银行人工智能平台的多节点性能不低于 2 万 tps 的高处理速度，确保了在高交易量下依然能够保持系统的稳定和高效（确保了在处理大规模交易时的稳定性和高效性）。主要金融类服务的平均响应耗时小于 200 ms，能够直接支持大中小型金融业务机构的日常运行，满足了用户对金融服务快速响应的需求。

（3）智能化金融交易

利用人工智能技术对存款、贷款交易，核算流程以及客户信息等关键业务流程实施自动化处理，减少人工干预，降低了错误率，同时提高业务处理的速度和准确性。且具备实时监控功能持续追踪系统性能和交易活动，基于监控数据进行动态优化，确保系统持续高效运行。加强了安全控制保证所有模块均符合金融行业的安全和合规标准，保障客户信息和交易安全。

（4）统一客户信息，深化数据驱动服务

客户信息管理模块可以构建全行统一的客户信息共享机制，实现客户信息互联互通，深入挖掘、分析客户信息及相关行为，形成客户的评价体系，为提供差异化服务、支持市场营销提供数据支撑，进一步拓展有针对性的客户服务。支持联机接口或批量信息同步方式，与 ECIF 建立客户信息发布订阅机制。提供定制化开发选项，支持客户根据个性化业务需求定制开发特定模块，灵活使用不同客户的特定需求，以满足客户个性化的服务需求。

4. 项目特点

平台基于先进的金融科技和创新的业务理念，构建了一个高效、稳定且低成本的商业银行核心系统。通过高性能的技术指标、技术领先性、业务分布式架构、生态拓展、快速上线能力以及业务前联性，实现了端到端的数字化经营。在业务模式上实现了与多个信创上下游供应商的互认证，充分利用了平安集团丰富的生态体系，推动了传统 IT 信息产业的转型。该平台成为业内领先的数字化银行服务模式平台。

（1）高效成本控制

数智银行人工智能平台实现了单账户年度运营成本的大幅降低至 1 元。这种成本控制方式在提高银行业务的经济效益的同时，也为客户提供了更具竞争力的服务价格，无须额外的增信措施或抵押担保，简化了业务流程，在市场竞争中具有更强的优势。

（2）极速业务上线

依托先进的技术架构和开发流程，实现新业务的极速上线，最快仅需 1 天。区别于传统的业务上线模式，这种自动化、高效的审批流程大大缩短了业务推出的时间，提高了市场响应速度，确保业务办理省时高效。

（3）云原生技术平台

采用云原生核心整车平台，支持在 6 至 9 个月内快速开业。不仅提供了更高的系统灵活性和扩展性，而且通过自动化的模型审批流程，实现了对客户授信的快速响应和额度计算，提高系统平台业务增速到 6 倍。

（4）开放 API 生态

提供 400+ 标准 API，构建了一个开放、可扩展的生态系统。这些 API 支持极速组装和对接，使数智银行人工智能平台能够快速响应市场变化，为客户提供更加丰富和个性化的金融解决方案，加速新业务的集成和开发，同时促进与外部服务和应用的协同创新。

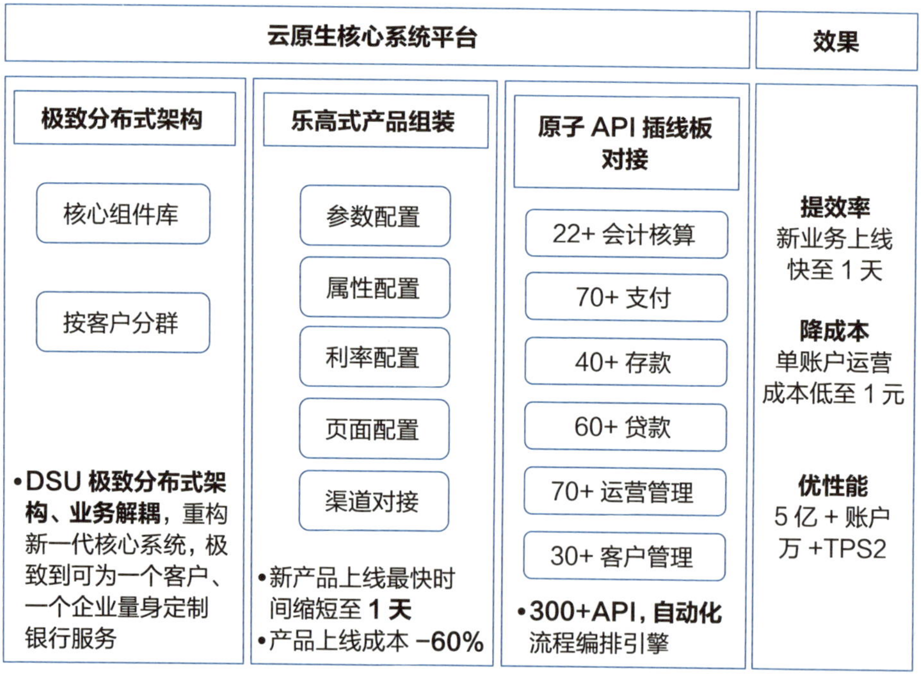

图 2　云原生核心系统平台：极致分布式架构、智能产品工厂、原子 API 提性能、提效率、降成本

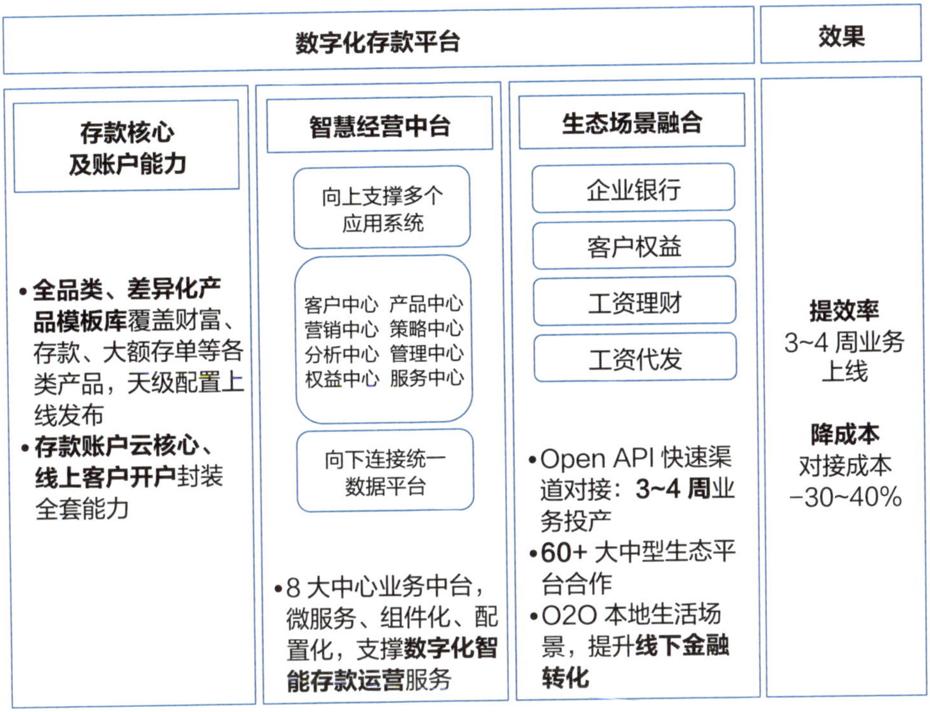

图 3　数字化存款平台：基于虚拟账户体系的存款核心运营一体化平台

（二）技术方案

在创新技术方面，本项目利用容器云、serverless 等技术最大化利用计算和存储资源，使系统资源利用率提升 3 倍以上；通过提供丰富的标准化的基础核心 API，以及 API 流程编排和 RPA 技术等提升产品开发和发布的效率；通过分布式技术设计重构核心业务领域模型实现零批量作业和真正 7×24 小时的不间断交易服务以提升客户服务体验；通过自助式产品配置和功能组装增强业务运营应对日益复杂多变的需求挑战。

1. 技术框架

（1）系统功能架构

数智银行人工智能平台通过极致解耦走向更为彻底的组件化模式，以更低成本、更高灵活性和更优体验的业务系统为目标，支持银行基于客群或合作场景的独立部署，基于业务组件化解耦的极致分布式架构，可以灵活为一个分行客户群、一个网点客户群，甚至极致到为一个客户、一个企业定制组装打造差异化的银行服务，帮助银行完成自身的数字化、在线化和差异化转型。

平台接入层：负责对接各个渠道系统，包括但不限于柜面系统、移动银行、网上银行、信贷系统、理财系统、对账系统等；主要包含进行路由转发的网关组件、安全处理的流量管控、加解密等安全组件，以及提供业务功能的登录及服务编排等。

平台业务层：主要包含存款系统、贷款系统、客户信息系统等交易系统，以及公共管理、批量管理、核算引擎、内部账等运营管理相关系统。每个系统可以分为若干个交易组件，每个组件拥有独立的业务构件、数据库表等。

技术组件：一部分为每个 DSU 分片独立的分片中间件，包括分片注册中心、分片网关、分片配置中心等。另一部分为全局共享的系统和中间件，如监控系统、日志平台、任务调度系统、分片管理系统等。

（2）系统技术架构

接入层，主要包含全局路由网关、分片控制器等组件组成，分片控制器计算并控制每个客户的数据落在哪个 DSU，路由网关负责将用户的请求转发到用户数据所在的 DSU 中。

业务层，采用分 DSU 的设计，DSU 分为运营 DSU 和零售 DSU，运营 DSU 主要负责处理与用户无关的管理、运营相关的业务，例如，产品定价、批量、核算等。

零售 DSU 主要负责处理与用户相关的业务。平台将用户分为若干个分片，每个分片的数据保存在独立的数据库中，配合有独立的应用构成一个 DSU，每个 DSU 负责处理 DSU 内用户的所有交易。零售 DSU 可以进行横向的无限扩展，是连带数据库和应用系统及其相关资源一同扩展，新的 DSU 是完全独立的，在其运行过程中不会受其他 DSU 的影响，因此 DSU 扩展所带来的性能提升是完全线性的。同时，由于 DSU 是连带数据库和应用一同扩展的完全独立的特性，平台可以给每个 DSU 赋予不同的实名，给予不同的产品及相关参数，使其服务特定的用户群体以达到针对性的效果，提升用户体验。

共享技术中台，主要包含辅助类的技术系统，如维护动态配置的配置中心、配置和发起定时任务的调度中心，以及监控日志等，这些系统是各个 DSU 共享的。

（3）系统数据架构

基础的数据由运营管理相关的系统产生，如产品定价、运营及系统参会，通过参数发布的形式定时或定向地发送至各 DSU 的交易系统，交易系统（如存款、贷款）与用户交互产生的客户账户、交易账务等数据通过每日账务跑批的形式汇总到运营管理 DSU。用户跨 DSU 迁移时，系统处理用户数据迁移。

绝大多数的数据会通过 ETL 抽数保存到大数据平台，通过清洗、汇总、统计等操作产生 T+1 的数据或通过实时计算系统产生 T+0 数据输出到报表平台或管理驾驶舱等展示用途的相关系统。且核心系统向轻量级的 ODS 直接供数。

用户客户相关信息经分片控制器处理，计算 DSU 分片统计数据和新用户分片，同时将存量用户的分片映射信息缓存到全局路由，全局路由使用分片映射缓存进行交易请求的 DSU 路由。

（4）系统安全架构

金融机构的信息系统对运行安全可靠有着极高的要求，因此，数智银行人工智能平台的架构设计兼顾解决风险敏感性和安全性问题。从技术设计上考虑数据保护的问题，包括四方面：传输安全、数据存储、加密标准、授权机制等。通过金融级数据全链路加密等最高级别加密技术保证系统安全运行，并通过了 SOC 认证、API secret、第三方链接认证等全方位安全认证标准。

2. 关键技术特点

在技术创新上，致力于收集和整理大规模的金融场景数据，包括金融视觉理解、文本理解、图表理解、对话理解和语音理解等方面的数据资源，实现金融领域多样化数据集采集，为开发和训练智能算法提供了基础。在理论创新和关键技术攻关方面，实现以下四个关键共性技术，大规模语音实时感知与理解技术、视觉感知融合技术、知识图谱与关联决策体系技术、深度认知智能技术，以推动数智金融领域的发展。

（1）金融场景的大规模语音实时感知与理解技术

实现通过提升声纹识别、语音识别等基础能力、拓展适应场景，更好地支撑大规模金融场景语音信息结构化任务。短语音声纹识别等错误率≤ 4.14%，达成指标要求≤ 8%；大规模说话人声纹识别前五十准确率≥ 96.5%，高于指标要求 95%；汉语普通话 HKUST 集上字错误率≤ 20.43%，达成指标要求 23%；金融领域普通话语音识别字错误率≤ 4.76%，达成指标要求 5%。

（2）金融场景的视觉感知融合技术

实现通过提升金融计算表达式、中文手写体识别等基础能力、拓展适应场景，更好地支撑大规模金融场景视觉信息结构化任务。研发了金融计算表达式识别、中文手写体识别、视觉数据子空间聚类等应用于金融平台上的技术，其性能达到了任务书上的指标要求。

（3）金融的知识图谱与关联决策体系技术

实现覆盖全面、准确的金融领域知识图谱，及时、准确的风险识别与预警。金融领域人工标注数据集制作，完成 10.3 万篇标注舆情数据，包括实体、关系、情感、风险事件。金融实体识别精确率达到 98.21%，金融领域企业多方面情感分析精确率 94.25%，包含订单、财务、股权变动等 9 类情感，金融知识图谱实体数据库中能够查询到的实体数量 1.53 亿，金融知识图谱关系链数据库中能够查询到的关系链数量 10.12 亿，金融知识图谱每天新增处理晚上的新闻报道日平均数量 7.71 万篇，金融知识图谱企业关系类型覆盖控制、投资、供应等 14 类关系，每种关系数量大于 1 万，金融领域知识图谱查询平台 1 个。

（4）金融的深度认知智能技术

实现以数据和金融知识双驱动为基础，提升金融文本认知智能能力。金融领域文本理解准确率达 0.942，金融领域文本理解 F1 值达 0.983，金融文本摘要生成 ROUGE-1 提升到 0.523，金融文本摘要生成 ROUGE-2 提升到 0.383，金融文本摘要生成 ROUGE-L 提升到 0.514，金融对话文本生成 BLEU 提升到 0.297，金融对话文本生成 METEOR 提升到 0.254。

（三）建设与实施

在具体实施方面，平台采用极致分布式创新，提供 300 多个标准 API，实现极速组装和生态对接。平台支持超过至 5 亿账户和 2 万 TPS 超高性能，确保了银行业务的高效稳定运行，提升了客户服务的响应速度和处理能力。数智银行人工智能平台实现了资源的弹性扩展和无限秒级扩容，将单账户的运营成本降至每年仅需 1 元，极大降低了银行的运营开支。

1. 项目建设

落地实践“数智银行人工智能平台”在平台建设上，致力于解决金融机构在成本控制、服务效率、产品创新和客户满意度方面的挑战，构建了大规模金融场景 AI 基础资源数据库及建立 AI 开放 API、组件、中台、产品和解决方案等技术方法；研究隐私计算、AI 伦理等，构建完善的开放服务和标准体系，确保 AI 应用符合隐私、安全和金融监管标准；引入科技服务商和金融机构等合作伙伴。

2. 项目实施

金融业 AI 分布式核心业务平台既直接服务于业务的开展，也间接通过提供大量的数据帮助服务与管理的提升；既通过产品的定制和客户的识别更好地为银行客户服务，也通过科学的架构、合理的展现以及多维的信息为银行的职员和领导服务。所以金融业 AI 分布式核心业务平台上线以后，实现了多重效果。

（1）满足监管要求、支持业务发展

满足央行等监管部门的各类业务监管要求，适应金融信息化发展趋势；满足金融机构现有各项业务的要求，对金融机构业务提供全面支持，并能够适应未来业务创新和拓展的要求。

（2）以客户为中心

以客户为中心，为营销提供支持，具有完善、相对独立的统一客户视图，能够提供及时、完整的客户信息，以实现与各外围业务系统、管理信息系统与综合业务系统共享客户信息，并保证在系统中的唯一性和正确性；支持对客户的差异化服务、差异化的定价策略；提供主要客户数据，帮助银行进行分析和决策。

（3）完善的产品管理

具有相对独立、完善且可以灵活定制和组合的产品体系，通过产品工厂提供高效的产品管理和输出能力，满足产品的快速推出要求；提供产品单独核算的功能，帮助金融机构进行产品盈利能力的分析。

（4）业务配置高度参数化

在业务层面具备高度的灵活性与扩展性以及高度的参数化程度，有良好的

可维护性，可以实现产品、业务流程、报表、费率、利率等要素的参数化定制，适应利率市场化发展要求。

（5）7×24 小时持续服务

具备可长期持续运转能力，真正做到 7×24 小时不间断运营，为金融机构提升客户满意度提供服务。

本项目组织架构如图 4。

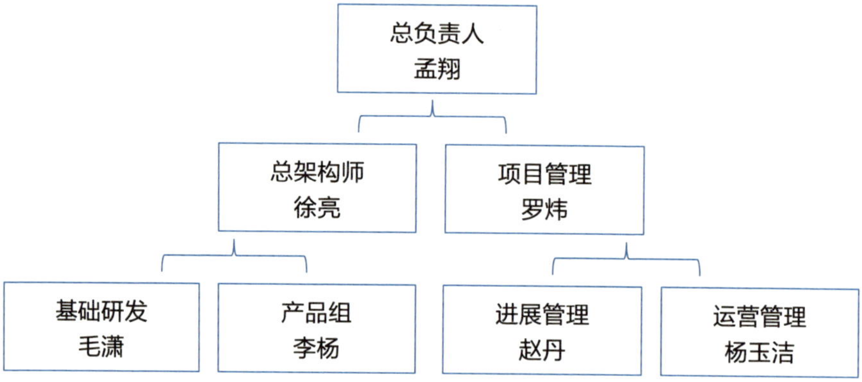

图 4　项目组织架构图

三、项目创新点

（一）业务创新亮点

1. 创新松耦合架构，赋能金融业务高效运行

业务模块彻底松耦合，将客户、产品、账户、交易、核算模块完全解耦，将原来的“长交易”碎片化，将核心业务模块组件化，全面降低核心负载，提升系统处理能力，全面支持零售转型与互联网场景和业务需要。[①] 数智银行人工智能平台的多节点性能不低于 2 万 tps，主要金融类服务平均响应耗时小于 200 ms，能够直接支持大中小型金融业务机构的日常运行。

2. 灵活产品工厂，快速响应市场变化

平台系统通过产品工厂，结合定价中心、交易与核算分离等措施，实现系

① 邓宇．大普惠背景下的零售银行场景业务创新探途 [J]. 现代商业银行，2021（17）：34–37.

统功能的参数化设置，能够在市场环境发生变化的情况下快速推出适合要求的新产品、新服务、新手段，进而对接前端各渠道营销获客能力。

3. 多维度利率定制，驱动差异化定价策略

顺应利率市场化要求，提供按机构、部门、客户、渠道、产品类型多维度利率灵活定制机制，支持多维度定制利率浮动方式、浮动范围，支持多维度定制利率组合优惠。支持按机构定义参数使用范围，并根据业务发展的要求，不断优化利率实现体系，满足差异化服务，实现以客户为中心的差异化定价，共同实现产品创新和面向营销的经营活动。

（二）技术创新亮点

1. 实现高弹性分布式部署

去 IOE 和多活分布式部署，完全弹性扩展到亿级账户处理能力，和分散科技运营风险，提升系统的安全性和可用性，同时，通过刀片机大幅降低硬件部署成本。数智银行人工智能平台能够支持，不小于 5 亿账户数级别的商业银行核心系统业务高效稳定运行支持 7 × 24（小时）× 365（天），全年持续对外服务，单日 5 亿级交易量，系统处理成功率 99.999% 等技术指标。

2. 建设大中台数字运营平台

数智银行人工智能平台与智能化的产品中台、运营中台、数据中台、技术中台的协同，能够为银行提供产品多并发创新、直通式运营、实时大数据应用等先进能力。

3. 打造云原生分布式的系统架构

利用容器云、serverless 等技术最大化利用计算和存储资源，使系统资源利用率提升 3 倍以上；通过提供丰富的标准化的基础核心 API，以及 API 流程编排和 RPA 技术等提升产品开发和发布的效率；通过更新的分布式技术设计重构核心业务领域模型实现零批量作业和真正 7 × 24 小时的不间断交易服务以提升客户服务体验；通过自助式产品配置和功能组装增强业务运营应对日益复杂多变的需求挑战。

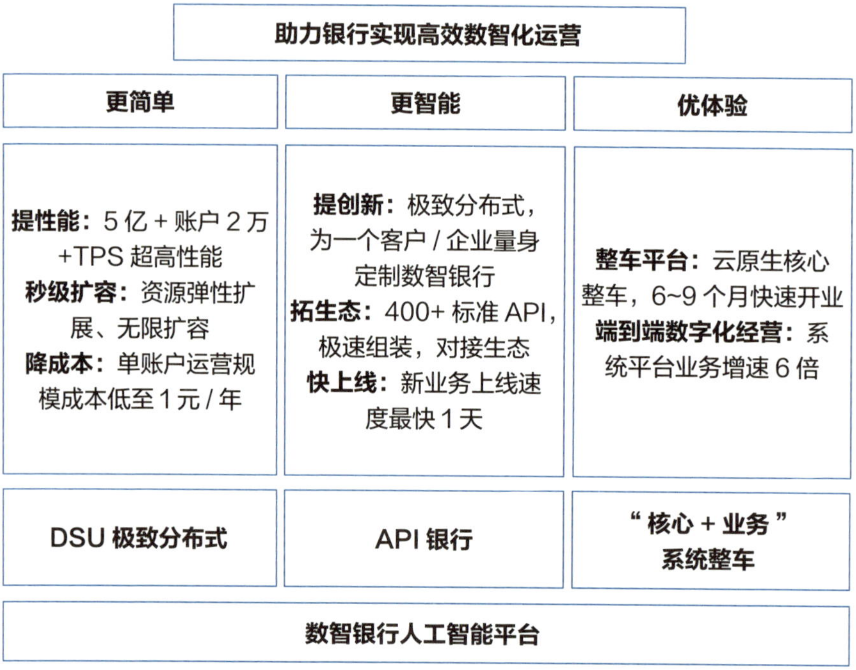

图 5　项目核心价值和先进性

四、技术实现特点

平台基于先进的金融科技和创新的业务理念，构建了一个高效、稳定且低成本的商业银行核心系统。通过高性能的技术指标、技术领先性、业务分布式架构、生态拓展、快速上线能力以及业务前联性，实现了端到端的数字化经营。在业务模式上实现了与多个信创上下游供应商的互认证，充分利用了平安集团丰富的生态体系，推动了传统 IT 信息产业的转型。该平台成为业内领先的数字化银行服务模式平台。

五、项目运营情况及过程管理

（一）项目运营情况

数智银行人工智能平台致力于加速金融业数字化转型创新，实现核心技术的自主可控，保障了金融系统的安全性和稳定性，为金融机构提供了强大的技术支撑。采用行业最先进的技术路线、方案论证，到系统开发、软件测试等层面进行多角度的剖析，确保了技术的前沿性和可靠性，同时推动金融业信息化建设高质量发展，也为金融行业带来新的增长动力和竞争优势。实现金融机构能够快速响应和灵活应对市场及环境变化，提高服务质量和效率，助力推动金融业数字化转型。

（二）项目过程管理

数智银行人工智能平台采用极致分布式创新，提供 300 多个标准 API，实现极速组装和生态对接。平台支持超过至 5 亿账户和 2 万 TPS 超高性能，确保了银行业务的高效稳定运行，提升了客户服务的响应速度和处理能力。数智银行人工智能平台实现了资源的弹性扩展和无限秒级扩容，将单账户的运营成本降至每年仅需 1 元，极大降低了银行的运营开支。

六、项目成效

（一）经济效益

数智银行人工智能平台通过 6~9 个月整车平台可快速开业，端到端数字化经营推动了业务增至 6 倍，为客户提供了更加流畅和便捷的服务体验。数智化银行能够快速推出新业务，其上线速度最快 1 天，达到了行业最高水平，大大缩短了客户业务办理时间，满足了市场对快速创新的需求。这种数字化经营不仅提高了业务效率，也极大优化了客户体验。

（二）社会效益

1. 积极响应国家政策，加速金融业数字化转型创新

数智银行人工智能平台致力于加速金融业数字化转型创新，实现核心技术的自主可控，保障了金融系统的安全性和稳定性，为金融机构提供了强大的技术支撑。采用行业最先进的技术路线、方案论证，到系统开发、软件测试等层

面进行多角度的剖析，确保了技术的前沿性和可靠性，同时推动金融业信息化建设高质量发展，也为金融行业带来新的增长动力和竞争优势。实现金融机构能够快速响应和灵活应对市场及环境变化，提高服务质量和效率，助力推动金融业数字化转型。

2. 科技赋能，优化金融机构服务及客户体验

平台提供全面的技术支持和解决方案，支撑客户技术发展水平，增强金融机构综合能力。全面提升了金融机构在技术创新动态、技术机会识别、创新资源整合和组织变革方面的能力。

通过提高技术和知识的商业化程度，平台将技术与知识转化为实际的经济效益，发挥对金融机构绩效的促进作用。利用人工智能技术提供个性化的金融服务，降低社会交易成本，简化金融服务的流程，提升客户的满意度，助力金融机构实现业务创新和服务优化，并推动金融行业的可持续发展，提升客户的服务体验。

七、项目总结

“数智银行人工智能平台”在大力发展数字经济，推进数字产业化和产业数字化背景下[①]，旨在应对金融机构在成本控制、服务效率、产品创新及客户满意度等方面的挑战，构建大规模金融场景 AI 资源数据库，开发了 AI 开放 API、组件、中台、产品及解决方案，为数字化转型提供全面支持。平台建立在云原生核心系统平台上，支持账户核算、客户管理、ODS 和报表功能，通过核心 API 与外界交互，确保系统安全、合规和高效运行；提供 A-PaaS、DaaS、I-PaaS 等服务，支持智能数据处理和应用开发。同时平台借助 IaaS 技术实现硬件资源虚拟化，进一步增强系统的灵活性与可扩展性。通过深入研究隐私计算与 AI 伦理，平台构建了符合隐私、安全及金融监管标准的技术体系，同时引入科技服务商和金融机构等合作伙伴，形成广泛协作的开放服务和

① 陆岷峰，王婷婷．基于数字经济背景下的数字资产经营与管理战略研究——以商业银行为例[J]. 西南金融，2019（11）：80-87.

标准体系，为行业发展提供了坚实的技术支撑。

人工智能技术在风险管理方面展现出未来发展的重要方向。① 平台在这一领域通过提升信用评估、欺诈检测及市场风险预测的精准度，显著增强了金融机构的风控能力。与此同时，金融机构需要高度重视数据安全与合规性问题，平台聚焦持续优化数字金融基础设施，以提高系统的安全性、稳定性和处理能力，确保客户数据隐私不受侵犯，增强客户信任。借助大数据分析和智能化工具，平台推动运营效率的提升，实现了风险管理和决策支持的自动化，有效提高了银行的数据治理能力。

目前，以底层人工智能技术为核心的技术平台已经在业务模式上实现了与多个信创上下游供应商的互认证，形成业内领先的数字化银行服务模式。该技术覆盖过亿金融用户、超 200 万家企业，并涵盖 4000 余项金融业务场景，实现企业融资 1300 亿元，成为国内金融行业覆盖范围最广的人工智能创新平台。服务范围覆盖 408 家金融机构、103 家科技服务商及 6 家监管机构，为 100% 大型银行、98% 城商行、49% 寿险公司和 64% 产险公司提供 AI 创新能力。平台通过开放 API 模式构建国产化开放、共享的金融服务生态，推动分布式核心系统应用和国产化适配，助力金融科技自主创新，促进金融行业实现多方共赢和高质量发展。

八、项目展望

数智银行人工智能平台的未来发展方向将聚焦于技术创新、数据安全、业务拓展、普惠金融和生态建设，以持续推动金融行业的数字化转型。

（一）技术创新与平台优化

面对金融行业的复杂需求，平台将继续深化人工智能、大数据分析和机器

① 黄若川 . 把牢精细化项目审批关口助推银行业内控合规管理高质量发展 [J]. 财经界，2023（25）：28–29.DOI：10.19887/j.cnki.cn11–4098/f.2023.25.035.

学习技术的应用。[①] 我们将投入资源于研发更先进的算法，以提升客户画像精准度、风险预测准确性和个性化服务推荐。同时，平台将优化现有架构，采用微服务设计提高系统的灵活性和可扩展性，确保在面对大规模用户增长和复杂业务场景时的高效稳定运行。我们也将探索区块链技术在金融交易中的应用，以增强交易的透明度和安全性。

（二）数据安全与隐私保护

数据安全和隐私保护是平台的首要任务。[②] 我们将加大投入，强化数据加密、身份验证和权限管理等技术手段，确保用户数据的安全性和隐私性。平台将严格遵循相关法律法规和行业标准，尤其是在跨机构数据共享和合作方面，确保数据使用的合规性，保障用户合法权益。此外，平台将定期进行安全审计和风险评估，以识别和应对潜在的安全威胁。

（三）业务场景拓展与市场应用

随着市场需求的变化，平台将拓展更多金融服务场景，开发针对性的金融产品，服务更广泛的客户群体，特别是中小企业和个体用户。我们还将探索与其他金融服务领域的跨界合作，如绿色金融、保险、支付等，以提升平台在金融生态中的影响力和竞争力。在此基础上，平台能够提供更加综合的金融服务解决方案，满足客户多元化的金融需求。

（四）推动普惠金融与社会责任

平台将致力于提供便捷金融服务，尤其是对金融服务不足地区的用户，支持中小企业融资和推动乡村振兴等社会责任领域的应用。[③] 通过数据智能和技术手段，助力解决金融行业中长期存在的服务不均、信息不对称等问题，为社

---

① 朱华，朱敏杰 . 商业银行科技金融发展策略与制度优势研究——基于非标准化业务的特殊设计 [J]. 中国商论，2024，33（22）：119-123.DOI：10.19699/j.cnki.issn2096-0298.2024.22.119.

② 周乾，洪晓琪 . 合规科技与监管科技的协同发展 [J]. 长春大学学报，2024，34（11）：80-87.

③ 程加明 . 数字普惠金融助力农村产业融合的影响因素与实现路径 [J]. 中国集体经济，2024（35）：16-19.DOI：10.20187/j.cnki.cn/11-3946/f.2024.35.035.

会创造更大的价值。我们也将关注环境、社会和治理（ESG）因素，进行可持续发展的金融实践。

（五）开放合作与生态建设

为了进一步推动银行业的创新与发展，数智银行人工智能平台将继续加强与各类科技公司、支付平台、保险公司等企业的合作。[①]我们将开放 API、合作共享数据和技术，共同构建开放式的金融服务生态系统，提升整体行业的创新能力。平台的合作与生态建设，在未来将提供更丰富的产品与服务，深入优化银行业务与金融科技的融合，促进行业的协同发展，最终实现整个金融行业的数字化转型。

总结而言，数智银行人工智能平台将不断追求技术创新，强化数据安全，拓展业务场景，推广普惠金融，开放合作构建健康的金融生态，实现金融行业的高质量发展。

① 赵伟莉. 数据驱动征信赋能构建普惠金融新生态 [N]. 新华日报，2024-11-04（008）. DOI: 10.28872/n.cnki.nxhrb.2024.006410.

数字金融创新

科大讯飞股份有限公司

人工智能助力数字金融高质量发展

一、引言

2024 年政府工作报告指出，要深化大数据、人工智能等研发应用，开展“人工智能 +”行动，促进数字经济和实体经济深度融合，打造具有国际竞争力的数字产业集群，加快发展新质生产力。金融业作为国民经济的核心支柱，因其庞大的规模体量、完善的数字化基础、丰富的业务场景，始终是人工智能新技术应用的前沿阵地。2023 年 11 月举行的中央金融工作会议提出“做好科技金融、绿色金融、普惠金融、养老金融、数字金融五篇大文章”，数字金融通过推动金融行业数字化、智能化转型，为其他四篇大文章提质增效，既是做好“五篇大文章”的主线，也为人工智能技术在金融行业的进一步应用指明了方向。

通用型聊天机器人 ChatGPT 于 2022 年底问世，经过近两年的发展，大模型技术不断突破，应用日益深入。在金融领域，从自动化的客户服务到个性化的财务规划，从智能化的风险评估到精准的市场预测，大模型正在重新定义金融服务的边界和体验。加快推进大模型在金融科技赛道的落地应用，是金融高质量发展的必然要求，也是科技公司、金融机构需要共同面对的考题。依托讯飞星火大模型核心能力的持续提升，科大讯飞与银行、保险、证券等金融机构开展深入合作，通过战略合作、联合创新等方式，积极探索大模型在业务场景中的应用落地，并在客户服务、营销展业、知识问答、尽调风控等方向取得积极成果，与金融机构一道构建金融新质生产力，做好数字金融大文章。

二、项目概述

（一）项目背景

科大讯飞深耕金融赛道十余年，始终秉持“技术顶天，应用立地”的战略理念。自 2023 年 5 月推出讯飞星火大模型 V1.0 起，科大讯飞便致力于将讯飞星火大模型的技术能力转化为服务用户、服务产业的实际成果和客户价值。得益于行业生态的密切合作，讯飞星火大模型在金融赛道上快速推进验证，以星火认知大模型的深度理解、拟人交互、文本分析、逻辑推理、代码生成等能力为基础，训练金融机构专属大模型，帮助金融机构在营销、客服、运营、研发等多个领域实现降成本、提效率、优体验、控风险等多维度价值。

（二）项目目标

通过与金融机构的紧密协作，实现技术与场景的耦合，打造金融大模型标杆项目并沉淀场景化产品应用。同时以实际业务价值为准绳，重点开展成效验证与规模推广，通过实证分析证明大模型技术在金融领域的有效性，并推动其在全国范围内的广泛应用。基于成效验证的积极结果，科大讯飞将推动大模型技术应用于更多金融业务场景，如资产管理、投资顾问、财务分析等，不断探索新的增值点，并与更多金融机构建立合作关系，提供更个性化的服务和产品，推动人工智能大模型技术在金融领域的应用标准化、普及化，助力形成围绕国产大模型的自主可控产业生态，为我国金融科技产业的发展贡献力量。

三、项目方案

（一）总体方案

目前，科大讯飞通过训练金融机构专属大模型，研发算力管理、模型训练、产品开发等配套辅助平台，探索金融场景智能化应用，已建立了“1+3+6”的架构体系，即以讯飞星火大模型底座为核心，基于星火智算平台、星火火石训练平台和星火智能体平台，构建服务于智慧营销、智能风控、智慧客服、智慧办公、软件开发、智能经营六大场景的产品应用。

科大讯飞在金融赛道已形成“1+3+6”的产品货架

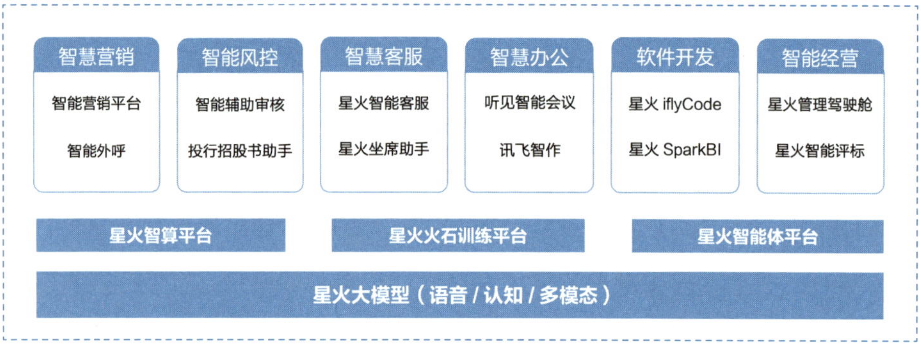

图 1 “1+3+6”智慧金融应用体系

（二）建设流程

1. 需求审视与数据准备

对金融机构当前的业务流程、服务模式以及市场竞争状况进行全面审视，进行初步的需求分析与数据准备。训练大模型需要高质量、大规模、多样化的原始数据作为支撑，一般包括公开数据、商业数据和私有数据。公开数据可借助讯飞火石平台，完成过滤、去重、脱敏、降维和增强等多项预处理。商业数据通常由第三方数据库提供，并由供应商预先整理和清洗。私有数据即金融机构内部的研发和业务数据，适合用于特定场景的深度训练。为保护隐私和安全，金融机构需对这些数据执行匿名化或去标识化操作，并采取加密措施。

2. 模型选择与设计

模型选择是金融机构应用大模型的重要一环。金融机构应综合考虑技术团队实力、资源投入、可维护性和可扩展性等多方面的因素，根据业务需求和数据特点，关注模型的训练成本和部署成本，选择自研模型或采用“厂商大模型 + 微调”，以实现成本效益最大化。讯飞星火具备出色的学习和适应能力，能够有效处理复杂金融场景下的问题，同时，讯飞星火的模型库涵盖了广泛的预训练模型，支持金融机构进行微调或从头开始训练，以满足特定的业务需求。

3. 算力底座构建

强大且灵活的算力设施是大模型运行的基础。其中包括高性能计算硬件的选择与部署（如 GPU 集群、云计算平台等），以及这些资源的高效运用和成本控制。同时，金融机构还需选用适合的深度学习框架和工具，以提升模型训练的效率和质量。科大讯飞与华为共建国内首个支持万亿浮点参数大模型训练的全国产算力平台“飞星一号”，不仅支持多种人工智能框架和算法，可以灵活地适应不同的应用场景，还具备高可靠性和低功耗的特点，可以保证长时间稳定运行，模型训练效率可达国外技术同等规模算力集群的 90%，给世界提供了第二种选择。

4. 模型部署训练

模型的部署和训练是实现其业务价值的关键步骤。在这一过程中，金融机构需要精确设置训练参数，调整超参数，以确保模型可以准确学习数据特征并具有良好的泛化能力。此外，模型的稳定性、可扩展性和可维护性在部署时同样不容忽视。讯飞星火提供了从数据预处理到模型训练，再到模型评估和优化一套完整的工具链和服务支持，能确保整个流程的高效和稳定。

5. 场景应用开发

应用开发是金融机构应用大模型的最终落地环节。目前来看，应用主要分为三大模块：一是提升金融服务智能化水平的应用，如智能客服、信贷审批、个性化营销等；二是强化金融风险管理与合规监管的应用，如风险预警、反欺诈、合规检测等；三是优化金融决策与运营效率的应用，如培训助理、展业平台、软件开发等。讯飞星火通过提供完整的开发套件和文档支持，能帮助金融机构快速将大模型集成到具体的业务场景和已建设的智能化应用中。

四、技术创新

（一）通用大模型核心能力持续迭代

2023 年 5 月 6 日，科大讯飞正式对外发布讯飞星火大模型。讯飞星火具备文本生成、语言理解、知识问答、逻辑推理、数学能力、代码能力、多模态能力七大核心能力。2024年10月24日，讯飞星火大模型4.0 Turbo正式发布，在数学能力、代码能力上超过了GPT-4o。由艾伦人工智能研究所、OpenAI等国内外权威单位发布，涵盖理解和推理、综合考试、数学和科学、代码等不同任务类型的14项主流测试集中，讯飞星火4.0 Turbo在其中9项测试集中实现超越，效率相对提升50%。

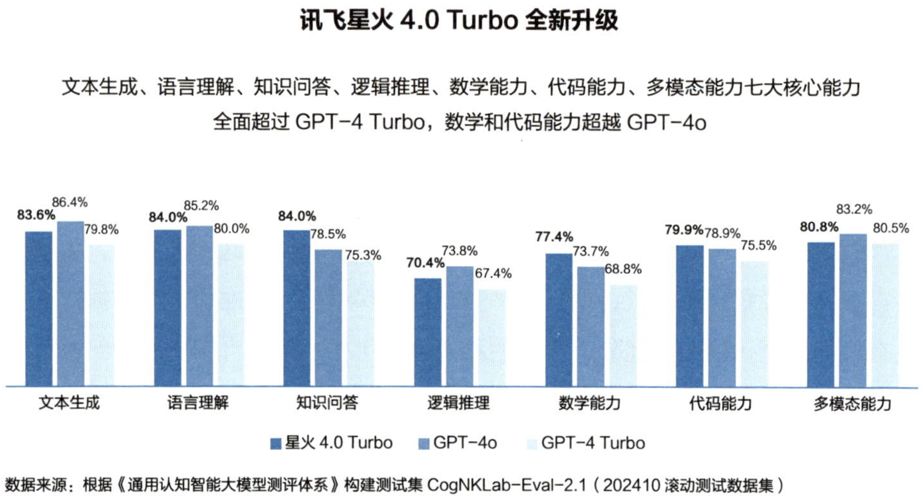

图2　讯飞星火4.0 Turbo核心能力对比

根据实用数学任务构建测试集CAppliedMath-1.0，讯飞星火4.0 Turbo在计算、财务、金融、度量等多个维度的任务中均超过GPT-4o水平，已完成超长思维链、树搜索和自我反思评价等算法验证，预计2024年年底可实现类OpenAI o1的高难度数学能力显著提升。

根据代码生成HumanEval测试集上的效果对比，讯飞星火4.0 Turbo在Python、Java、JavaScript等任务上和GPT-4o差距微弱，在C++能力上超过GPT-4o。在真实应用场景中，基于认知智能全国重点实验室构建的iFLYCode-Eval-2.0代码实用场景测试集，讯飞星火4.0 Turbo在代码生成、代码检错、单元测试等任务上都超过了GPT-4o。

（二）图文识别大模型在专用领域深度优化

星火图文识别大模型面向金融、教育、科研等专业领域深度优化，覆盖更多专用领域的特殊的专业符号。星火图文识别大模型收集与合成了大量不同专业领域的数据，并且针对性设计了预训练任务，统一了各领域的专业符号表达方式，使得模型能够覆盖更多领域的专业符号识别，例如，科研场景里各类复杂的公式，教育场景里的手写文字、拼音与文字组合等。在科研、金融、产品文档等典型应用场景上，讯飞星火图文识别大模型的识别效果表现均超越了国内现有最优水平。目前，讯飞星火图文识别大模型在权威英文文档信息抽取公开数据集 FUNSD 上取得识别率 88.5% 的好成绩，显著领先其他商用和开源模型。

（三）语音大模型实现超拟人极速交互

通过多维度语音属性解耦、语音信号时空分离、统一神经网络端到端建模等技术突破语音大模型的效果显著提升。在多语种识别能力方面，讯飞星火语音大模型对 24 个主要语种的平均识别率可达 90%，显著超过 OpenAI Whisper v3 的水平（82%）。在交互体验方面，讯飞星火的多情感超拟人交互能力，使机器具备更加丰富的超拟人情绪感知和表达，在响应和打断速度、情绪感知情感共鸣、语音可控表达、人设扮演四方面实现突破，同时，支持根据需求便捷定制，让系统快速落地应用。

（四）全国产化大模型算力底座保障自主可控

大模型参数和训练数据的不断增长，对算力的考验越发严峻，而在超大规模集群下的训练推理高效算法框架，是一项极其复杂的系统工程。对国产算力集群来说，还面临国外“卡脖子”的限制打压，挑战更甚。

科大讯飞自研平台实现大模型训练推理一体化设计，先后与华为合作发布了星火一体机、首个国产万卡算力集群“飞星一号”，并基于“飞星一号”完成了讯飞星火大模型 V3.5、V4.0、V4.0 Turbo 模型训练，实现全面对标 GPT-4 Turbo。目前，“飞星一号”作为国产算力集群代表，整体训练性能已经从 30% 提升到 95%，并仍在持续优化；同时，以超 90% 的平均资源利用率，常态化支撑讯飞星火大模型训练。在复杂系统工程能力上，讯飞自研超大集群的智能框架和异构调度系统，保障大模型训练长时稳定运行，平均故障间隔指标已达到 MetaLlama 3.1 训练的相当水准。2024 年 10 月，科大讯飞携手华为、合肥大数据公司共同推出万 P 算力国产大模型底座“飞星二号”，实现智算集群规模的再次跃迁。

（五）基于评语模型优化解决大模型幻觉问题

大模型幻觉问题备受大众关注，也是影响大模型达到“实用”的关键因素之一。目前，通过 RAG、搜索插件等方法，大模型的幻觉问题得到了一定缓解，但在教育、医疗、金融等行业领域的实际应用场景还存在不少问题。

科大讯飞通过算法优化和多语言混合协同过滤等方法，结合实际应用场景持续改善。其中，基于评语模型的大模型幻觉问题优化属于超级对齐技术方向的探索：评语模型指出大模型存在的幻觉问题，大模型得到评语模型的评价后自我完善提升。同时，评语模型也通过强化训练进一步提升发现幻觉问题的能力，整个过程无须人参与标注，两个模型相互博弈、共同进化。除此之外，多语言混合协同过滤后进行精细数据清洗的方法也能获取高质量数据。通过多语言句子篇章的全局统一表示，再创建立体化保障机制，改善大模型的污语料和幻觉问题。

五、风险与挑战

（一）数据隐私与安全挑战

金融领域的数据通常具有高度敏感性，因此，在使用大模型分析这些数据时，必须符合数据安全法、具有舆论属性或社会动员能力的互联网信息服务安全评估规定等法律法规的要求。为了保障数据的安全，机构需要采用高级加密技术，并实施严格的安全协议来存储、传输和处理大量敏感信息。

（二）算力需求与管理挑战

大模型的推理和训练对算力提出了更高的要求，金融机构必须解决如何建设和管理高效算力的问题。要实现与现有金融系统的无缝对接，减少资源冗余和浪费，需要特别关注多源异构算力资源的统一纳管和灵活调度。同时，还要解决大模型与其他 AI 能力（如 ASR、OCR）之间灵活调用的问题，这需要金融机构构建统一、高效的算力和模型基础，以最大化 AI 的效用，助力降本增效。

（三）技术积累与竞争挑战

随着更多机构入局大模型领域，技术的积累和竞争将变得更加激烈。金融机构需要在产品体验和商业化开发中更早、更广泛地应用大模型技术，走出差异化创新之路，以在竞争中获得先发优势，实现高质量、可持续发展。

六、应用与成效

自讯飞星火大模型发布以来，科大讯飞积极与银行、保险和证券等行业伙伴开展联合创新，加速金融行业大模型的建设部署，致力于积累大模型应用创新和落地经验。看得见摸得着的应用案例、能够规模化推广的标准产品、可以用统计数据证明的应用成效，是测量大模型落地的标准，当前科大讯飞与多家金融机构的合作已取得显著进展。

（一）助力交通银行打造专属大模型底座，赋能多个业务场景应用

2023 年 7 月，科大讯飞与交通银行共建人工智能联合创新实验室，经过一年的实践探索，在双方的共同攻关下，实现了行内千亿国产化模型、55+ 应用场景落地。

在模型层面，讯飞助力交通银行持续打磨企业级 AI 能力整合平台，逐步实现对算力、算法、数据服务运营的统一管理，搭建千卡异构算力集群，构建出多层次、多能力、多形态的千亿级金融大模型。

在场景建设层面，针对零售、普惠、营运、风险等重点金融业务领域，交通银行联合科大讯飞等合作伙伴，打造了端到端的 AI 金融场景化应用。推动业务流程再造，打造员工身边的 AI 助手，提升全行数字化作战能力。

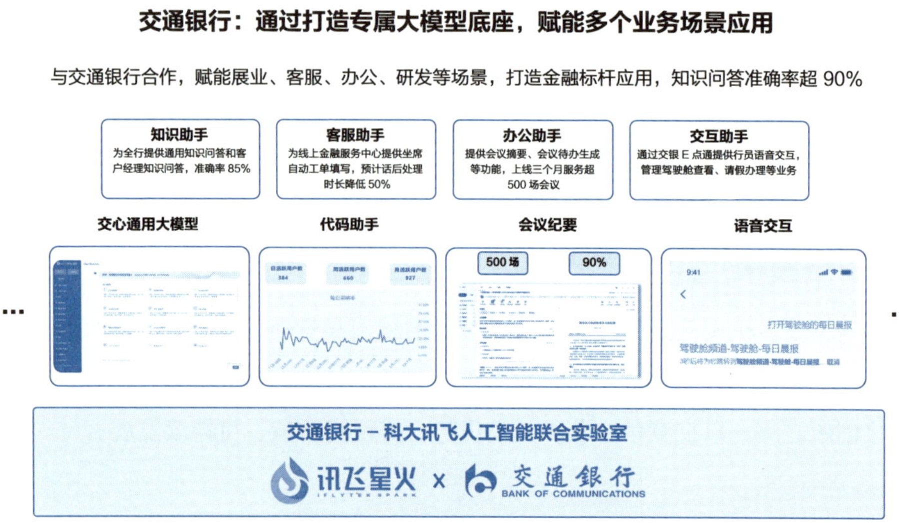

图 3　交通银行多场景应用成效

在零贷领域，落地大模型在尽调报告生成、全流程知识问答、远程智能视频核实、到期还款智能提醒、客户回访总结生成等场景的应用，打造零贷业务新模式，沉淀 400 多个模型策略，通过交通银行线上线下渠道，为客户提供个性化产品推荐与增值服务，累计服务客户达 3000 多万；

在客服领域，落地智能外呼、工单总结、话术推荐、智能问答、双录智能质检等 AI 功能，赋能电话客服、风险审核、远程银行等岗位，提高客户服务质效；

在金融市场领域，推出资金交易机器人，实现智能询价应答、交易意图识别、报价单自动生成等 AI 功能，辅助达成资金交易金额超千亿元，提升资金交易效率；

在风险领域，通过可疑事件排序模型、隐案挖掘模型、团伙识别模型，发现潜在可疑案件，借助数智化手段，实现单笔任务处理时长压降 40%；

在办公领域，为员工提供“交心大模型”、会议助手、代码助手等智能化工具，有效提升办公效率。

（二）联合中国人保打造人保专属大模型，实现专业知识问答的流程重塑

科大讯飞和人保集团从 2023 年上半年开始，展开大模型领域的底座 + 场

景合作，经过近一年的联合攻关，中国人保正式发布“数智灵犀—人保大模型”，并首发两款人保专属问答领域大模型应用——“人保智友”和“聪明宝”。

中国人保“数智灵犀—人保大模型”是基于星火金融大模型底座，经过私有化训练调优形成的中国人保专属企业大模型，也是星火金融大模型首个落地的企业级大模型。该模型已在人保集团各公司百余个场景中应用落地，覆盖了30万+代理人。当前已覆盖2000篇文档，文档平均问题解决率87.9%。

图4　中国人保知识问答场景应用成效

“数智灵犀—人保大模型”将星火金融大模型的能力与中国人保的现有业务系统进行深度集成，提供全面、准确的智能问答服务，率先实现对内运营、对客服务等业务的智能化创新。在对内运营层面，“人保智友”通过深度学习保险产品条款等知识，为业务人员提供保险产品知识的智能问答，提升服务质效。在对客服务层面，“聪明宝”已在财产险多个应用场景进行内测，通过提供更专业、更快速、更高效的解决方案，提升客户的满意度。

（三）携手国元证券探索创新应用，助力投行智能化转型

科大讯飞与国元证券于2024年6月份开启大模型合作，基于金融投行大模型底座能力，打造投行文档AI写作平台，产品模块覆盖读、查、问、写四大场景。

一是助力投行业务效能提升。通过提升文档写作效率与交付质量，助力投行数据数据化、知识结构化提升投行业务效能；从短、中、长期看，招股书生成和核查检查工作预计可提升 20%、40%、50% 的效能。另通过移动应用辅助，底稿采集效率和采集质量也将得到提升。

二是可提升投行业务的管理精细化、业务合规性、操作智能化，创造业务价值，例如，AI 可赋能监管、内部风控 / 合规 / 质控等业务规则整合，应用于撰写、核查场景，避免人为错漏导致的违规风险，大幅降低质控压力。

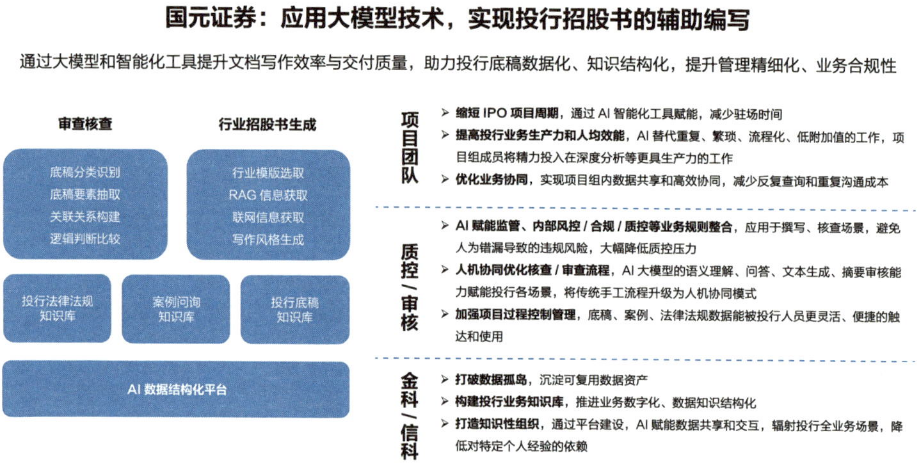

图 5 国元证券投行文档写作场景应用成效

七、总结

在政策的积极引导和行业的密切关注下，大模型在金融行业的应用不断深化。作为人工智能产业国家队，科大讯飞通过探索实践，在建设方法、技术创新、行业应用等方面取得了一系列积极成果。

在建设方法上，科大讯飞设计了涵盖模型底座、配套平台、应用场景的大模型架构体系，建立了贯穿需求审视、数据准备、模型选择、算力建设、模型部署、场景开发全流程的建设流程，形成了一套大模型在金融行业的落地方法论。

在技术创新上，科大讯飞基于自主可控的全国产化算力底座，不断提升讯飞星火大模型的通用核心能力，对标世界一流水平；针对行业专业领域深度优化图文识别能力，在多情感超拟人方向持续优化语音交互体验；同时，基于评语模型改善大模型的幻觉问题，提高大模型的可信性。

在行业应用上，科大讯飞与金融行业头部机构广泛开展大模型应用的共创共建，结合金融机构自身的实际需求，探索最佳应用场景，打造了交通银行、中国人保、国元证券等一系列标杆性案例，大模型应用价值初步显现。

大模型在金融行业有着广阔的应用前景，它将通过深化技术供给、推动效率革命、提升服务体验等方式，助力金融行业数字化转型实现质的飞跃。随着技术的不断进步和行业共识的形成，大模型在金融领域的高质量、高价值应用将持续涌现。

八、展望

展望未来，金融行业大模型的技术能力将更全面，落地路径将更清晰，市场空间将更广阔。

从技术发展角度看，金融行业大模型将沿着多模态、多语种、更可信的方向持续进化。第一，金融业务流程涉及大量数据的产生和处理，对文本、图像、音频、视频等多模态数据的分析，需以多模态大模型为支撑；第二，金融机构面向遍布各地的国内用户和持续对外开放带来的海外用户提供服务，对灵活准确的方言、外语交互能力的需求将推动多语言大模型的发展；第三，金融业强监管、低容错的行业属性，对大模型推理过程可解释、决策结论可信提出了更高的要求，高质量训练数据清洗、类搜索插件、专业权威知识库等技术手段将在解决污语料和大模型幻觉问题上发挥重要作用。

从应用落地角度看，金融行业大模型将以“先内后外，价值导向”为场景选择原则，以“大小结合、人机协同”为应用范式完成落地。在场景选择上，金融机构将在满足监管要求的基础上，更务实地关注在降本增效、控制风险、优化体验等维度可快速兑现价值的应用场景（如为内部员工服务提效的大模型助手），避免直接面客。在应用范式上，金融机构将结合技术可达性、经济实用性综合考虑通用大模型、专用小模型和人工专家这三者间的能力边界，通过拆解业务流程，以适合的模型或人工能力在各环节间相互协同；或基于智能体架构，以大模型为中枢，驱动小模型实现业务目的。

从市场推广角度看，金融行业大模型将呈现从头部机构逐步向中小金融机构拓展的趋势。在发展初期，算力、算法、数据的高要求决定了大模型技术仅在科技资源雄厚的头部金融机构具备应用基础，中小金融机构多持观望态度。经过近两年的探索，大模型在金融行业应用的落地路径逐渐清晰、商业模式逐渐成熟、应用价值逐渐显现。通过复刻头部机构经验，中小机构在单点场景低成本地用上大模型、用好大模型成为可能，广大的中小机构将成为助推金融行业大模型市场的新力量。

清润数科（西安）数据资产评估有限公司

数据资产图谱网络赋能金融业数据要素价值洞察

一、引言

（一）项目背景

在数据经济时代，数据这一无形资产已成为数字经济的核心驱动力，被誉为新时代的石油，更是推动产业创新与增长的源泉。金融行业，作为数据密集型行业，已经深度融合了数据要素，并在众多领域拥有丰富多彩的应用场景。数据要素的价值发现与评估对于释放金融行业的数据潜力、加速其数字化转型至关重要，同时也为实现“五篇大文章”的战略目标提供了坚实的支持。

数据资产图谱网络与数据要素的特性紧密结合，是数据价值洞察与评估的重要工具。它不仅能够提供公正合理的数据定价和收益分配机制，体现“数据二十条”等政策中提倡的“建立效率与公平并重的数据要素收益分配制度”的精神，推动全行业数据要素的流通与价值释放，还能帮助企业实现数据资产的价值化管理，促进企业深入挖掘和释放数据要素的价值，从而加速企业的数字化转型进程。

1. 政策端

在数字化浪潮中，数据作为关键生产要素，其战略地位日益突出。为明确数据资产价值评估体系、优化收益分配、促进开发利用，并确保数据要素市场健康发展，近年来，相关政策频繁出台。

2022 年 12 月，中共中央、国务院发布《关于构建数据基础制度更好发挥数据要素作用的意见》（以下简称“数据二十条”），该意见确立了数据要素作为一个新的生产要素的重要战略地位，涵盖了相应制度安排和发展方向等具体内容。其中，数据定价及收益分配问题被认为是至关重要的一个环节。“数据二十条”明确提出“建立体现效率、促进公平的数据要素收益分配制度”，并指出“健全数据要素由市场评价贡献、按贡献决定报酬机制”。因此，在政策背景下，充分结合数据要素特性，提出可落地性强、符合公平与有效性原则的数据资产价值评估与收益分配方案是推动数据要素价值释放的重要环节。

2. 企业端

在数字化转型的浪潮中，企业越来越意识到数据资产的重要性，而数据资产图谱网络不仅能够助力企业识别可转化为资产的数据资源，实现数据资源的价值化管理，还能通过深入分析生产链路来优化数据生产流程，提高效率和降低成本。此外，数据资产图谱网络在不同业务场景中的价值发现能力，使得企业能够在客户关系管理、供应链优化和市场趋势预测等多个领域发掘数据的新价值，从而创造新的增长机会。同时，随着数据资产化的推进，越来越多的企业需要将数据资源纳入财务报表，数据资产图谱网络提供了追踪数据资源来源、使用和价值流转的机制，为数据资源的会计确认和成本计量提供了有效支持，进一步推动了资产入表的实践。这些需求共同构成了企业对数据资产图谱网络的整体需求，推动企业在数据驱动的决策、竞争力提升和业务模式创新上迈出坚实步伐。

（二）项目目标

清润数科（西安）数据资产评估有限公司（以下简称“清润数科”）积极响应国家数字经济战略布局，依托数据资产图谱网络，通过构建一个综合性的数据价值管理框架，实现数据要素的价值发现与评估，并建立公平合理的收益分配机制。数据资产图谱网络以数据资源化、资产化为路径，推动数据要素市场的发展，促进数据要素与经济及产业的深度融合。数据资产图谱网络可解析数据生产使用链条上下游数据的贡献度，并自动化盘点数据在各项经济活动中的收益值，为数据资产价值评估提供参数依据。本项目旨在实现不同数据使用场景下的收益定价、数据资产的评估验证以及数据交易的智能撮合，从而赋能数据资源入表、收益分配，并促进数据要素资源分配与交易流通。主要围绕金融行业企业数据价值化管理、企业数据场景价值发现、数据资产价值评估、数据资源入表等应用场景，提供全面的解决方案，推动数据要素资源的优化配置和高效利用，加速企业数字化转型，为数据要素市场建设贡献力量。

二、项目方案

（一）业务方案

1. 金融业数字化转型与数据价值洞察需求

（1）金融行业企业数字化转型趋势分析

金融业的数字化转型是适应现代经济发展趋势的必然选择，它不仅关系到金融机构的竞争力，也是推动金融高质量发展的关键。而中央金融工作会议中也提出了“做好科技金融、绿色金融、普惠金融、养老金融、数字金融五篇大文章”的战略部署。这五篇大文章不仅为金融业的发展奠定了基调，而且也强调了金融数字化转型的重要性。

近年来，包括人工智能（AI）、区块链（BlockChain）、云计算（Cloud）和大数据（BigData）等关键技术正在深刻改变金融业的运作方式，例如，普惠金融中，金融科技的应用使得金融服务更加个性化和便捷。又如，通过大数据分析，金融机构能够更准确地理解客户需求，提供定制化的金融产品和服务。云计算技术的应用则使得金融机构能够更高效地管理 IT 资源，提高业务的灵活性和可扩展性。

而数据要素在金融业数字化转型中的重要性不言而喻。金融行业拥有丰富多样的数据资源，数据要素更是推动金融业务发展的关键要素。金融机构通过全方位大规模数据融合应用，实现风险管理实时化、决策支持智能化、资源配置精准化。数据要素化有助于金融资源配置到经济社会发展的重点领域和薄弱环节，满足多层次实体经济需求。

综上所述，金融业的数字化转型是一个涉及多个层面的全面变革过程，其核心生产要素是数据要素，对于提升金融服务的效率和质量、优化风险管理、推动金融创新具有重要作用。

（2）数据要素价值洞察需求加速显现

在金融行业中，随着企业数字化转型的深入，海量数据的生成和积累成为常态，这些数据包含了客户行为、市场趋势、运营效率等关键信息。企业对于数据要素的价值洞察需求日益迫切，只有通过深入分析和理解这些数据，企业才能更好地把握市场动态，制定精准的商业策略，优化产品和服务，提升客户满意度，并最终实现业务增长和价值创造。在这个过程中，数据要素成为企业的核心资产，其价值洞察需求加速显现。

而数据要素价值洞察的需求，不仅涉及利用先进的数据分析技术来优化决策过程，还包括了对数据价值的评估工作，以确保数据资产能够为企业带来最大的经济效益。数字化转型使得金融机构能够通过分析大量历史和实时数据来提高风险管理的准确性、客户服务的个性化以及运营效率。这些数据包括交易记录、客户互动、市场趋势等，它们通过各种算法和模型进行分析，以揭示潜在的商业机会和风险点。在这个过程中，数据价值评估成了一个关键环节。金融机构需要评估数据资产的投入价值、业务价值以及潜在的外部价值。投入价值包括数据资产获取、存储、加工、管理及应用的相关成本投入。业务价值则关注数据资产在支持业务开展中创造的增量收益。潜在外部价值则考虑数据资产在市场上的交易价值。

数据价值评估的方法包括成本法、收益法和市场法等。成本法通过考量数据资产的历史成本和重置成本来评估其价值。收益法则通过预测数据资产未来能够产生的收益，并将其折现到现值来进行评估。市场法则是根据市场上相似数据资产的交易价格来评估数据资产的价值。

此外，数据资产的价值评估还需要考虑数据的业务附着性、多次衍生性、零成本复制性、介质依托性和价值易变性等特点。这些特征使得数据资产的估值与传统资产的估值存在显著差异。

在实际操作中，金融机构需要建立一套完整的数据资产价值化管理体系，包括数据资产的确权、估值、入表和交易等方面。这要求金融机构不仅要有强大的数据处理和分析能力，还要有对数据价值进行科学评估和量化的能力。

总的来说，金融行业企业数字化转型加速了对数据要素价值洞察的需求，这不仅推动了金融机构对数据价值评估方法的探索和创新，也为金融机构提供了新的增长点和竞争优势。随着数据要素市场化的深入发展，数据资产的价值评估将成为金融行业数字化转型中不可或缺的一部分。

2. 方案介绍

清润数科聚焦金融行业数字化转型中的多样化数据机制洞察需求，依托数据资产图谱网络产品，基于其数据血缘解析能力、数据价值评估能力、数据资产分类能力，提供定制化、场景化的解决方案，加速推动金融行业数据要素价值发现与释放。

（1）数据资产图谱支撑企业数据价值化管理

清润数科在搭建企业内部数据资产图谱的基础上，深入挖掘企业数据治理和价值化管理需求，通过提供全面的视图，帮助企业识别、管理和评估数据资产的价值，从而促进数据的合规使用、高效生产和应用。

首先，数据资产图谱能够支持企业进行全链路的数据治理。它通过记录和更新数据资产在各个场景中产生的价值，以及数据之间的价值关系，形成了数据价值发现的基础。这样的图谱可以帮助企业进行数据资产的识别、维护、服务和监测，覆盖了数据资产运营的主体工作和持续优化工作。

其次，在数据资产价值评估方面，图谱能够提供关键参数，帮助企业运用收益法、成本法、市场法等评估方法，对数据资产的价值进行量化。通过数据资产图谱，可以追溯数据资产之间的生产与业务价值关系，对数据生产过程实行结构化、知识化的管理，实现数据合规、高效生产和使用。

最后，数据资产图谱还可以促进业务模型的自动化流程化。通过图谱，企业可以清晰地理解数据流经的各个环节，识别数据质量问题的根源，优化数据流程，从而提升业务效率和决策质量。

在提升经济效益方面，数据资产图谱通过数据资产的量化评估，帮助企业发现数据资产的潜在价值，推动数据资产的货币化。

数据资产图谱在金融行业企业数字化转型中发挥着至关重要的作用。它不仅帮助企业实现数据治理，还促进了数据资产的价值化管理，推动了业务流程的自动化和经济效益的提升。随着技术的不断发展和应用场景的拓展，数据资产图谱将成为金融行业数字化转型的有力支撑。

（2）数据资产图谱支撑企业数据价值场景化发现

清润数科围绕企业数据价值挖掘需求与场景化应用的需求，基于数据资产图谱技术，支撑着企业在不同业务场景中的数据价值探查，通过刻画数据在不同应用链路中的流动和转化，提供了一种系统化的方法来识别和评估数据的价值。

在企业经营中，同一组数据在不同的应用场景下可能会展现出截然不同的价值。数据资产图谱能够详细记录和分析这些数据在不同场景下的应用效果，支持对不同源数据在不同场景中的使用进行测试与价值测算。这样，业务决策者可以更清晰地认识到数据资产的潜在价值，并据此制定策略，将数据有效地应用到更多的业务场景中去。

数据资产图谱是企业数字化转型中实现数据价值场景化发现的重要工具，它不仅有助于企业深入理解数据的价值，还促进了数据资产的有效管理和应用，从而推动企业经济效益的提升。

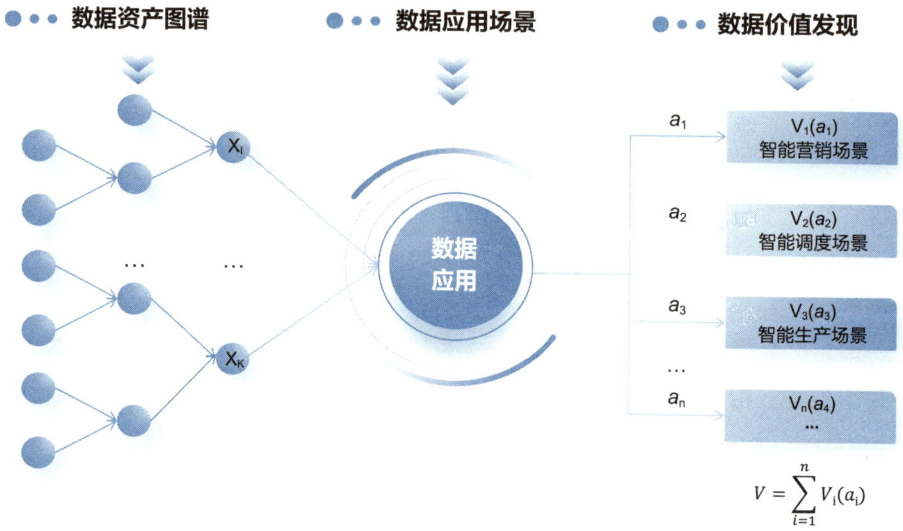

图 1 数据资产图谱支撑场景价值发现

（3）数据资产图谱赋能数据资产价值评估

数据资产图谱在金融行业的数据资产价值评估中发挥着至关重要的作用。它不仅帮助企业识别和量化数据资产在不同应用场景中的价值，而且通过图谱，将数据资产的流转、应用和价值创造过程进行了清晰的刻画，从而进一步实现数据在不同应用链路中的收益清晰计量，以及成本沿着生产链路的有效归集。

在金融行业，数据资产的价值评估是实现数据资产化和数据要素市场化的关键步骤。数据资产图谱能够全面记录和分析数据资产的管理、使用情况，并运用科学的方法对数据资产进行价值评估。通过数据资产图谱，可以追踪数据资产在不同场景中，从采集、加工到应用的链路，识别数据资产之间的生产与业务价值关系，从而对数据资产进行结构化、知识化的管理。

此外，数据资产图谱还有助于实现数据资产的评估验证。随着数据资产图谱中积累的数据和场景价值信息的增加，可以对数据资产评估进行验证，确保评估结果的合理性。

总之，数据资产图谱为金融行业提供了一种系统化的方法来评估和管理数据资产，使得数据资产的价值能够被更准确地识别和量化，进而支持金融行业的数字化转型和数据驱动的决策制定。

（4）数据资产图谱成本计量工具，赋能数据资源入表

根据财政部发布的《企业数据资源相关会计处理暂行规定》(以下简称《暂行规定》)，数据资产入表的流程、会计准则适用性以及信息披露的要求得到了明确规范。《暂行规定》对数据资产的确认提出了三个核心条件：首先，企业必须合法控制或拥有这些数据资源；其次，这些数据资源必须有可能为企业带来经济利益；最后，数据资源的成本必须能够被准确计量。

在评估数据资产的价值时，可以采用“收益法”来预测和计算数据资源未来可能带来的收益，从而为数据资源未来经济利益的流入提供有力支持。另外，“成本法”通过分类和归集数据资源的相关成本，为数据资源入表的成本计量提供了可靠的基础。

《暂行规定》进一步明确了数据资源存货和无形资产的成本计量要求。对于企业通过数据加工取得的存货类数据资源，其成本包括了采购成本、数据采集、脱敏、清洗、标注、整合、分析、可视化等加工成本，以及其他使存货达到当前状态的支出。而对于通过外购方式取得的无形资产类数据资源，其成本则包括购买价款、相关税费，以及数据脱敏、清洗、标注、整合、分析、可视

化等加工过程中的成本，还有数据权属鉴证、质量评估、登记结算、安全管理等费用。

在数据资产的成本计量中，需要那些直接与数据资产达到预期用途或状态相关的数据加工过程的成本。这就需要对构成数据资产的生产链路进行细致的解析，并归集该链路中的所有成本。数据资产图谱技术在此过程中发挥着关键作用，它能够描绘出数据资产生产链路的各个节点，并确保成本的可追溯性和可靠性。

值得注意的是，数据资产一旦入表，企业还需遵循会计准则，对数据资产进行持续的计量和披露，这包括对数据资产价值的持续评估及必要时的调整。这一过程中，数据资产图谱技术不仅有助于确保数据资产入表的准确性，还对数据资产的全生命周期管理提供了有力支持。

（5）数据资产图谱技术赋能收益分配，促进数据要素资源分配与交易流通

数据资产图谱技术在收益分配方面发挥着重要作用，促进了数据要素资源的高效分配与交易流通。通过构建全面的数据资产图谱，企业能够清晰地识别和追踪各类数据资源的来源、使用情况及其经济价值。这种可视化的管理方式使得数据资产的贡献度得以量化，从而为合理的收益分配提供了数据支撑。

此外，数据资产图谱还支持动态调整收益分配机制，根据市场变化和数据使用情况实时优化分配方案，确保各方利益的公平性与合理性。通过这些方式，数据资产图谱技术有效促进了数据要素资源的高效流动，助力数字经济的可持续发展。

（二）技术方案

围绕金融行业数据要素价值发现与评估目标，致力于推动数据要素价值释放发展实践，清润数科将数据资产图谱技术于央企、互联网公司、金融机构进行了不同程度的落地。设计了以元数据采集系统为数据底座、血缘解析谱技术为核心技术支撑的体系，形成数据要素价值评估、价值发现、资产入表、交易流通、数据治理五大场景服务。

其中数据资产图谱网络的核心技术在于两个主要部分：数据节点定义和流转路径追踪。数据节点包括数据库、数据表、数据字段、数据模型、数据业务

报表等，它们是数据全生命周期流转中的实体。流转路径追踪则表示数据资产之间的生产与应用关系。

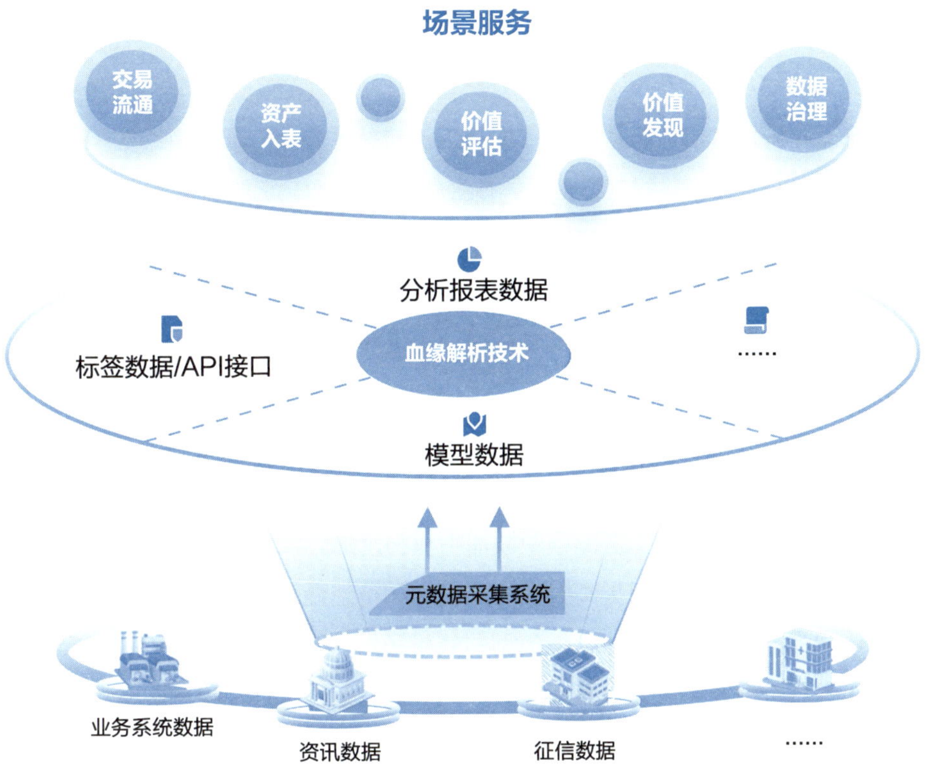

图 2　数据资产图谱网络技术架构

1. 元数据采集系统

数据资产图谱中的元数据采集系统是数据资产图谱网络的数据底座支撑，该系统主要负责实现不同类型数据信息的采集，包括业务系统数据、资讯数据与征信数据等，覆盖企业各个业务条线的数据资源。

通过自动化采集系统，可获取各类数据资源、资产或数据产品的基础元数据，用于创建数据资产图谱中的数据节点，获取各类数据节点的管理元数据、业务元数据，完善数据资产图谱中数据节点的属性信息。

元数据采集系统中包括监控告警机制，实时监控数据的规模、速率、完整性和一致性等，确保系统的稳定运行，并在异常情况下及时发出告警信息。

通过这些功能，元数据采集系统为数据资产图谱的实体识别、建模和血缘解析等模块提供了重要的输入，使得企业能够清晰地了解数据资产的全貌与分类情况，可实现企业数据资源自动盘点，从而为数据资产的价值评估和资源入表提供了坚实的基础。

2. 血缘解析技术

血缘解析技术可以自动获取数据加工流转关系数据，通过追踪数据从产生到消亡的全过程，搭建和管理数据的生命周期链条。它能够揭示数据在不同阶段的价值和流转路径，结合元数据采集形成的节点，最终形成数据资产图谱网络。

通过应用数据资源生产脚本与数据埋点链路追踪等技术，对全域数据资源生产与应用过程进行全链路解析与管理，这进一步厘清了每一条数据资源生产与应用链路，为数据资产图谱提供输入支撑。例如，通过血缘解析技术，银行能够识别出哪些数据被用于风险评估模型，哪些数据被用于客户细分，以及这些数据是如何在不同的业务流程中被加工和利用的。

这项技术不仅有助于提高数据的透明度和可追溯性，还能够增强数据驱动的决策能力，最终提升银行营销模型的效果和效率。通过自动解析获取数据加工流转关系数据，结合元数据采集形成的节点，最终形成完整的数据资产图谱网络。这一网络能够为数据资产的价值评估、入表、价值发现和价值化管理提供坚实的基础，并为数据资产的未来发展提供指导。

3. 场景服务

围绕以数据价值洞察与评估为中心的核心场景，基于数据资产图谱网络，利用数据资源入表、企业数据场景价值发现、数据资产价值评估、收益分配等标准解决方案，推动金融行业数据要素的业务赋能，价值深度释放，加速企业数字化转型进程。

数据资产图谱已为央企、互联网公司、金融机构提供了差异化场景服务。

在银行场景中，为收益分配场景提供解决方案，确立数据的贡献权重，对数据要素起到的经济价值做出合理公平的定量评估，为不同业务部门数据资源的分配提供依据，同时也可进一步帮助分配与控制外部采购数据投入成本。

在互联网与金融机构的场景中，基于业务场景价值锚定和数据贡献度度量，实现内部数据的统筹计价，以及内部数据机制资源化管理。实现了每个业务部门收入提升，坏账减少，数据价值最大化发挥。

此外，以图谱技术为依托，在银行场景中，对各类数据资源的成本做了清晰归类，实现了“使数据资产达到预期使用目的”的数据成本归集。

数据资产图谱网络，以数据资产图谱和数据定价算法等前沿技术为核心，可实现深入解析企业数据资源血缘关系，帮助企业准确评估数据资产价值，提供全面数据资源入表解决方案，同时推动企业数据生产流转链路解耦、企业内部数据资源的计量和分配、业务数据价值发现等多维场景的数据价值释放。

三、建设与实施

清润数科结合市场需求，明确目标，制订详尽的数据资产图谱网络项目的方案计划，按阶段推进实施。

第一阶段：聚焦数据资产价值评估，数据资源入表等核心场景，搭建数据资产技术底座。对企业数据资源进行盘点、分类，搭建企业级数据资产图谱，对数据价值进行计量、评估。结合数据资源入表相关要求，对可入表的数据资源进行标注，在此基础上开发成本计算器，经济利益流入试算功能进一步支撑企业数据资源入表常态化工作。

第二阶段：扩展企业数据价值化管理应用场景，挖掘数据场景价值。推进企业基于数据资产图谱的，数据生产与应用流程优化。以数据运营与管理为纽带，将数据价值计量，嵌入到数据采集、加工、应用的全生命周期中，为数据在不同业务场景中的价值发现提供解决方案。例如，利用数据资产图谱，银行能够识别哪些数据资产对特定业务场景决策最为关键。通过分析客户交易数据，发现某些客户群体对新推出的理财产品有较高的兴趣，这为精准营销提供了依据。

第三阶段：创建收益分配机制，促进企业内外部数据要素价值释放，形成数据交易流通生态。基于数据资产图谱网络，搭建公平、合理的收益分配机制，形成企业内部数据资源收益核算机制，为包括存储、计算等数据资源分配提供有效依据。同时，可进一步拓展行业级，跨企业的数据资产交易图谱，刻画数据交易上下游关系，聚焦数据交易链主体数据供需需求，通过依据贡献的收益分配机制，打通数据孤岛，激活多方数据贡献合作的数据生产动力。打造行业化数据共享与收益分配方案，推动生态共建。

四、技术创新点与先进性

（一）数据资产图谱网络刻画数据场景价值差异性

数据作为一种独特的要素，具有特异性、协同性以及无限可复用性等特征，这些特征使其与其他传统要素截然不同。具体来说具有如下特性。

数据价值的特异性：同一数据在不同场景下的价值存在差异。这意味着数据的价值并非固定不变，而是根据其应用场景的特定需求而变化。

数据的协同性：多种数据的组合能够在特定场景中创造出超过单一数据价值总和的价值。这表明数据的价值在组合使用时能够产生协同效应。

数据的无限可复用性：数据可以被无限复制，而其价值不会因此而减少。这一点与传统要素如土地或劳动力不同，后者的使用通常伴随着损耗或消耗。

鉴于这些特性，传统的线性定价方式并不适用于数据，因为数据的价值不是简单的线性相加。

数据资产图谱网络通过追溯数据的生产和价值发挥链路，充分考虑了数据的这些特性，实现了对数据生产关系的自动化盘点。数据的价值与其应用场景和生产链路紧密相关。在不同的应用场景中，数据会产生不同的价值，这与数据的应用链路密切相关。数据从原始资源转化为最终应用的过程中，需要经过数据治理、归集、清洗、整理等多个环节，然后通过分析建模、数据产品建设、系统化应用等步骤直接赋能业务，整个链条最终与业务场景相结合，实现数据的价值创造。

因此，在数据价值的计算中，沿着数据生产链条进行价值回溯是一个实际且有效的解决策略，它能够精确计算每个数据元素在各个场景中的价值。利用数据资产图谱技术，我们可以挖掘从原始数据集到数据治理、加工、应用等各个工序所经历的价值链，从而实现数据价值的全面评估和管理。

（二）收益分配算法实现收益公平合理地按贡献分配

数据要素的流通需要数据资产价值评估作为基础，此外还要解决数据产品获得收益后的分配问题。2022 年 12 月发布的“数据二十条”提出要“建立体现效率、促进公平的数据要素收益分配制度”，“按照‘谁投入、谁贡献、谁收益’原则，着重保护数据要素各参与方的投入产出收益”，“推动数据要素收益向数据价值和使用价值的创造者合理倾斜，确保在开发挖掘价值各环节的投入有相应回报”，“平衡兼顾数据内容采集、加工、流通、应用等不同环节相关主体之间的利益分配”。

建立公平、有效的数据收益分配制度，确保各参与方均可按照投入贡献进行收益分配，将会激发各参与方积极参与数据要素的价值创造与交易流通，进一步促进数据要素价值释放，发挥“乘数效应”。

基于此，收益分配算法可解决多方数据共同参与建模 / 公式计算的收益分配问题。如下图所示，多个原始数据源经过数据处理，输入数据模型或数学公式计算得出计量结果，指导业务生产决策、赋能实际业务产生价值。模型预测或公式计算的结果越准确，越有利于为业务生产提供有效指导、降低风险。

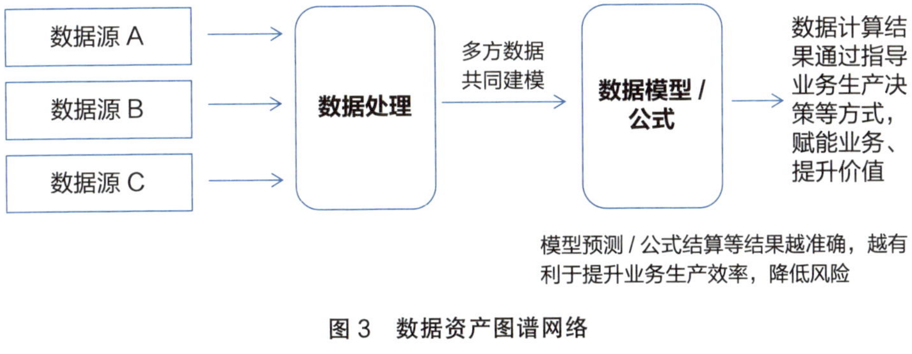

图 3　数据资产图谱网络

此算法计量出的数据贡献度与模型（公式）准确率呈现正相关关系，即数据贡献度越大、模型准确率越高，业务价值越大。这意味着每项输入数据源的贡献度可以充分反映该数据对所实现的业务价值的贡献程度。

当涉及多个数据提供方参与数据交易时，需要计算每一方数据对于模型的贡献度，就可以得出反映各方业务价值贡献度的数据所得收益。

与此同时，经进一步证明，此收益分配算法满足数据收益分配的第一性原理，即公平性与效率性。公平性是指收益的分配不依赖于主体的标签，效率性是指分配的总收益等于总收益。

五、应用与成效

（一）应用效果显著，场景持续扩展

本项目旨在通过构建数据定价与数据资产价值评估的理论基础，开发数据资产图谱技术，以解析数据生产和使用链条中上下游数据的贡献度。该技术能够自动化盘点数据在各项经济活动中的收益值，为数据资产价值评估提供精确的参数依据，从而持续发现数据应用场景价值。

在项目运营方面，数据资产图谱网络已服务多家央企、互联网集团和金融机构。清润数科不断在应用场景中，探索业务解决方案，聚焦数据资源入表、数据资产价值化管理、收益分配等核心场景，共同推进数据要素市场的发展。例如，银行内部数据收益分配测算：通过实践性探索和应用数据资产图谱，依据合作博弈理论确定不同数据对决策模型的贡献度，从而评估数据要素的经济价值。在华润集团的内部实践中，数据定价算法被用于在不同法人主体和部门间分配要素价值，进行独立核算，以此激发集团内部的协作和生产效率。在推荐产品的应用场景中，这种做法显著提高了产品推荐的准确率，进而增强了用户服务和营销收入。

在此过程中，该项目承接了陕西省科技厅的重点产业链项目，并在 2022 年全球数字经济大会“新品发布”活动中，我们的“数据流通定价与资产化算法平台”荣获“数字经济创新引领成果”荣誉称号。

总体而言，数据资产图谱网络项目对于推动数据要素市场的发展和提升数据资产价值评估水平具有重要意义。展望未来，该项目有望成为数据要素市场中的关键基础设施，为数据经济的持续发展提供坚实的支撑，并随着场景的持续扩展，进一步释放数据的潜在价值。

（二）构建公平合理的收益分配机制，赋能数据共享生态

数据资产图谱网络在构建公平合理的收益分配机制方面发挥着重要作用，尤其在赋能数据共享生态的应用成效上表现显著。通过数据资产图谱技术，可以实现对数据生产使用链条上下游数据的贡献度进行解析，并自动化盘点数据在各项经济活动中的收益值，为数据资产价值评估提供参数依据。

在银行营销模型的场景中，数据资产图谱网络的应用成效尤为突出，在商业银行数据资产价值评估方法研究和收益分配机制应用场景中，通过数据资产图谱技术，建立了数据使用过程的持续记录和流转节点追踪机制，从而还原了广阔而丰富的价值网络全貌。

合理的收益分配机制，不仅可以赋能企业内部数据资源分配问题，也可进一步促进企业之间的数据共享与协同，最大程度地释放数据要素的价值。

六、项目展望

在全球数字化浪潮中，数据已成为推动数字经济发展的核心资源。2022年3月，国家发展改革委发布了《“十四五”数字经济发展规划》，强调数据要素在深化数字经济发展中的关键作用。该规划明确提出，要实现数据确权、定价和交易的有序开展，探索建立与数据要素价值和贡献相适应的收入分配机制，激发市场主体的创新活力。

为了解决数据要素流通中的关键定价问题，我们需要建立公平合理的数据定价模型，并利用数据资产图谱技术追溯数据价值，形成一套完整的数据定价体系。这一体系将有助于建立健全市场评价机制，根据数据要素的贡献来决定报酬，优化分配结构，构建公平、高效、激励与规范相结合的数据价值分配机制。

此外，数据资产图谱技术的衍生应用还可以加速数据与场景应用的匹配效率，实现智能推荐。我们建议从行业场景入手，逐步定义场景价值的函数表示，并进一步开展跨行业的研究与实践。通过深入探索数据要素这一新型生产要素与经济活动的交织关系，我们可以不断更新和完善这一丰富多彩的价值网络，绘制出更加瑰丽迷人的价值地图。

神州数码信息服务集团股份有限公司

多源涉农数据融合构建新型农业经营主体信用评价体系

一、背景及目标

（一）项目背景

党的十九大首次提出“实施乡村振兴战略”，后续为贯彻党的二十大精神，国家六部委联合发文“金融支持乡村振兴”，再到今年的中央金融工作会议提出，做好“五篇大文章”。在这样的政策背景之下，银行金融机构都有从事并做好农贷业务的意愿与决心。但是银行作为商业机构，想要投身并做好农贷业务，不得不面对很多困难与挑战。传统银行贷款服务往往难以全面满足其需求，目前新型农业经营主体仍面临融资难、融资贵、贷款额度需求不易满足、贷款期限与资金使用期限错位、缺乏有效的抵押物等问题。

（二）项目目标

本项目是以多源涉农数据融合、科技金融赋能为链接，利用大数据、AI、卫星遥感、分布式等技术，创新性地研发了针对新型农业生产经营主体客群的普惠金融信贷产品，实现“数据层 + 风控层 + 产品层 + 场景层”四维一体的业务服务体系，给金融机构提供了一个通用的、普适的、标准化的农贷示范产品解决方案。

二、方案描述

（一）业务方案

1. 业务服务对象

本项目的客群以家庭农场、农民专业合作社、专业大户、农业龙头企业等为主，产品形态为“线上 + 线下”或者纯线上的业务模式，授信金额单户最高不超过 300 万元，其中信用贷款最高不超 50 万元，授信有效期 1 年，单笔借据期限最长不超过 5 年，利率一般为年化 3%~8%，资金用途一般用于新型农业经营主体农业生产经营流动资金周转。

2. 用户规模

新型农业经营主体是指在完善家庭联产承包责任制的基础上，有文化、懂技术、会经营的职业农民和具有大规模经营、较高集约化程度和市场竞争力的农业经营组织。主要包括专业大户、家庭农场、农民专业合作社、农业龙头企业以及其他经营性农业社会化服务组织。根据政府公开资料，截至 2024 年 3 月底，纳入全国家庭农场名录系统的家庭农场近 400 万个，全国依法登记的农民合作社达 219.7 万家，农民合作社依法自愿组建联合社 1.5 万家。

3. 应用模式

本项目采用线上线下相结合的方式，线上为主、线下为辅的架构设计，线上大数据风控模型审核，线下银行客户经理核实客户经营真实性和准确性。通过强大的资源整合能力，将十余种涉农数据、行内数据、客户申请数据、客户经理尽调数据、工商司法数据、反欺诈数据、征信数据等进行融合，利用机器学习构建大数据量化风控模型，给予了银行科学客观的授信及用信决策建议，为金融机构的业务风险控制提供了更加精准和可靠的支持，有效降低金融风险。

4. 项目特点

本项目在国有大行、城商行、农商行、民营银行等几十家的金融机构都有成功落地实施案例，运营效果很好，在帮助银行合理控制风险的情况下拓宽新型农业经营主体融资渠道，满足新型农业经营主体的生产经营的资金需求。本项目为立志赋能乡村振兴，但农贷产品建设信心不足，或想要全面提升现有农贷产品服务能力的金融机构，提供了一个新的路径。填补了乡村征信体系的缺失，创新了农贷普惠金融产品，降低了金融机构利用大数据赋能农贷产品的门槛，提升了金融机构对农贷业务的认知与服务效率，全面促进了普惠金融服务的提质增效。

通过本方案可以帮助金融机构了解并在很大程度上解决问题或痛点，如“三农”有哪些数据、数据质量如何、数据覆盖度如何、数据权威性如何、从哪儿接数据、哪些数据可以应用、多源数据如何融合应用才有效、有了数据后如何设计农贷产品、选择哪些农贷客群去做、风险如何；是否有好的农贷产品解决方案，该方案能否合理控制风险，该方案在哪些金融机构有落地，有什么实际运营效果，不良风险表现如何、放贷规模多大、放款件均多大、如果做该产品那么市场规模有多大、能带来多少收入和利润等。

（二）技术方案

1. 大数据技术

（1）数据治理

数据治理的思路是从数据生命周期的角度，对数据进行采集、存储、处理、分析、应用和监控等环节的管理，确保数据符合预期的质量和标准，满足业务需求和合规要求。数据治理将涉及以下几方面。

第一，数据采集。

将“三农”数据与行内信息和第三方渠道获取的新型农业经营主体的资源、生产经营、政策、工商、司法等相关数据进行清洗、校验、转换等预处理操作，保证数据的完整性和准确性。

第二，数据存储。

将采集到的数据按照一定的结构和格式进行存储，并进行备份、归档等维护操作，保证数据的可用性和稳定性。

第三，数据清洗和整合。

1）数据交叉检验

在业务数据的不同数据文件之间、不同字段之间，甚至同一字段的不同时点之间，往往存在着各种逻辑关系，识别这些逻辑关系将有助于了解数据间的业务关联，提高数据清理的质量。

2）缺失值、异常值、重复值处理

对于缺失值，可以根据实际情况选择删除、填充平均值、中位数、众数或使用插值法等方法进行处理。

异常值是指与大多数数据点显著不同的值，可能是数据输入错误或测量误差等原因导致的。可以通过绘制箱线图、直方图或使用 3σ 原则等方法来检测异常值。对于异常值，可以选择删除、替换为平均值或中位数，或根据业务逻辑进行修正。

对于重复数据，可以选择删除或合并重复记录，确保数据的唯一性。

3）数据转换与分组

根据分析需求，将数据转换为正确的数据类型，例如，将字符串转换为数字。对数据进行分组或分类，以便后续对组或类别进行建模分析。

4）校验与验证

使用数据验证工具或编写验证脚本来检查数据的完整性和一致性。对清洗后的数据进行校验，确保数据的准确性和可靠性。

5）数据归一化与标准化

对于存在不同量纲或单位的数据，可以使用最大—最小归一化、标准差归一化等方法将数据归一化。标准化处理可以确保数据在后续分析中具有可比性和可解释性。

第四，数据加工。

根据业务需求和风险模型，对存储的数据进行汇总、聚合、分析等处理操作，并生成相应的指标和报表，保证数据的及时性和有效性。

第五，数据分析。

利用统计学、机器学习等方法，对加工后的数据进行深入挖掘和建模，发现数据之间的规律和关系，并提供相应的洞察和建议，保证数据的价值性和创新性。

第六，数据应用。

将分析后的数据应用到业务场景中，例如，支持新型农业经营主体贷款的产品设计、风险评估、额度定价等，并持续评估和优化应用效果，保证数据的实用性和可持续性。

第七，数据销毁。

根据法律法规和业务规则，对过期或无用的数据进行删除或销毁，并记录相应的日志和证明，保证数据的合规性和安全性。

（2）特征工程

特征工程，是指用一系列工程化的方式从原始数据中筛选出更好的数据特征，以提升模型的训练效果。特征工程通常包括数据预处理、特征构造、特征选择等环节。

第一，数据预处理。

数据预处理是特征工程中最为重要的一个环节，良好的数据预处理可以使模型的训练达到事半功倍的效果。数据预处理主要包括以下内容：

1）量纲不同：即特征的单位不一样，数据值之间差距较大，不能够放在一起进行比较，需要进行无量纲化处理。

2）定性特征不能直接使用：某些机器学习算法和模型只能接受定量特征的输入，需要将定性特征转换为定量特征。

3）存在缺失值：由于信息暂时无法获取、数据因人为因素没有被记录、遗漏或丢失、有些对象的某个或某些属性是不可用的、数据采集设备的故障或传输媒体故障等原因造成数据的缺失，需要根据缺失比率进行删除或者利用平均值、众数等数值进行填充。

4）错误数据、重复数据等：对重复数据进行去重，对错误数据进行剔除等。

第二，特征构造。

在模型开发中，特征构造是极其关键的步骤，其作用是将分散在不同字段中的信息加以组合，从中提炼有价值的、可用的信息进行模型的开发，包括加总、比例、平均等方法进行衍生特征。

第三，特征选择。

不同的特征对模型的影响程度不同，要自动地选择出对问题重要的一些特征，移除与问题相关性不是很大的特征。特征筛选方法一般为。

1）根据新型经营主体的生产活动的业务经验，筛除与业务相悖的变量。

2）删除缺失率和单一属性占比过大的变量，一般超过 90% 的进行删除。

3）对于缺失率在 70%~90% 的变量可进行相关性分析后，如果存在高度相关特征，保留缺失较少的特征变量。

4）根据 IV 值进行特征筛选，删除 IV 值过大和过小的变量。

5）删除不同变量间存在非常高的相关性变量，保留一个变量。

6）多重共线性筛选特征，VIF>5 可能存在多重共线性，VIF>10 存在严重的多重共线性。

7）利用特征重要性，进行特征筛选。

（3）模型算法

逻辑回归也称作 logistic 回归分析，是一种广义的线性回归分析模型，属于机器学习中的监督学习。其推导过程与计算方式类似于回归的过程，但实际上主要是用来解决二分类问题。运用逻辑回归算法主要有以下优点：

1）训练速度较快，分类的时候，计算量仅仅和特征的数目相关。

2）简单易理解，模型的可解释性非常好，从特征的权重可以看到不同的特征对最后结果的影响。

3）适合二分类问题，不需要缩放输入特征。

第一，模型验证。

逻辑回归算法建模后，需要进行模型验证，模型验证是核实模型的区分能力、预测能力、稳定性、排序能力等指标是否合格，得出模型是否可以使用的结论，主要针对以下结果对模型效果进行评估。

第二，混淆矩阵。

一种常用的评估分类器性能的方法，它可以展示分类器对不同类别的预测结果和真实值之间的对应关系。

第三，KS。

可以反映模型的最优区分效果，此时所取的阈值一般作为定义好坏用户的最优阈值。KS 值越大，模型的预测准确性越好。KS 的取值范围是 [0，1]，一般，KS>0.2 即可认为模型有比较好的预测准确性。

第四，AUC。

评估分类模型的常用指标，AUC 的取值范围在 0 到 1 之间，通常来说，

AUC 的值位于 [0.5，1] 上，在 AUC>0.5 的情况下，AUC 的值越接近 1，就说明其诊断的效果越好。

第五，PSI 值。

主要考察了模型预测结果的稳定性，通过对建模样本和监控样本中客户的评分或评级分布的比较来判断模型预测结果的稳定性。系统稳定性指数越小，越稳定，表明监控样本的分数的分布情况和建模样本中的情况越相似，可以预期模型在监控样本中的性能表现和建模样本中的性能表现会很接近。

2. AI 技术

在自动化审批中的应用主要是为了提高决策效率，减少人工错误，并确保决策的一致性和公正性。

3. 分布式技术

分布式存储，提高数据存储的可靠性和可用性，确保重要数据不会因单点故障而丢失。

4. 卫星遥感技术

在农作物监测方面，使用卫星遥感技术监测农作物的生长情况，帮助银行更好地评估借款人的还款能力。

在灾害预警方面，提前预警自然灾害，减少农业信贷风险。

（三）建设与实施

1. 指标建设与评估

基于数据覆盖度、数据质量等建设指标库，并对指标进行建设与评估，通过 WOE、IV、Pearson Correlation Coefficient、Spearman 等级相关系数等方法对金融信贷产品指标进行建设与评估。

2. 联合建模

基于指标库，选择逻辑回归、随机森林、XG-Boost、决策树等算法对模型进行多次调参与训练，建设最优模型。

3. 专家评审

银行方和项目方的有关专家根据模型的结果进行多轮联合评审，确定最终的上线的模型。

4. 部署上线

项目方的技术人员和银行方进行沟通协调，协助银行方的产品部署上线。

5. 运营监测

持续监测模型上线后的效果，并定期对模型进行更新、迭代与优化。

三、技术或业务创新点

（一）在农贷产品建设层面

成熟的新型农业经营主体农贷产品，从该产品如何立项，涉及的数据、模型及表现，金融机构内部各个部门在产品建设中的职责，金融机构各个部门在产品建设中工作内容、关键节点、项目交付物、需要投入的资源等，神州数码对这些问题提供一站式陪伴服务。产品对应的成熟的配套、成熟的流程满足金融机构高效、高质量、低成本的快速上线。

（二）在数据层面

目前，三农数据还处于初级阶段，存在很多问题，如关键字段缺失、关联匹配性差、数据质量低等。首先，对原始数据进行质检，对运用数据的及时性、关联性、唯一性、规范性、准确性、逻辑性、完整性等方面检查三农原始数据质量，并对数据质量检验规则进行标准化和通用化，形成上百条数据质检规则，并以此质检规则能检查出大部分三农原始数据存在的数据质量问题。其次，质检完成后对出现质量问题的三农数据运用插值法、前后值填充法、离群点检测法、标准化/归一化法、文本清理法等对数据进行处理，并对数据治理规则进行标准化、通用化，实现金融机构“拿来即用”。

（三）在模型层面

通过对多种农业数据的业务积累沉淀、技术沉淀等，建立了一套适用于三农普惠金融产品的指标变量库，同时该指标变量库也得到数据的检验，是有效的。该指标变量库中列明每个指标变量来源于哪些三农系统及其准确性、覆盖度、WOE、IV、权威性、加工逻辑、更新频率等，供金融机构使用。

（四）在应用层面

1. 通用普适性农贷示范产品

本项目给金融机构提供了一个通用的普适性标准化的农贷创新产品，给农贷产品建设信心不足或者想要试点农贷产品的金融机构提供了一个非常好的思路。

2. 高效审批

全流程线上化审批，降低客户经理尽调数据在风控中的比重，且简化客户经理是实地尽调流程，使得信贷审批流程更加自动化，大大减少从涉农主体申请到放款的审批时间，减少了人工干预，提高了整体效率。

3. 精准获客

利用大数据模型精准筛选优质新型经营主体，构建高效白名单助力营销获客。依托三农数据的独特优势，为银行提供可靠信息源，确保数据质量上乘。通过实施高效低成本的批量营销策略，显著降低运营成本，同时有效提升资产质量，实现双赢。

4. 农业大数据多维交叉风险评估

农业种养殖经营数据、农业基础数据、农业补贴数据等交叉检验客户种植真实性、种植规模准确性、经营持续性等，能进一步降低客户信用风险水平。

5. 提高金融服务覆盖度

银行可以更好地触达涉农主体，扩大服务范围，提高金融服务的普及率，实现农户普惠信贷从量到质的跨越。

6. 数据融合与联合模型

集成三农数据、基础数据以及工商、司法、征信等数据，将多维、海量数据进行融合，构建新型农业经营主体指标体系，建立大数据风控模型，以数据驱动决策，让银行风控更加地智能化，能够识别出更为细致和全面的风险信号，帮助银行更有效地管理信用风险。

数据驱动决策是本次项目的核心理念。通过机器学习算法深入挖掘数据间的关联性和规律性，实现对新型农业经营主体信用风险的精准预测。这一模型能够识别出更为细致和全面的风险信号，帮助银行在贷前审批、贷后管理等多个环节做出更加明智的决策，从而更有效地管理信用风险，降低不良贷款率，提升整体资产质量。

四、应用与成效

（一）应用实效

表 1　应用案例

应用企业名称	应用需求	应用场景	应用成效
某国有大型商业银行	农村地区信用体系普遍不完善，大部分农户缺乏征信记录。交通银行创新涉农金融服务，破解新型农业经营主体融资难题	本项目以新型农业经营主体数据系统搭建、信用评价体系构建、标准化产品开发应用等为主要目标，通过提供更为精准的客户画像和丰富的应用场景，提高金融机构在农村地区市场环境下的金融服务能力，为广大农户提供门槛低、手续简、利率优、随心用的科技金融支农产品，打通了金融产品直达农户的“最后一公里”	本项目放款金额5亿多元，放款件均30多万元，综合年化利率4%~6%，不良风险表现1%以下
某国有大型商业银行	金融是全面推进乡村振兴、加快农业农村现代化的重要支撑。中国邮政储蓄银行江苏省分行将70%的营业网点设置在县域及以下地区，主动下沉扎根农村，创新农贷产品形态，以主动授信方便农户、新型农业经营主体贷款，探索出了金融服务乡村振兴的特色路径	本项目是面向农户、新型农业经营主体的线上贷款产品，以涉农主体线上“大数据”为依托，发掘农户信用资源，实现征信自动查询，发挥征信赋能作用，当场显示预审批额度，直接线上完成贷款审批。满足涉农主体生产经营和改善居住环境的融资需求	本项目放款金额100多亿元，放款件均28万元左右，综合年化利率4.5%，不良风险表现0.7%左右

续表

应用企业名称	应用需求	应用场景	应用成效
某城市商业银行	农村金融服务是我国金融服务体系中较为薄弱的环节，还存在待填补空白。为此，需要推出具有农村特色的涉农金融产品和服务，才能较好弥补现有短板	本银行结合实际业务，选择在“三农”细分赛道发力，以打造特色业务为突破口，走“小而美”“小而专”发展路线。为解决涉农主体“贷款难、贷款贵、用款急”问题，该行推出涉农贷款特色产品	本项目放款金额17亿多元，放款件均18万元左右，综合年化利率4%~6%，不良风险表现1%以下
某民营银行	需要抓住农业农村数字化机遇，成为农村金融的一名探索者，发挥自己的科技特长，让农村的每一部手机都成为一个银行网点	为更好地服务三农，解决生产端农户贷款难的问题。银行积极探索通过卫星遥感技术结合AI模型算法获取可信动态数据，并创造性地将识别结果应用到涉农信用贷款模型中	本项目放款金额500多亿元，放款件均5万元左右，年化利率7%~12%，不良风险表现2%以下

（二）项目示范性

本项目汇聚内外部数据及涉农数据、优化线上化作业能力以及数智化赋能，可以实现快速复制，完全具有行业示范性和可推广性，项目已在多家银行取得较好反响，接下来我们会以该项目为标杆向全国各省其他银行进行洽谈，积极推广新型农业经营主体金融服务产品，为各地区的新型农业经营主体提供便捷、优质的金融服务。

我国拥有2亿农户，7亿农民，几百万的新型农业经营主体，用款需求极其广阔，且目前金融覆盖程度远远不够，后续市场非常可观。此外，我国拥有银行金融机构4400余家，其中大部分都有做农贷的想法与意愿，但是目前基本都缺乏相关的技术与产品能力的支撑。本项目给这些银行金融机构提供了一个非常好的思路和解决方案，目前我们已经在全国几十家金融机构都有实际落地，基本涵盖了国有大行、城商行、农商行、农信社，民营银行、股份制银行等各类金融机构，且运营效果良好。通过本项目既可以为我们乡村振兴事业带来巨大的支持与促进作用，又可以为广大老百姓带来真正的帮助与实惠，同时银行金融机构也可以有效地控制风险与费用，赚取合理的利润，让业务稳定可持续地发展，共同打造多赢的局面。

五、未来发展

（一）农业数据建设方面

采用先进的传感器、无人机、卫星遥感等技术手段，提高农业数据采集的精度和效率；制定统一的农业数据采集、处理、存储标准，促进农业数据的互联互通；加强农业数据质量管理；加大对农村地区网络基础设施的投资，改善通信条件，支持农业数据的实时传输；建立农业大数据示范基地，展示成功案例，推广经验做法，鼓励更多地区参与到农业数据建设中来。

（二）农业数据应用方面

政府出台相应政策支持农业数据应用的发展，比如，提供资金支持、税收减免等激励措施；鼓励政府、企业、科研机构和社会组织等多方面的合作，共同推进农业数据的应用与发展；构建数据安全保障机制，采用加密技术、访问控制等手段保护数据安全，同时加强对数据隐私的保护。通过对数据质量的监控和更新，确保大数据的准确性、完整性和及时性。持续收集、更新和整理农业生产、市场行情、借贷信息等相关数据，以保证风险评估和决策的可靠性。通过算法和模型优化，不断改进和优化风险评估模型和算法。通过深度学习、机器学习等技术，提升对农户信用、还款能力等关键指标的预测精度，降低风险管理成本和风险控制的错误率。

（三）农业普惠金融信贷产品建设与落地方面

期望借助此项目，让银行在农贷产品建设与创新方面有新的思路和启发；创新担保方式，开发新的担保形式，如农业保险、土地流转权质押等，减少对传统抵押品的依赖；强化风控能力，利用金融科技，加强数据积累，提升风险评估模型的准确性，建立农业风险预警机制，及时发现并应对潜在风险。

（四）技术应用与创新方面

将隐私计算技术、边缘计算技术、低代码开发等应用在农业普惠信贷场景，在安全合规保护数据隐私的情况下，实现实时数据分析，为农户提供即时的信贷决策支持，同时实现银行快速开发和部署新的农业普惠金融信贷产品和服务，缩短上线时间。

深圳市小赢科技有限责任公司

强化金融科技创新应用，构建数字化金融生态

——小赢科技护航中小微企业行稳致远

一、引言

中央金融工作会议明确提出做好科技金融、绿色金融、普惠金融、养老金融、数字金融五篇大文章，为未来金融加大力度支持实体经济的重点领域指明了方向。推动金融服务实体经济、使更多金融资源用于促进小微企业和个体工商户发展，是广大金融机构义不容辞的责任和使命，实体经济和小微经营主体是经济社会发展的重要基础，需要得到金融资源的有效支持和精准滴灌。但在此前的相当长一段时期中，中国针对作为实体经济的个人和小微企业的普惠金融服务一直存在不足。借助科技力量提升金融服务体系，通过金融服务为更多中小微企业提供有效的金融解决办法，给他们以理想前行的力量，最终通过金融这个载体，提升整个社会的福利，这正是小赢科技的企业目标。

十年来，小赢科技紧跟政策导向，积极利用自身的科技优势，为自己稳中求进的总发展路线提供了坚实的基础。通过充分发挥自身的“纽带作用”，小赢科技成为实体经济与金融机构的“连接器”。截至 2024 年 6 月底，与小赢科技合作的金融机构近 90 家。凭借科技立身的小赢科技，通过自主研发以智能科技为特性的新一代科技体系，持续为用户和机构提供更高效、更便捷、更安全的科技服务。

二、项目方案

科技创新是发展新质生产力的核心要素，科技金融作为中央金融工作会议提出的“五篇大文章”的首篇，是赋能新质生产力发展的“活水”，是推动新质生产力发展的内在要求和重要支撑。

小赢科技依托领先的智能科技优势及系统治理能力，自主研发 WinSAFE 智赢体系。WinSAFE 智赢体系涵盖智赢增长系统、智赢风控系统、智赢资管系统、智赢客服系统、智赢贷后系统，打造具备高自控性、高敏捷性、完备且精细运作的全链路数字化能力。

针对安全科技，小赢科技通过构建 360° 闭环应用安全防护屏障，多方位、全链路地保障应用系统及数据的安全，为用户及合作伙伴提供安全稳定的服务。其下囊括用户数据保护、安全平台能力、精准情报平台、应急响应中心、用户隐私安全五大功能板块。

与此同时，在 AI 科技方面，小赢科技通过深度融合人工智能技术（如 AI 语音技术、自然语言处理、图像识别等），夯实核心科技筑牢智能化转型底座，提升金融服务实体经济的效能。

此外，小赢科技亦始终将消费者权益保护工作置于自身发展的重要位置：成立“消费者权益保护”工作领导小组，将消费者权益保护纳入公司治理，贯彻落实到公司业务流程的各环节……小赢科技运用 AI 技术成功打造了具有防欺诈防黑产、筑牢数据安全、高效服务客户、创新科技赋能、践行用户消保教育五大功能的“五位一体”WinPROT 赢护体系。据悉，这一体系实现了对平台上潜在诈骗行为的全流程、多节点用户提醒劝阻和智能拦截，大幅提升了事前欺诈识别率和应对效率，有效保障了消费者的资金安全。

创新技术及具体实施方案：

小赢科技坚持以科技创新打造数智化发展，自主研发以智能科技为特性的新一代科技体系，为用户和机构提供更高效、更便捷、更安全的科技服务。

（一）智能科技——WinSAFE 智赢体系

在智能科技方面，小赢科技创新推出自研 WinSAFE 智赢体系——智赢增长系统、智赢风控系统、智赢资管系统、智赢客服系统、智赢贷后系统。能解决多样化的金融服务需求，也能为金融机构提供从风控、营销到资产管理等多功能的深度服务，通过构建起行业高效的金融服务生态，助推小赢科技自身与行业的高质量发展。

• 智赢增长系统

智赢增长系统覆盖获客及用户全生命周期，以智能科技为先导，稳步提升获客能力和运营效率。

客户预筛及管理：风险预筛选、渠道特征分析、基础画像构建及画像增益、响应模型、注册模型、授信模型、生命周期管理、管理促活模型。

智能数仓：用户标签、用户分类、维度宽表、业务指标、合规三方数据合作伙伴、数据面板可视化、核心指标配置化。

【自主获客】多形式的生态覆盖：APP、微信、官网、小程序等。

【合作获客】深耕多种获客渠道，合作场景涉及垂直互联网巨头场景营销合作、通信运营商、手机厂商等多个领域，搭建全面的开放获客通道。

【精准营销】前置 + 场景建模策略，针对海量互联网用户进行精细化分层、精准定向，实施多方位精准营销。例如，信息流投放、应用市场投放、搜索类媒体投放等。

【智能运营】对用户进行全生命周期系统运营管理，借助模型系统持续提升运营效率。例如，运营自动化（全生命周期营销覆盖每月上千级别策略）、智能促活（每日模型百万级数据筛选，每月千万级触达）、智能营销（借助 AI 大数据驱动效能提升，每月百万次的高效营销）。

• 智赢风控系统

智赢风控系统综合利用人工智能、知识图谱、前沿算法、数据分析等技术，立足信贷全流程，构建风控策略智能化的一站式平台，多场景赋能业务发展。实现信贷决策全自动化、风险控制实时高效、业务拓展敏捷灵活。

【贷前】

反欺诈识别（实名认证、黑名单管理、群体欺诈防范）；

信用风险管控（风险模型、用户价值模型）。

【贷中】

客户生命周期管理（贷中风险管理、营销响应模型）。

【贷后】

贷后管理（智能外呼、语音交互、AI 质检）。

【风控核心系统】

数据平台（知识图谱、海量数据维度、征信系统）；

模型平台（应用场景全覆盖、隐马尔科夫模型的地址译码、DeepFM 模型的稀疏行为变量提取、基于高斯过程的贝叶斯调参、分布式计算框架）。

特征平台（特征实时计算、特征衍生加工）；

策略全生命周期管理（通用型决策解决方案、高度可视化和复杂决策编排）；

监控平台（多重数据维度、多重监测频率、异常警告、灾备支持）；

• 智赢资管系统

智赢资管系统具备千亿级多类型资金资产运营能力，高效、精准、灵活、稳定。

【高效的资金资产接入能力】

支持丰富的机构资金类型：银行、消金、信托、小贷等；

高效的资金对接能力：全交互流程可视化编排、交互节点可视化配置；

敏锐的异常监控能力：全交互节点实时监控，自动对账告警。

【信贷全链路精细运营能力】

信贷产品要素标准化：支持灵活定义全流程产品要素；

信贷全链路运营支撑：全链路跟踪、监控及可视化精细管理。

【稳定可靠的支付路由能力】

聚合能力：快捷接入多渠道支付，灵活支撑多业务形态；

智能路由：综合支付渠道的能力，通过智能路由，实现支付稳定性与成本最优解。

• 智赢客服系统

智能客服全渠道、高智能化满足信贷用户服务需求，专业、高效、贴心，提升用户服务满意度。

【智慧化服务】

人工智能 AI（LLM）可解决 95% 以上的 FAQ 问题。

语义理解、意图识别、多轮交互、深度学习；声纹识别、OCR、情绪识别。

【精细化运营】

智能路由：分为业务咨询、情绪与服务；

业务咨询：技能区分、熟客优先、空闲优先、智能小结、智能辅助；

情绪与服务：建议意见——高级客服工作台。

• 智赢贷后系统

智赢贷后系统以合规为准绳，以AI技术与系统能力为驱动，运营效率持续保持领先。

【智能风控分案策略引擎】

安全管控（角色和权限管控、敏感信息加密存储、业务数据安全隔离）；

贷后管控（自动分案、系统工单、停拨）。

【合规系统】

使用银行级贷后管理体系及制度控制体系；

在自研贷后系统中，设置安全管控板块，严格保护用户隐私安全。

（二）安全科技——全面的信息安全管理体系

小赢科技构建360°闭环应用安全防护屏障，多方位、全链路地保障应用系统及数据的安全，为用户及合作伙伴提供安全稳定的服务。

【信息安全管理委员会】

构建决策、管理、执行、监督四位一体的组织架构，持续加强安全科技的顶层设计，形成了良好的数据管理运营机制，共同保障客户数据安全，确保信息安全管理要求有效落地。

【规范全面的信息安全管理制度】

严格遵循《中华人民共和国数据安全法》《中华人民共和国个人信息保护法》《金融数据安全数据生命周期安全规范》等法律法规和监管指引，依据ISO27001认证、ISO27701认证标准建立健全信息安全管理与隐私保护，制定公司《信息安全与隐私保护管理手册》《数据安全管理制度》《数据分类分级管理办法》《安全事件紧急响应规范》等25项信息安全管理制度，强化信息系统数据安全策略与管理流程。

• 安全科技——深海安全防御体系

小赢科技深海安全防御体系，通过自主技术创新，实现网络、系统、终端行为的实时关联分析，构建网络威胁实时检测、系统安全风险主动管控能力，增强检测及防御能力，为用户及合作伙伴提供安全稳定的服务。

【用户数据保护】多重身份认证 + 数据分类分级管理，充分保障用户数据安全。

【安全平台能力】全线上化漏洞识别与修复管理 + 安全指标量化，高效、持续地提高全线应用站点及数据的安全性。

【精准情报平台】对各类信息安全威胁进行精准高效的感知分析及毫秒级响应处置。

【应急响应中心】利用安全 SRC，实现对新型安全漏洞的主动管控与应对，遏制漏洞安全风险。

【用户隐私安全】在数据收集、传输、储存、应用和终端控制等各环节采取高效严格的隐私安全保护技术，保障用户隐私安全。

（三）AI 科技

小赢科技深度融合人工智能技术，夯实核心科技筑牢智能化转型底座，提升金融服务实体经济的效能。

【AI 语音技术】应用于语音机器人、智能质检等智能环节。

声纹检测：判断多段语音是否来自同一个自然人，识别率高达 97%；

情绪检测：判断一段语音的情绪；

TTS：将一段多语种文本转化为人声。

【图像识别】应用于图片敏感信息脱敏、用户身份识别确认。

OCR：常见证件、截图、自然照片场景文字识别；

人脸识别：检测面部五官、轮廓关键点。

【自然语言处理】应用于客服机器人、文本和图片敏感信息脱敏。

意图识别：识别对方的意图，目前暂时只支持中文；

文本分类：利用文本聚类和规则，构造文本集合的意图分类；

特征抽取：抽取文本中的特定信息。

三、项目创新点

作为立国之本和建设基础，实体经济犹如车轮，推动大国稳步前行。但实体经济亦像农田，金融资源的灌溉不可或缺。长期以来，囿于多重因素，小微企业、个体工商户等实体经济的重要构成者，未能从金融机构处得到平等、充分的服务。如何在金融机构与实体经济的薄弱环节之间架起桥梁，这是小赢科技自成立之初便在思考的问题。小赢科技创建了 WinSAFE 智赢风控体系，用智能决策引擎、数据引擎、反欺诈模型、信用模型等一系列紧密咬合的“零件”，组成彼此数据流相通、互相牵制的精密体系，在确保安全性和运营效率的基础上，大大提升了用户体验。

小赢科技以自身独特的大数据风控模型为基础，构建起了一系列与中小微企业等实体经济金融服务相关的运行模式，为更多中小微企业提供有效的金融解决办法。

街边小店店主、菜市场的摊主、城市务工人员……通过数字技术，小赢科技逐步帮助这些微弱群体得到平等、便捷的金融服务，最终成为个人、小微企业主、个体户的“理想助力者”。

2021 年，小赢科技推出“微光计划”，以提升小微企业主在金融服务中的可获得性和便利性，支持实体经济稳步前进。2022 年，小赢科技推出赢新计划，进一步扩大了服务范围。2023 年，小赢科技启动“城市之光”助力计划，为每一位怀揣梦想的小微企业主和个体工商户、新市民群体提供优质的金融服务。

四、项目风险防控措施

小赢科技采用自主研发的 WinSAFE 智赢风控体系，系统立足信贷全流程，采用动态内核系统，实现决策全自动化、风险控制实时高效、业务拓展敏捷灵活。

小赢科技的风险控制模式具有强闭环、精准筛选、创新欺诈验证，便捷迅速等特点。业务均投向用户本人，根据用户个人、运营商信息核实等实现业务和信息的强闭环。此外，小赢科技通过技术手段规避非本人欺诈申请，并通过多维度标记系统等信息挖掘规避集中欺诈行为。根据用户多维度信息深度评估用户能力，结合机器学习与传统建模手段，保证模型精准贴合业务场景。

随着金融行业的数智化发展加速，金融消保工作涉及面越来越广，做好多方协调增效是当前发展趋势的必然。

小赢科技倾听用户所需，不断推陈出新消费者权益保护体系，借助自身强大的科技实力，成功打造了具有防欺诈防黑产、筑牢数据安全、高效服务客户、创新科技赋能、践行用户消保教育五大功能的“五位一体”WinPROT赢护体系。这一体系以小赢科技自主研发的风控技术为支撑，实现了对平台上潜在的诈骗行为的全流程、多节点用户提醒劝阻和智能拦截，大幅提升了事前欺诈识别率和应对效率，有效保障了消费者资金安全。同时，不仅在维护自身用户权益基础上开展消费者权益保护工作，还积极向大众宣传消费者权益保护知识。

五、技术实现特点

小赢科技专注小微信贷资产运营，高效金融科技服务解决方案。围绕金融机构数字化转型的痛点，通过科技赋能金融，为金融机构提供高效、可靠的技术产品与解决方案，助力金融机构数字化转型。

- WinSAFE 智赢风控体系的数据模型

数据建模是指运用数据挖掘和统计分析等方法，将客户的大量历史数据转化成可衡量指标以量化客户的风险和价值。评分模型可清楚地呈现客户违约概率及风险排序，评定客户的未来表现，例如，未来一年出现违约的概率、接受营销的概率、催收响应的概率等。在 WinSAFE 智赢风控体系中，其核心的数据模型可以应用于整个信贷周期，包括贷前（精准营销等）、贷中（交叉销售、信用额度调整等）、贷后（策略等）。

实际上，作为小赢科技智赢风控体系下内核之一的“数据引擎”，已经可实现贷款用户资料的便捷提交，并实现瞬间与多达数十个数据源交叉验证，运用 AI 技术，从多方面确保本人真实申请。除 AI 技术的使用外，小赢科技的信贷决策还大量使用逻辑回归模型和机器学习模型，在整个信贷的全周期管理中同时使用数百个各类模型做信贷决策，组成彼此数据流相通、互相牵制的精密体系，在确保安全性和运营效率的基础上，大大提升了用户体验，并且能够大大降低贷后管理和信用风险跟踪评估成本。实际上，通过相应的数据也可以显示出，经过人工智能优化后的信用评分模型，表现是十分卓越的。

六、项目运营情况及过程管理

（一）项目运营情况

自成立伊始，小赢科技便将合规镌刻进发展基因，这也是其在行业变革持续的十年间得以行稳致远的关键。小赢科技始终重视探索和应用新技术，将自身金融科技能力与资金方的优势结合，不断加大科技投入，结合大数据、深度学习等技术打造出多个智能业务平台，保障金融产品的严谨性、稳定性。小赢科技通过全流程风险控制能力及多样化的增长理念和方法论，可以为金融机构提供高效、可靠的技术产品与解决方案。

央行发布的《金融科技发展规划（2022—2025 年）》指出，金融科技应做到“数字驱动、智慧为民、绿色低碳、公平普惠”。毫无疑问，小赢科技的发展理念正与此契合。在践行“为人民服务”的历程中，小赢科技已经发展成为一家具有社会责任、具有创新精神的金融科技企业。顺应时代潮流、展现企业担当、汇聚向善力量，这是小赢科技得以行稳致远的关键。

（二）过程管理

一是贷前风险甄别。贷前风险甄别是风控全流程的第一护盾，小赢科技风险控制模式具有强闭环、精准筛选、便捷迅速等特点。在客户预筛阶段，使用精准的营销模型策略体系，进行风险预筛选。搭建的多场景前置风控体系，大幅度提高了风险概率测算的准确性。

二是贷中风险管控。贷中风险管控是保证资产优质必不可少的一步。通过额度管控，降低坏账率。伴随用户的信用健康发展成长，持续完善用户的数据安全和资金安全，降低贷中运营风险。

三是贷后精准管控。贷后管理是信贷业务的最终环节，也是重要环节，其重要性不言而喻。良好的贷后管理可以有效控制风险，防止不良贷款的发生，而合规亦是小赢科技一直以来坚持的底线。小赢科技根据数据库进行智能模型搭建，据此开展更加精细化的分案策略与触达时机策略，在提升管理效率的同时，也保证了管理的效果。

七、项目成效

作为行业领先的金融科技平台，小赢科技成立十年来，一直紧贴政策导向，持续赋能助力小微企业等群体，推出了一系列助力计划，为小微企业、个体户以及新市民提供全面的融资服务与支持。

小赢科技以科学技术和服务小微为核心，以强大的风控能力、运营能力、服务能力为支撑，携手各类金融机构，使得小微企业、个体工商户以及新市民等群体，通过数字技术，享受到了便捷、平等而有善意的金融服务。小赢科技倾听市场需求，精耕细作，逐步迭代自身技术，成为实体经济的“理想助力者”。

2021 年，小赢科技推出“微光计划”，以提升小微企业主在金融服务中的可获得性和便利性，支持实体经济稳步前进。2022 年，小赢科技推出赢新计划，进一步扩大了服务范围。2023 年，小赢科技启动“城市之光”助力计划，为每一位怀揣梦想的小微企业主和个体工商户、新市民群体提供优质的金融服务。

小赢科技始终重视探索和应用新技术，将自身金融科技能力与资金方的优势结合，不断加大科技投入，结合大数据、深度学习等技术打造出多个智能业务平台，保障金融产品的严谨性、稳定性。小赢科技通过全流程风险控制能力及多样化的增长理念和方法论，可以为金融机构提供高效、可靠的技术产品与解决方案。截至目前，小赢科技已服务金融机构近 90 家。

数据显示，2020 年 1 月至 2024 年 6 月底，小赢科技服务小微企业主和个体工商户超 710 万件，服务覆盖全国 31 个省、直辖市、自治区。2022 年 1 月至 2024 年 6 月底，小赢科技服务的借款用户中 50% 为新市民群体。

八、经验总结

要做好实体经济与银行业金融机构的连接，势必需要强大的技术后盾。在零售信贷流程中，需要大量准确的数据与合适的模型。因为中国人口的先天优势，中国的金融科技企业可以拥有庞大的数据量。但与此同时，庞大的数据量和与之相关的用户行为多元及外部数据的不断变化，也使得金融科技企业必须进行更快且更准确的迭代更新，不断通过人工智能技术和其他一系列反欺诈模型来解决欺诈问题。正是源于小赢科技自身强大的大数据风控能力及强大的数据处理能力，才能够使得其可以将一系列多维度数据经过清洗和结构化处理，提供给信贷决策和分析使用，将其服务速度最快提升至分钟级。

此外，如何落实“为民”理念，让金融消保工作更有温度也是未来关注的重点。小赢科技的实践主要聚焦在三方面。一是以重大节点为抓手，以公司网站、客户端以及公众号等为载体，开展线上线下相结合的常态化宣教工作。二是结合自身的科技优势，搭建“人工 +AI”相结合的全天候智能客服体系，以可靠的技术产品与解决方案，提升用户服务质效，让服务更有温度。三是不断进行产品创新，为更多金融消费者提供更为贴心的服务。

九、项目展望

我国经济已由高速增长阶段转向高质量发展阶段，正处在转变发展方式、优化经济结构、转换增长动力的攻关期，只有完成高质量发展这一首要任务，才能为全面建设社会主义现代化国家奠定坚实基础。

金融有效实现了资金资源的跨期配置优化，可引导资金资源更多流向实体经济所需之处；从整体视角来看，金融是实体经济的血脉，实体经济是金融的根基，两者共生共荣，彼此相互作用、相互强化，并在这种交互影响中实现良性循环。

2023 年中央金融工作会议提出做好科技金融、绿色金融、普惠金融、养老金融、数字金融五篇大文章，指明了金融支持经济高质量发展的发力点，明确了经济金融结构优化的方向。当金融与实体经济相遇，延伸出诸多不同金融领域，如科技金融、绿色金融等，这些领域成为各自服务领域中企业的“成长密码”。

未来，小赢科技将继续稳扎稳打，用自身的科技实力对市场进行深入解析，持续夯实基本盘。以合规发展稳健运营为主基调，以市场为依托，以用户满意度为标准，持续完善自身体系。栉风沐雨十年如一日，小赢科技不忘初心，将与更多金融机构携手并肩，为实体经济赋能，推动新质生产力实现高质量发展。

3

第三部分

非银金融机构篇

中国太平洋财产保险股份有限公司

扫码查看 数据表格

“太保 e 农险 – 慧眼 · 智远”
赋能农业风险减量

一、引言

（一）项目背景

都说农业是“靠天吃饭”，从全国范围来看，我国的自然灾害形式愈加复杂严峻，洪涝、干旱、台风等重大灾害频发，冻灾、林木草原火灾等也时有发生。2023 年，受各种自然灾害影响，全国农作物受灾面积 10539.3 千公顷，造成的直接经济损失 3454.5 亿元，给农业生产、农民收入稳定造成严重影响。近年来国家也陆续出台重要文件，对强化农业防灾减灾能力建设提出要求。2023 年中央一号文件提出要“强化农业防灾减灾能力建设”；财政部等四部委联合印发的《关于加快农业保险高质量发展的指导意见》（财金〔2019〕102 号）指出，要“将农业保险纳入农业灾害事故防范救助体系，充分发挥保险在事前风险预防、事中风险控制、事后理赔服务等方面的功能作用”；原银保监会印发《关于财产保险业积极开展风险减量服务的意见》（银保监办〔2023〕7 号）指出，要“加快发展财险业风险减量服务，提高防灾减灾救灾能力”。因此，农业保险除了发挥其“灾后损失补偿、提高灾后恢复生产能力”这些基本的保险功能以外，如何更好地发挥风险防范作用、服务农业风险减量、为农业灾害事故防范体系构建发挥重要作用，成为社会交给保险业的问卷。

（二）项目目标

近年来，随着卫星遥感技术在农业保险承保理赔作业过程中的普及应用，科技服务在保险承保标的面积确认、损失面积确定等方面的成效得到社会普遍认可。如何降低遥感技术应用门槛，进一步提升遥感技术在大尺度空间的作业服务，同时融合农业知识库及时进行风险预警，帮助农户及时采取防治措施降低损失，也成为保险服务行业普遍关注的问题。中国太平洋财产保险股份有限公司（以下简称“太保产险”）发挥创新优势，将人工智能技术与遥感技术相结合，于2023年依托“太保e农险”[①] 数字运营服务体系推出了“慧眼·智远”风险管理服务平台，可提供作物长势常态化监测、智能遥感估损、定损等全流程风险管理服务，通过科技赋能为农业保险客户、地方政府农业主管单位等提供“防、减、救、赔”一体化的风险减量服务体系，助力农业保险服务乡村振兴、服务国家粮食安全战略实施。

二、项目方案

（一）业务方案

“慧眼·智远”平台围绕种植业保险精准承保、作物生长周期内的灾害预警和防灾减损，以及发生灾害后的高效理赔等主要服务需求，打造“耕地识别、作物识别、长势监测”模型核心能力，提供作物常态化监测、遥感估损、遥感估产、地面查勘APP四项主要功能，对于主粮作物从苗期到成熟期全生产流程进行生长监测，以科技新质生产力助力农业风险减量、农业保险精准承保理赔。

1. 常态化监测服务

提供农作物常态化监测服务，用户可以在平台直接创建监测任务，平台首先实现对于农田位置、作物种类空间分布的自动识别，基于识别农作物的结果，系统从苗期开始每八天一次对农作物进行长势监测，当与标准长势曲线相比出现长势较弱情况，系统可结合平台中作物生育期数据、气象数据、作物知识库，自动分析长势较弱原因和农技措施建议。

---

① 太保e农险：由太保产险于2015年，联合中国农科院研发打造出的数字运营管理服务体系，旨在通过科技赋能来提升农业保险服务质效。太保产险每年迭代升级“太保e农险”版本并面向社会发布，2024年8月于山东省日照市发布了十周年新版本。

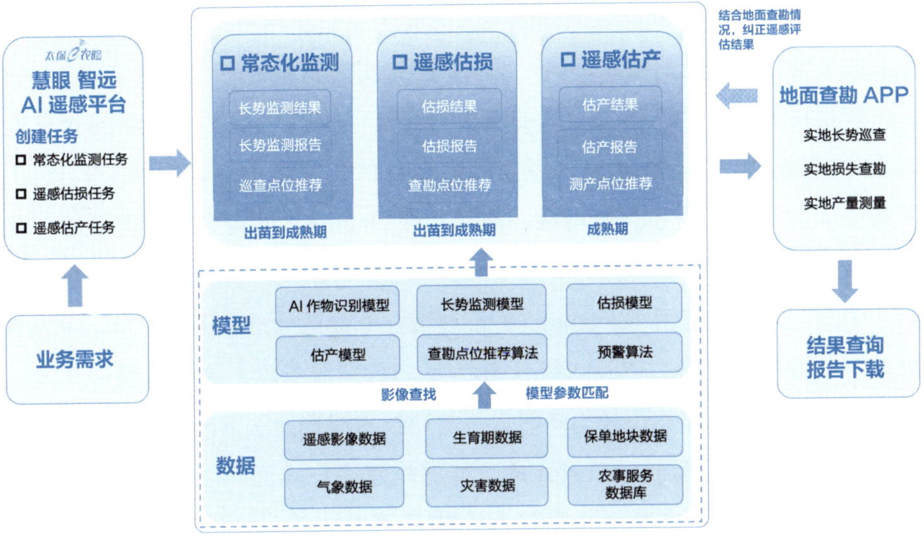

图 1 "慧眼·智远"平台服务流程图示

2. 遥感估损

当发生自然灾害，系统在接收到估损任务时，通过遥感估损模型进行损失自动评估，快速了解监测范围内农作物损失程度、损失面积，极大提升农业保险理赔效率，及时帮助农户灾后生产恢复，充分发挥农业保险事后补偿功能。

3. 遥感估产

通过农作物估产模型，可实现对主粮作物的动态产量评估，不仅能够实现对于收入保险的理赔评估，同时也是确保粮食安全的关键环节，有助于实现粮食生产的稳定发展和有效管理。

4. 地面巡查 APP

遥感估损和估产服务是基于平台自动分析的估损和估产的初步结果，但由于农作物损失和产量形成的复杂性，系统支持根据地面巡查结果进行估损和估产模型的自动化交互调整，提升大面积农作物估损和估产的精准度。通过地面巡查 APP，可实现巡查任务自动推送，提醒相关人员、农户及时进行地面查勘，采取相应的防灾救灾措施。

（二）技术方案

遥感应用平台是一个综合系统，它通过集成多种先进技术来提供遥感数据的监测、估损、估产以及数据标准化服务。平台后端采用 Java 语言开发，利用其跨平台和高性能的特点，确保了系统的稳定性和扩展性。

数据库方面，系统采用了 TDSQL，它是一个高性能、高可用的分布式数据库解决方案，能够处理大规模的数据存储和复杂的查询操作。TDSQL 具备强大的容灾能力和高可用性，并且兼容 Oracle，使得数据管理更加高效和安全。

中间件方面，使用了 Redis 进行高速缓存和会话管理，RabbitMQ 作为消息队列处理异步任务，以及 Nginx 作为反向代理服务器，这些中间件共同提高了平台的响应速度和负载均衡能力。前端技术栈选择了 React，这是一个声明式的、高效的前端 JavaScript 库，能够构建用户界面。GIS 前端框架则采用了 OpenLayers，它是一个功能强大的开源 JavaScript 地图库，支持各种 GIS 操作和地图渲染。

数据服务方面，使用 Python 进行开发，Python 的灵活性和丰富的库支持使得数据处理变得简单高效。核心的 GIS 数据处理包 GDAL 被用于支持 TIFF 数据的坐标校验、命名校验和类型校验，确保数据的准确性和一致性。此外，平台还支持 PNG 格式的切片和 Lerc 格式的切片，以适应不同的数据展示和分发需求。

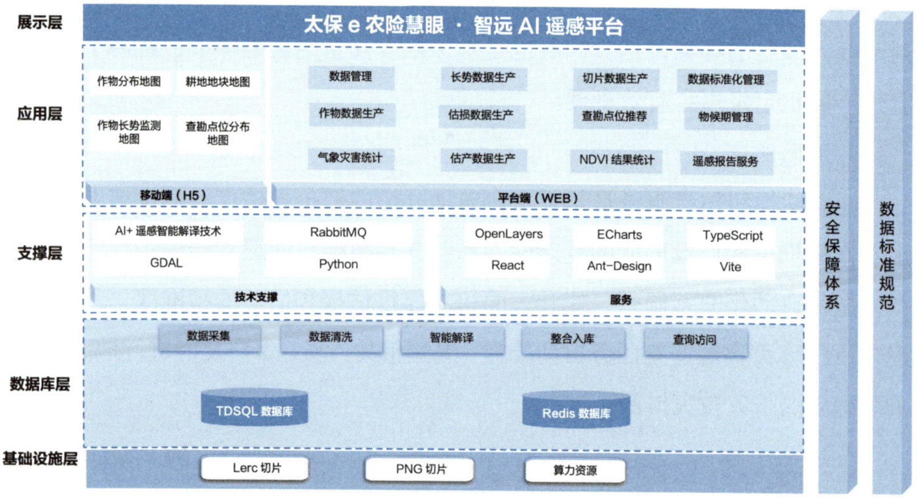

图 2 “慧眼 · 智远”平台技术方案图示

（三）项目实施

1. 技术研发与创新

在技术研发方面，注重技术的创新和应用。例如，研发出开放式的遥感智能解译系统和面向国土资源遥感调查的精准应用平台，这些技术的应用对于推动遥感图像解译工程化应用的发展具有重要意义。

2. 数据管理与共享

建立了一套完整的数据管理流程，确保数据的质量和安全。同时，通过建立遥感数据与应用服务平台，推动了遥感卫星数据资源的共建共用共享，促进了跨行业、跨部门、跨区域的遥感应用高质量发展。

3. 用户培训与支持

为了确保用户能够充分利用平台的功能，提供了详细的用户手册和在线帮助文档，并定期举办用户培训和研讨会，帮助用户解决在使用平台过程中遇到的问题。

4. 项目监控与评估

项目实施过程中，采用敏捷开发方法，通过短周期的迭代开发，快速响应用户需求和市场变化。同时，注重代码质量和系统性能的持续优化，确保平台能够长期稳定运行。

5. 成果推广与应用

项目完成后，进行了推广项目成果，扩大项目的影响力和应用范围。通过上述项目实施策略，遥感应用平台能够为用户提供高效、准确的遥感数据处理和分析服务，同时确保项目的顺利进行和高效管理。

三、项目创新点

（一）首创农业 AI 遥感模型

农业 AI 遥感大模型可实现全国不同地物种类、不同影像类型、不同影像时间的高泛化能力，实现大范围农作物的快速识别和精准监测，帮助政府、农户、保险公司等多方客观掌握承保区域内农作物种植面积、长势和灾害情况，服务防灾减灾、及时救灾，为农业生产装上“安全阀”。

（二）自动化任务流

首次将遥感流程脱离人工的参与，通过总结人工操作必需的步骤，结合作物的物候期数据，灾害种类归集、区域行政区划的统计、日益成熟的遥感作物识别以及常态化监测、估损等模型算法，任务创建后即可形成一套自动化流程。

（三）农作物“从种到收”全流程风险管理服务平台

与以往单个技术功能研发不同，围绕作物生长全周期打造出的全流程风险管理服务平台，涵盖常态化监测、遥感估损、遥感估产、地面查勘 APP 四部分，对于主粮作物从苗期到成熟期全生产流程进行生长监测，以科技新质生产力助力农业风险减量，服务农业保险精准承保理赔。

四、技术创新点

平台核心技术——农业 AI 遥感大模型是基于当前全球领先的通用视觉大模型的先进技术，实现全国不同地物种类、不同影像类型、不同影像时间的高泛化能力。该技术突破传统遥感技术效率低、精度低、成本高的限制，利用先进的图像识别和机器学习技术，对灾害或事故造成的损失进行快速评估，分析作物生长情况和土地利用变化，实现大范围农作物的快速识别和精准监测。并且，遥感数据标准化功能确保了数据的一致性和可比性，为后续的数据分析和决策提供支持。平台支持 TIFF 类型数据及 Shapefile 类型、GeoJSON 类型的数据，为用户提供了强大的数据兼容性和灵活性。

五、项目运营情况

该项目平台建设由太保产险主导，联合北京佳格和商汤科技公司提供遥感及人工智能技术支持，围绕各地政府农业主管部门及农户实际风险管理服务需求提供全流程平台化服务，同时打破数据壁垒，实现政府、保险公司和农户之间的数据共享，提升整个农业保险服务的效率和透明度，打造全国领先的农业保险风险管理新模式。平台自 2023 年年底上线以来，已在全国 16 个省份、374 个区县累计为约 4100 万亩主要农作物提供全流程风险监测服务。2024 年平台进一步扩大在甘肃、江苏等区域的监测范围，在大范围空间尺度上实现一键快速掌握农作物分布、农作物灾害、农作物长势等信息。

（一）服务甘肃省玉米大灾精准高效理赔

2023 年，太保产险为甘肃省永登县玉米提供保险保障，并且启动“慧眼·智远”平台提供常态化长势监测等遥感服务。当年永登县出现连续高温干旱天气，平台检测到玉米长势异常发出预警提示地方农业主管部门关注。由于此次干旱属于当地 60 年一遇的极端天气灾害，最终构成玉米干旱大灾事件，初步报灾面积约 5.6 万亩，涉及农户 1200 户次。太保产险根据平台监测情况，结合推荐的点位组织专家现场勘验，协助政府部门快速了解灾情，指导救灾减损，并将平台提供的估损报告提供给当地政府作为重要的损失评估依据，最终仅用 5 天时间就完成受灾区域从损失确定到赔款到户流程。与传统理赔模式相比，在“慧眼·智远”平台的支持下，理赔周期缩短约 15 天，节约查勘人力约 25 人次，有效服务精准高效理赔，有力支持灾后农业再生产，得到当地政府和农户认可。“慧眼·智远”平台在甘肃省的服务案例入选农业农村部《2024 年智慧农业建设典型案例》。

（二）服务江苏省小麦赤霉病防治

近两年高温高湿气候导致江苏省小麦赤霉病时有发生，当地政府有关部门和种植户都对赤霉病防治高度关注。2024 年，太保产险为江苏省 8 个地市 26 个县域提供赤霉病保险保障，同时我们启动“慧眼·智远”遥感监测服务，对 200 万亩冬小麦开展实时长势监测，并将实时监测分析结果同步至当地农业局。当年 4 月，“慧眼·智远”平台发出灾害预警，并给出推荐的现场勘验点位，产险农险专员与各地农技中心人员和专家一起，结合推荐点位实地勘验，同时通过田间走访、移动防治宣传车多种方式开展小麦赤霉病防灾减损工作，有力协助政府部门对当年小麦赤霉病防治工作取得显著成效。

六、项目成效

（一）经济效益

通过引入人工智能遥感技术，与传统遥感长势监测相比，可多任务并发，极大提升作业效率；并且不受遥感工程师人员数量限制，极大降低运营成本，从而很好地提升技术服务覆盖面，有良好的经济效益。以甘肃永登县全县 4.15 万亩春小麦作物识别任务为例，传统遥感识别需要时间为 4~5 天，通过引入人工智能遥感技术，识别时间缩短到 3 小时内，识别过程无须人工参与，支持多任务并发，极大降低人员、资源等各类成本。

（二）社会效益

本平台由保险公司提供的全国范围农业风险监测的服务平台，通过科技赋能构建“防、减、救、赔”一体化风险减量服务模式，搭建“灾前保和防、灾中减和救、灾后快速赔”的全链条风险保障服务体系，实现全流程的作物长势监测、及时的气象预警、病虫害预警以及高效定损理赔等服务，为甘肃省、江苏省、浙江省多个地区农业农村厅等政府单位和农户提供农业资源过程监测、重大灾害预警及估产估损服务。在为农户提供灾后的损失补偿基础上，围绕农业生产全流程提供生产技术指导、防灾指导，协助政府有关部门预估作物产量统筹生产安排。在技术平台的应用支持下，能够让保险更加精准高效地服务于稳定农业经营主体的收入，提升农业生产的产量，协助政府农业主管部门科学决策，为乡村振兴提供了有力的信息保障。

七、项目展望

“慧眼·智远”平台是“太保 e 农险”数字运营服务体系迭代发展 10 年来对于 3S 技术在农险领域应用实践探索的重要成果，是太保产险首次将专业性人工智能模型应用于农险业务场景，在甘肃和江苏等省份的试点服务经验可快速在全国其他省市复制，具有非常大的推广应用价值。

人工智能的辅助，使得大范围农作物的种植生长监测、种植风险精准评估、灾害预警等成为现实。平台的线上化服务可以直接触达政府、农户等多方主体，进而打造"政府 + 农户 + 保险公司 + 技术公司"四位一体的智慧农业风险管理新模式，为乡村农业风险减量数字化提供了新标杆。未来，太保产险将以本项目作为切入点，持续探索人工智能在农业保险领域的深化应用，逐步打造土质监控与评价、农业气象数据分析、作物生长过程演绎、农业数字专家等多领域的专业人工智能模型体系，持续为实现农业保险精准承保、精准理赔、农业风险减量等高质量发展目标提供技术支撑。

中国人民保险集团股份有限公司
人保信息科技有限公司

人保大模型项目

一、引言

近年来，以“深度学习 + 大数据”为代表的人工智能技术迅速发展。至2022年年末，美国OpenAI公司发布基于GPT3.5架构的大语言模型ChatGPT，在全球范围内迅速获得广泛关注。此后，以ChatGPT为代表的大模型技术逐渐成为全球科技领域关注的焦点，引领了人工智能领域的新一轮发展浪潮，世界各国政府、企业和科研机构纷纷加大投入力度，积极抢占人工智能大模型技术的制高点。

大模型是指具有庞大参数规模和复杂程度的深度学习模型，参数级别达到数十亿至上千亿，其特点在于“大数据 + 大算力 + 强算法”。与传统人工智能模型相比，大模型展现出了更强的学习能力、表达能力和泛化能力。作为人工智能领域的新业态，大模型已成为推动产业数智化升级和生产力跃迁的重要力量。保险行业因具备大模型落地应用的商业化场景和丰富的数据资源，是大模型面向垂直领域发展的主要方向之一。

作为大型保险集团，中国人民保险集团股份有限公司（以下简称“中国人保”）抢抓数字金融发展新机遇，大力推进科技改革和建设工作，坚持以用户体验为导向，积极探索引入人工智能、大模型等前沿技术，加快科技创新步伐，积极推动高水平科技自立自强。在集团统筹规划下，人保信息科技有限公司积极布局大模型建设，打造人保大模型项目，在安全合规的前提下，构建人保专属大模型及大模型应用产品，赋能集团及各子公司应用，引领集团数字化转型和智能化升级。

二、方案描述

面对大模型学习能力强、知识储备广、泛化能力快等特点，面对保险行业应用场景广、语义理解需求大、可解释性要求高等挑战，中国人保坚持加大自有人工智能算法团队在大模型技术上的探索研究力度，积极推进与认知智能全国重点实验室、科大讯飞等国内头部机构的大模型联创合作，通过自研与合作双轨并行，打造了具有人保自主知识产权的专属大模型。人保大模型以深度理解保险行业的专属通用大模型为底座、面向垂直业务领域的自研场景大模型为主体、外部大模型能力为辅助，下有先进的算、网、存基础设施为支撑，上有广泛的业务场景应用为导向，结合全栈体系化的工程能力，可提供从算力、平台、模型、产品到应用“五位一体”的大模型应用落地解决方案，加速大模型技术在保险业务场景的落地应用。

（一）应用方案

人保大模型项目整体应用架构图如图 1 所示。在基础设施层，实现针对关系型数据库、图数据库、向量数据库等异构数据的一体化数据管理，支持结构化和非结构化的数据导入和整合；以异构算力为基础，以多元网络为连接，以多元存储为动能，打造“算、网、存”高效协同的坚实算力底座。在平台层，打造“大规模预训练 + 微调”的 AI 开发新范式，贯穿数据处理、训练、微调、对齐、部署、评测等 AI 全链路流程。在模型生态层，结合人保海量语料、数据及行业知识打造人保专属通用大模型，自研对话大模型、代码大模型、绘图大模型等多个懂保险、更懂业务的人保垂直领域场景大模型，提供满足应用场景的多种 AI 技能，进一步引入更多大模型产品，在保证数据信息安全前提下，提升人保大模型场景应用能力；建设 Prompt 工厂、博文智库、智选路由、信息安全助手、大模型 AI 套件五大组件，以及专业领域 AI 子模型体系，满足不同场景的应用需求。在产品服务和应用层，孵化人保智友、人保知问、人保智听等多款大模型应用产品，通过提供“智能化产品 + 一站式 MaaS 服务”全面支撑承保、理赔、营销、客服、开发等各类业务流程，有效提升集团服务质效，助力科技与业务创新发展。

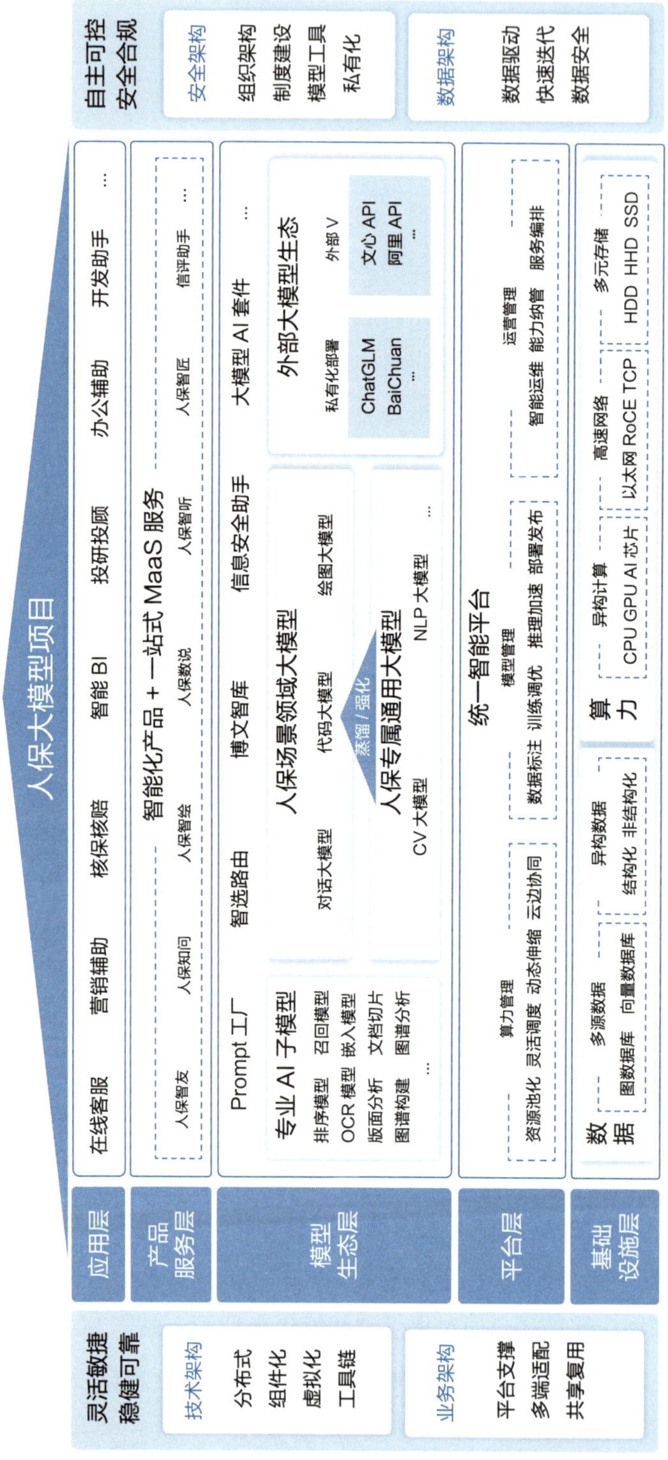

图 1 人保大模型项目整体应用架构图

（二）技术方案

人保大模型项目技术方案遵循分层设计原则，自下而上依次构建基座层、模型层、能力层和输出层，充分体现分布式化、虚拟化、组件化、工具链化的特点，以确保系统的稳定运行、灵活扩展，有效赋能各类业务场景需求。

1. 基座层：灵活高效的技术支撑底座

为保障大模型技术的高效应用实施，在基座层基于人保云平台和统一智能平台构建了从算力、数据、模型到智能化应用运维的全方位支撑体系。一是基于人保云平台提供的异地多活灾备、分布式及流式计算框架、分层解耦设计及动态智能扩容等方案，为应用系统的稳定运行提供有力保障。二是通过统一智能平台实现异构算力资源的统一纳管、集中共享和灵活调度，在资源池化、数据管理、推理加速和运维保障等方面为大模型项目建设提供有力支撑。

2. 模型层：自主安全可控创新应用体系

基于基座层所提供的数据、算力、运维等方面的支持，模型层可以高效进行模型训练和推理，结合输入内容控制、输出效果增强等核心模块，保障大模型项目建设过程中的数据合规性和模型高可用性。一是结合人保海量语料数据，打造了对话大模型、绘图大模型等多个懂保险、更懂业务的人保专属垂域大模型。二是围绕大模型技术的高质量应用，建设了 Prompt 工厂、博文智库、智选路由、信息安全助手、大模型 AI 套件五大组件，降低大模型生成内容偏差、知识局限性强、模型幻觉等问题。

3. 能力层：大小模型协同能力服务矩阵

能力层提供基于基座和垂类大模型的通用能力，以及 OCR、排序、召回、版面分析等专用模型能力，通过专业 AI 子模型与大模型能力的结合，灵活提供多元智能化服务和解决方案，满足不同场景的应用需求。一是基于人保大模型底座，建设文档解析、信息抽取、文本生成等十余种大模型通用能力，有力支撑要点导航、语义分割、智能组卷、摘要抽取等数十个应用场景。二是结合业务应用场景建设了专业领域 AI 子模型体系，包括敏感词检测、情感分析、语句连贯性分析、版面分析等数十种专用模型能力，通过高度专业化和精细化的方式处理特定类型的任务，以适应不断变化的技术和需求环境。

4. 输出层：一站式工程化落地解决方案

输出层围绕保险业务场景需求，人保大模型项目在代理人赋能、智慧营销、客户体验、研发效能、综合办公五大领域打造了人保智友、人保智绘、人保智匠、人保知问、人保智听、人保数说、信评助手等多款大模型产品，为集团及各子公司的自有员工和保险代理人提供保险类知识问答、营销文案和图片生成、代码生成和优化、会议纪要智能撰写、图表智能推荐、多文档报告比对、信评提纲生成等十余种大模型服务，通过“智能化产品 + 一站式 MaaS 服务”的形式赋能各业务场景，可灵活适应 PC 端、移动端等在内的多种应用终端，实现服务集约、应用灵活。

（三）安全措施

在项目实施过程中，数据安全和模型内容安全至关重要。人保大模型项目研发和应用过程中，严格遵守国家相关法律法规，建立了安全可靠的大模型应用保障体系，通过全流程私域环境训练、打造全链路安全模型、建设安全管理制度规范三重保障机制，保障大模型研发至应用全生命周期安全可控合规。

1. 全流程私域环境训练

人保大模型建立了安全可靠的数据使用链路，覆盖数据识别、收集、使用、运维、传输、存储、归档、备份、销毁等全生命周期，算法模型的训练、推理等全流程均在人保私有化环境中完成，确保数据不出域，同时采用数据加密算法和脱敏技术，对数据中的敏感信息进行去隐私化和去标识化处理，保证数据无法被轻易识别或利用，切实保障用户数据和隐私安全。

2. 打造全链路安全模型

面向大模型技术特性，建立大模型使用前的数据脱敏机制、使用过程中的数据监控机制、使用后的数据溯源机制，自研有害文本检测、用户异常行为检测、脱敏模型、加解密模型等多款算法安全模型，从用户输入、模型输出等层面对内容进行敏感及合规处理，让大模型与人类社会价值观及行业监管规范对齐，确保大模型输入内容合法合规，生成内容安全可控。

3. 建设安全管理制度规范

结合国家数据安全管理制度及中国人保人工智能技术研发现状，从数据处理、算法开发、模型测试、部署实施、退役下线等多个阶段出发，厘清大模型研发和应用各阶段需注意事项、技术规范及安全要求，推动人保集团算法安全处理、研发过程安全管理等规范的编制，构建了职责清晰、高度复用的目标蓝图和规范体系，同时加强对员工的安全合规培训和宣导，提高员工的自身认知及风险意识。

（四）实施阶段

人保大模型项目以构建一套具有高性能、高可用性、可扩展性的大模型应用解决方案为目标，通过建立灵活高效的技术支撑底座、打造自主安全可控创新应用体系、构建大小模型协同能力服务矩阵、提出一站式工程化落地解决方案等具体措施，有力提升中国人保业务智能化水平。在项目执行过程中，团队成员持续跟踪目标执行情况，通过定期的项目沟通会，对比实际进展与预期目标，及时调整策略，确保项目始终沿着既定方向前进。目前，项目各项关键指标均达到预期目标，大模型各产品和服务性能稳定，业务应用效果满足前期目标需求。

按照中国人保管理要求，将项目划分为五个主要阶段。项目启动阶段，明确项目目标与需求，组建项目团队，制定项目计划。需求分析与设计阶段，深入调研业务需求，制定详细的设计方案，推动架构设计与评审。开发与测试阶段，按照设计方案进行大模型的开发，进行多轮测试与优化，确保效果贴近需求目标，同时推动内部安全审查。部署与上线阶段，将大模型基座及各大智能产品等部署到生产环境，进行系统集成与调试。运营推广阶段，持续监控系统运行状态，定期进行维护与升级，确保系统稳定运行，并持续推进版本迭代优化。

三、项目创新点

人保大模型项目打造了以数据、算力为基础，以专属通用大模型、场景领域大模型为核心，以应用场景为导向的保险领域大模型应用落地解决方案，依托自主可控的算力资源、安全合规的数据管理、灵活高效的技术架构和安全可靠的技术保障方案，在保险、营销、客服、研发、办公等实际应用场景推动项目落地，助力中国人保数智化升级。

（一）灵活可扩展的基础支撑底座

基于人保云平台和统一智能平台提供的智能化基础支撑底座，实现大模型研发及产品建设中算力、数据、模型、运维等要素的流程化、智能化管理。一是针对大模型资源消耗量大、存在多种异构算力等难点，以 vGPU 等算力池化技术实现计算资源的灵活分配与高效利用，结合云端算力协同，将数据处理能力延伸到边缘终端，实现提供低延迟、高可靠性的服务。二是建立以安全和权限管理为基础，监控和告警系统为支撑，灾备和容错机制为保障，自动化工具运维为目标的运维体系，保证大模型的连续可用性和稳定性，提高运行效率。

（二）自主可控的人保大模型生态

构建以专属通用大模型为底座、自研垂直领域大模型为主体、外部大模型能力为辅助的人保大模型生态，自研五大组件及 AI 子模型体系，满足不同场景的多元化应用需求。一是通过私有化部署及数十次模型迭代训练，打造多款垂直领域场景大模型，将模型代码、参数、数据等全部存储在人保私有服务器上，确保大模型研发全生命周期都在人保私域环境内进行。二是自研五款大模型应用组件及专业领域 AI 子模型体系，打通大模型从技术研发到场景应用落地的最后一道关卡，全链路提升大模型应用研发和运行效率。

（三）一站式 MaaS 服务能力

支持针对保险定制化场景的数据标注和模型训练，对上层应用提供标准化能力接口，灵活支撑多类型业务场景需求。人保大模型项目在代理人赋能、智慧营销、客户体验、研发效能、综合办公五大领域，打造了人保智友、人保智绘、人保智匠、人保知问、人保智听、人保数说、信评助手等多款大模型产品，可以为中国人保集团及各子公司提供“智能化产品 + 一站式 MaaS 服务”能力，快速推动大模型技术场景化应用落地，积极推动人保集团数智化转型，助力业务高质量发展。

四、应用成效

（一）经济效益

人保大模型项目紧密围绕保险业务领域实际需求，在代理人赋能、智慧营销、客户服务、研发效能、智能审计、办公赋能等场景实现了大模型技术的规模化推广应用，有效促进业务模式创新和业务流程再造。

在代理人赋能场景，构建基于大模型技术的代理人问答助手，为保险代理人提供保险类知识智能问答服务，包括评估和帮助客户购买保险、为客户寻找具有竞争力的保险产品、根据客户要求制订个性化保险营销方案等，辅助保险代理人高效、快速展业。

在智慧营销场景，为设计师提供营销海报批量生成服务，并能结合用户特点生成个性化的营销物料，实现千人千面的精准营销策略，优化了营销和办公场景中海报、文案物料制作费时费力的问题，推动营销效率提升。

在客户服务场景，打造更拟人化、更智能的保险客户服务机器人，能够精确分析客户需求、融合多知识点为用户提供个性化响应服务，优化了现有客服机器人缺乏逻辑推理能力、无法进行个性化回复的问题，增强用户交互体验。

在研发效能场景，依托多语言代码生成大模型，打造更契合人保应用场景的代码生成助手，为人保内部算法及开发人员提供代码生成、代码补全、代码注释、代码翻译等辅助编程能力，持续提升开发人员工作效率。

在智能审计场景，为审计作业和管理各环节提供审计关键信息抽取、文档问答和检索、数据表自动筛查等服务，节约审计信息处理的人力和时间成本，促进用户体验优化，推动各级审计机构经营管理和审计业务提质增效。

在办公赋能场景，基于大模型、NL2SQL 和 RAG 等技术，定制会议纪要撰写、人事管理智能问答、人才队伍分析、员工信息检索、信评报告生成等功能，推动办会、办事、办文等工作流程线上化、自动化与智能化，提升综合办公效率。

（二）社会效益

中国人保切实发挥国有大型保险集团“头雁”作用，积极推进大模型技术在保险行业的应用和实践。通过私有化部署及自有人工智能算法团队深入探索研究，打造了人保专属大模型，实现大模型研究建设层面自主可控，并在数十个保险核心业务场景中积极推动大模型技术规模化推广应用，有力促进了保险领域大模型应用场景创新和业务流程重塑。

在项目建设过程中不断积累知识产权，促进核心技术成果转化。项目建设一年多来，已累计提交大模型技术领域专利申请近 30 项，被中文核心期刊及 EI 会议录用大模型技术相关学术论文 3 篇，通过持续推动算法技术自研，不断积累自主知识产权，提升人保集团科技核心竞争力。2024 年度，获评我国金融业唯一部级科技奖项中国人民银行“金融科技发展奖”二等奖，以及全国知识图谱与语义计算大会大模型相关竞赛全国第二名、中国金融行业数字化转型最佳创新应用项目、中国金融行业技术应用场景创新奖、中国保险业数字化转型优秀案例等十余个行业重要奖项，充分彰显了人保大模型项目的技术创新实力与行业影响力。

五、总结与展望

人保大模型项目是中国人保紧跟前沿科技布局的重要举措，项目以构建保险领域“五位一体”的大模型应用落地解决方案为核心，通过私有化部署和自主研发，打造了灵活高效的支撑平台和全方位安全保障体系，有效提高了大模型应用的自主安全可控性，实现了大模型技术在保险业务场景的深度应用。项目建设以来，已在代理人赋能、智慧营销、客户服务、研发效能、智能审计及办公赋能等多个领域取得显著成效，不仅提升了保险代理人的业务能力和服务水平，还优化了客户体验，提高了研发与办公效率。在技术创新和知识产权积累方面，人保大模型项目近一年来已提交近 30 个专利申请、荣获十余个外部科技奖项，彰显了中国人保在保险领域大模型研发应用方面的领先优势。

未来，中国人保将深入学习贯彻党的二十大和二十届三中全会精神，以习近平新时代中国特色社会主义思想为指导，紧抓数字金融发展新机遇，加速推进集团数字化建设行动方案，坚持高水平科技自立自强，持续推动人保大模型项目生态体系完善、产品能力升级、应用场景拓展，促进金融保险业的数字化转型和智能化发展，有力支撑集团服务国家战略，谱写人民保险新篇章。

六、国外同类项目对比分析

在全球保险行业智能化转型的浪潮中，国内外诸多保险巨头纷纷探索大模型技术应用，以期通过技术创新驱动业务升级和服务优化。法国安盛集团作为全球最大的保险集团之一，其在保险服务创新与技术应用方面始终走在行业前列。2023 年 7 月，安盛集团宣布推出了一项基于微软 Azure OpenAI 服务构建的内部服务——AXA Secure GPT。这一服务充分利用了生成式 AI 和大型语言模型的强大功能，允许员工在安全、符合数据隐私的云环境中进行文本的生成、总结、翻译和校正，以及图像和代码的处理。

与安盛集团大模型应用实践相比，人保大模型项目具有以下优势：

一是私有化部署及自主研发力度高。人保大模型严格落实私有化部署策略，确保大模型的训练、推理等全流程均在人保私有化环境中完成，有效保障了大模型数据的安全性和隐私性。通过自有算法团队深入探索研究，打造了人保知问、人保智听等多款具有自主知识产权的大模型产品，以及 Prompt 工厂、博文智库、智选路由、信息安全助手、大模型 AI 套件五款大模型应用组件，有效提高了大模型应用的自主安全可控性。

二是项目应用场景广。项目团队紧密围绕保险业务场景具体需求，推动大模型技术在五大领域数十个场景的广泛应用，有力支撑人保集团高质量发展。例如，在赋能保险代理人队伍建设方面，通过提供智能问答、知识推荐等功能，提升了代理人的业务能力和服务水平；在建立智慧运营销售推广体系方面，通过精准分析客户需求和偏好，为营销策略的制定提供了有力支持；在优化客户服务体验方面，通过自然语言处理和情感分析等功能，实现了客户需求的快速响应和个性化服务；在加速科技化建设发展方面，通过提供智能化办公工具和应用场景，有效提高了办公效率和生产力；在提高办公生产力方面，通过自动化处理文档、邮件等日常工作，显著减轻了员工负担，提升了工作效率。

综上所述，与法国安盛集团大模型应用实践相比，人保大模型项目在私有化部署及自主研发力度、应用场景广度等方面展现出了显著优势，充分体现了中国人保在技术创新和业务发展方面的强大实力。

银联商务支付股份有限公司

AIGC 与智能体技术在支付行业办公运营中的应用

一、引言

在金融科技的前沿，ChatGPT 等大语言模型的出现，标志着文本处理、在线互动及自动化编程等领域效率的革命性提升，为各行业带来了前所未有的智能化工作体验，显著增强了业务处理的便捷性和效益。这一技术浪潮，不仅深刻影响着信息交流的方式，更直接触及了市场需求的核心，尤其是对高度依赖数据处理与客户互动的支付行业而言，其价值尤为凸显。

银联商务作为支付行业的头部企业，凭借服务超过 800 万商户的广泛覆盖和深厚的行业积累，深刻理解市场动态与商户需求。面对支付生态中日益增长的个性化服务需求与效率提升的挑战，银联商务敏锐地捕捉到 AIGC 与智能体技术的融合应用潜力，旨在通过技术创新，解决行业痛点，提升服务质量和市场竞争力。基于此，银联商务倾力研发了“银商天言”——一款深度融合 AIGC 与智能体技术的支付领域对话式运营办公助手，这一创新应用方案，旨在通过智能化对话与自动化办公支持，为企业内部及商户提供更加精准、高效的服务体验，引领行业向更加智能、便捷的方向发展。

二、项目方案

基于 AIGC 和智能体融合的对话式运营办公助手——银商天言，集成了知识问答、通用工具、业务处理、数据查询和 GPTs 应用等核心功能模块，为企业提供一站式运营支持。银商天言的业务架构如图 1 所示。

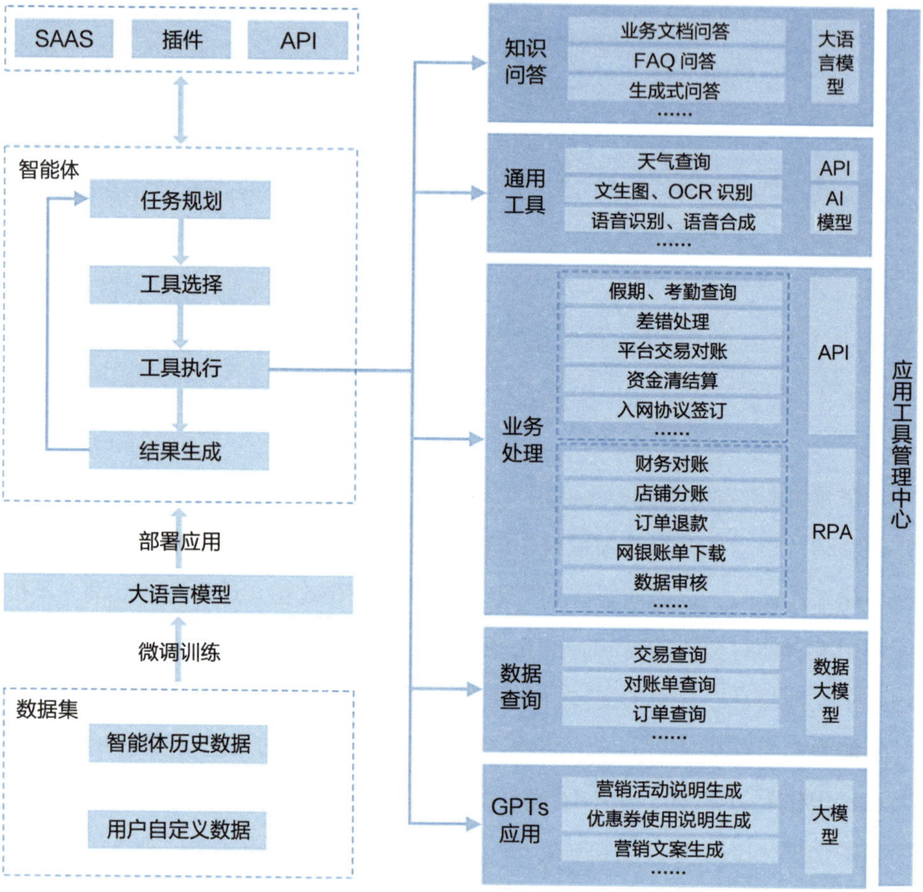

图 1　银商天言业务架构

银商天言以大语言模型为底座，自研智能体框架，结合历史问答数据和企业内部业务专家标注数据进行微调，提升支付领域任务规划、工具选择和意图识别的准确率。银商天言支持 SaaS、插件和 API 方式对外提供服务。

业务功能上，知识问答包括基于 RAG 技术实现的业务文档问答、FAQ 问答和生成式问答；通用工具包括天气查询、文生图等功能；业务处理是银商天言的核心模块，对于内部业务系统，比如，考勤查询、差错处理、交易对账等，可以直接通过 API 方式对接实现，对于无法通过接口对接的外部系统，比如，店铺分账、网银账单下载等，可以借助 RPA 技术实现操作；数据查询包括交易查询、对账单查询和订单查询等；GPTs 应用支持用户根据业务要求，自定义提示词，快速构建营销活动说明生成等应用。

银商天言的应用工具管理中心可以对业务功能的所有工具进行动态管理，用户通过配置工具名称、工具用途描述、参数名称、参数描述和业务实现服务地址等，即可实时生成工具配置文件，且工具实时生效。

另外，银商天言结合 OCR、语音识别、语音合成等关键技术，丰富用户输入形式和助手输出表现形式，为用户提供了更加高效、生动的服务形式。

三、项目创新点

（一）自研算法框架，提升精度速度

1. 基于开源大语言模型自研智能体框架，结合企业内部业务专家标注数据和外部数据，通过微调技术，将任务规划、工具选择和意图识别的准确性提高 30%+，超 90%，实现模型调优的自主可控；

2. 自研智能体动态配置框架，实现意图识别和工具配置的实时性；

3. 使用模型量化和推理加速技术，有效降低显存资源消耗并极大增强模型并发能力。显存消耗降低至原来的 1/3，Token 生成效率最高提升 27 倍；

4. 优化 RAG 技术，增加召回重排等算法，确保了问答答案可靠。

（二）创新系统架构，保证业务可靠

1. 将 RPA 等技术引入工具执行的实现环节，降低了复杂流程的落地难度，实现了 APA 与 RPA 的统一结合；

2. 基于容器化技术打造了一款资源、模型和服务的统一平台，平台支持弹性伸缩节点，保证系统安全高效；

3. 支持用户基于大语言模型自定义开发应用（GPTs），保证了业务需求的丰富性和灵活性；

4. 系统引入身份校验和信息审核环节，在某些涉及敏感信息的业务查询中，保证了数据的安全性和隐私性；

5. 系统引入多模态技术，提升了系统处理复杂问题的能力。

（三）探索落地场景，实现业务赋能

1. 简化知识库构建流程，仅提供基础文档资料，即可快速构建垂直场景的专业知识库，并提供精准的问答服务；

2. 对话方式实现支付领域业务办理，通过智能体技术，自主调用内部业务系统或触发 RPA，实现全流程业务办理及数据分析；

3. 将 AIGC 融入业务流程，快速生成符合业务逻辑的文本、图像等，直接应用于具体业务环节，提升智能化水平。

四、技术实现特点

银联商务基于 AIGC 和智能体技术，通过打造“超级入口”，为企业内部及商户提供问答检索和办公助手服务。

（一）业务问答与知识检索

支付领域企业内部往往存有大量规章制度和业务数据。因此，如何实时满足企业内部员工或者企业客户问答需求，减少员工在查找信息和解决问题上花费的时间，是企业亟须解决的关键问题。运营办公助手是实现快速满足问答需求的有效工具。通过 RAG 检索增强生成技术，“外挂”企业内部知识库，并通过数据优化、流程设计、模型选择和系统完善，将模型的参考知识范围圈定在指定知识库，保证答案的准确有效；在提供答案的同时，返回答案所参考的文档片段，并支持用户点击查看这些片段的原文，以高亮的方式展示，供用户二次确认答案的准确性；将文档知识库上传时自动挖掘的 FAQ 和用户反馈的问题纳入 FAQ 库，并将 FAQ 问答作为业务问答的第一步，提高问答的准确性，同时保证问答行为和知识库优化的良性循环。另外，结合 OCR、ASR、TTS 技术，丰富用户输入与输出形式，提供高效、生动的服务体验。

（二）业务办理与流程优化

支付领域涉及多个系统之间的数据交互，如银行系统、支付平台、商户系统等，客户经理、业务人员在查询或办理具体业务时往往需要跨系统操作，流程烦琐且耗时。运营办公助手采用 Agent 智能体技术，将用户对话式输入需求转为业务处理或业务查询逻辑，依托预设的智能规则、API 接口的灵活调用以及 RPA（机器人流程自动化）技术的深度融合，实现多个业务系统间的业务查询和办理。对接商户数据查询系统，用户也可对话式实时查询商户经营数据，同时大模型进一步对商户数据进行处理和分析，帮助用户快速获取数据中的有用信息，辅助提高办公及运营效率，大幅降低了人工干预的需求，显著减少操作错误，从而推动自动化流程处理能力显著提升。多模态技术的应用，弥补传统 OCR 识别的不足，落地具体业务，提升业务处理效率。

五、项目运营情况及项目过程管理

银商天言项目自启动以来，运营情况稳健且持续优化。作为银联商务自主开发的对话式运营办公助手，银商天言在企业内部运营、客户服务、业务咨询等多个场景中发挥了重要作用。

（一）项目运营情况

1. 业务知识问答

目前基于银商天言打造的专业智能对话助手已经在银商内部的 20+ 场景落地，如图 2、图 3 所示，使用人数 10000+，问答次数 2000000+，业务回答的平均准确率超 90%（属于行业较高水平），极大程度缩减了客户经理、运营人员和其他内部员工获取正确答案的时间，每月可节约 50% 人力。

同时在内部交流软件中打造群聊助手对话入口，在对应工作群中可直接和助手进行对话，解答问题，实现服务的智能化升级，提升用户体验和服务效率。自上线以来，咨询问答量累计 4000+，群聊智能助手如图 4 所示。

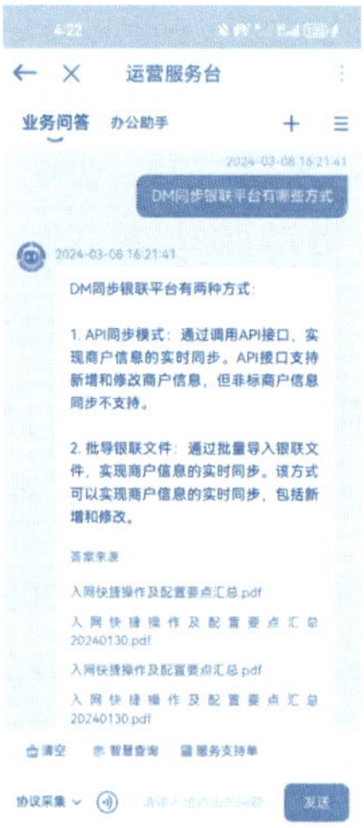

图 2 天工智能（客户经理问答）

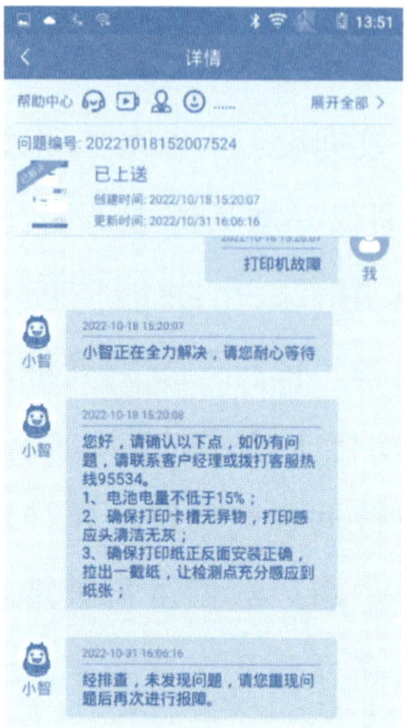

图 3 智能终端问答

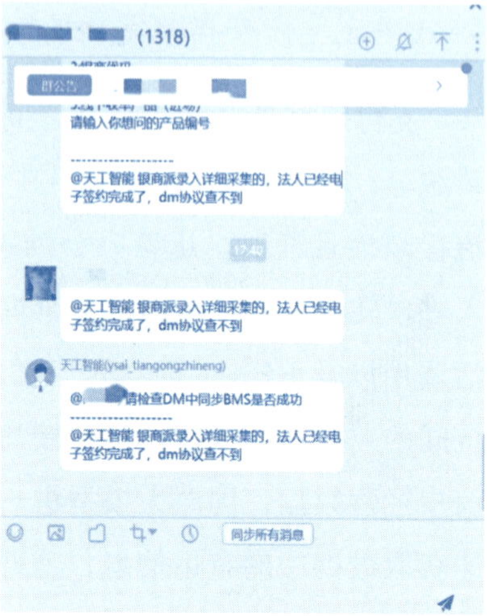

图 4 天言群聊智能助手

2. 信息抽取

通过通用 OCR 识别图片内容，天言按需提取关键字段，辅助业务快速审核，节省人力 50%+。

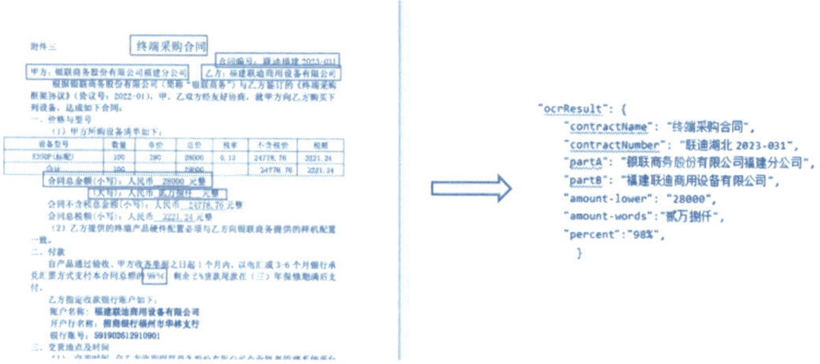

图 5 终端合同信息抽取

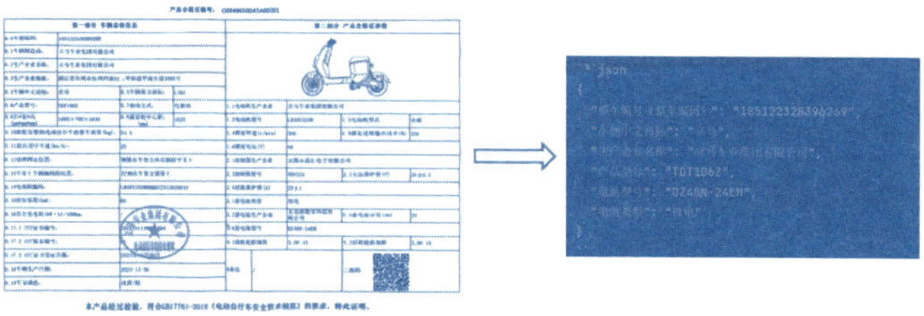

图 6 电动车合格证信息抽取

3. 业务查询

客户经理问答助手对接智慧查询系统，如图 7 所示。用户可在问答咨询入口直接通过输入商户号查询具体子商户号，累计为客户经理提供 3000+ 次的高效查询服务，提升客户经理工作效率。

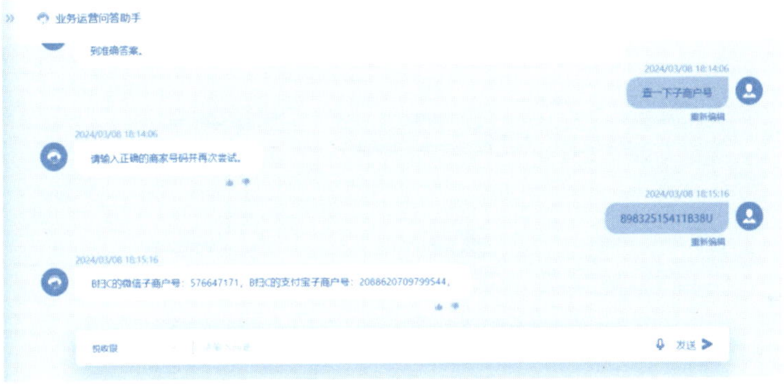

图 7　客户经理问答助手对接智慧查询系统

4. 业务融合

智能对话助手能力融入银商权益平台具体业务流程，如图 8 所示，提供智能问答和营销辅助能力，支持业务系统智能化升级，对银商实现数字化转型和降本增效具有重要的意义。

图 8　智能对话助手能力融入银商权益平台

5.GPTs

用户自定义且正式发布使用的应用超 10 个，使用次数 5000+，如图 9 所示。

图 9　GPTs 应用

（二）项目过程管理

1. 需求分析和概要设计阶段

2023 年 3 月至 4 月，主要完成了项目整体需求分析及概要设计工作，形成了需求文档及项目建设方案。

2. 系统详细设计阶段

2023 年 3 月至 4 月，同时完成了系统详细设计工作，形成了系统设计文档及功能开发计划。

3. 系统编码、测试和上线准备阶段

2023 年 4 月至 6 月，主要完成了系统编码开发、测试工作，形成接口文档、功能和性能测试文档、上线手册。

4. 试点上线阶段

2023 年 6 月完成项目正式投产，并在公司内部小范围试用。主要完成了正式投产上线工作，形成用户手册、运维手册。

5. 一期推广应用阶段

2023 年 8 月至 2024 年 3 月，完成推广应用工作，形成产品手册、用户行

为分析文档、用户使用反馈文档。

推广功能包括客服助手，针对客户服务中心全体客服座席，为其提供全辖客服手册知识检索问答及营销辅助功能，辅助客服人员回答客户提问。客户经理知识问答，向银联商务全辖客户经理提供专业的产品及运营问题解答服务，同时提供办公助手问答能力。终端故障解答，为全辖终端运营人员及商户提供故障解答功能。

6. 产品优化迭代

2024 年 3 月至 6 月，根据推广试用情况及市场调研，丰富产品功能，优化接口输出能力，提升问答效果。

7. 多模态模型功能建设

2024 年 6 月至 10 月，根据业务需求及多模态模型发展情况，预研多模态模型，增加产品多模态模型功能。

8. 二期试点上线

2024 年 10 月，完成多模态产品打造，完成投产，更新用户手册、运维手册。

9. 二期推广应用阶段

2024 年 11 月（持续进行），对内对外赋能，持续推进产品建设及落地应用。

六、项目成效

（一）经济效益

1. 7×24 小时服务在线，释放传统人力

客服座席助手、客户经理问答助手、人力制度问答助手等工具极大缩减内部员工服务时长和损耗时间，节约人力成本 30 人月，约 90 万元。

2. 赋能合作商户，提高智能化运营水平

赋能工会、文旅等客服系统，落地智能客服场景，合同金额 46 万元。RPA 解决方案签署合同总金额 300 余万元；利用 RPA 数字化转型服务绑收单和切收单带来收单收益达 800 万元以上。

3. 人机交互重塑办公模式，业务办理协同处理

商户经营场所巡检、交易凭证识别、商户 MCC 验证、合同信息抽取、以旧换新电器能耗识别、电动车合格证识别等业务环节，效率提升 500%，节约人力 80 人月，约 240 万元。

综上，银商天言产品产生的直接收益和间接收益共计 1140 万余元，节约 330 万余元。

（二）社会效益

1. 促进支付安全与风险控制

优化合同、证件审核流程，有效提升业务处理的准确性和实效性，贯彻落实人民银行提出的要加强风险防范和管理的安排部署。

2. 提升用户体验与满意度

基于“AIGC+ 智能体”技术构建的交互方式和业务行为更贴近用户的日常沟通、操作习惯，使得用户能够更轻松地完成支付等相关操作，提升了用户体验和满意度，符合人民银行《关于进一步优化支付服务提升支付便利性的意见》要求。

3. 推动支付行业的科技创新与发展

AIGC 和智能体促进了人工智能、大数据和 RPA 等新技术的交叉融合，为支付行业带来了新的服务模式和技术应用，有助于加快发展新质生产力和科技金融。积极参与行业协会的研究课题，将有价值的应用案例分享给同行，致力于促进行业的创新与发展。

七、项目总结

在银商天言项目启动初期，银联商务对支付领域的需求进行了深入分析，明确了银商天言作为对话式运营办公助手的目标用户、功能需求和业务场景。这一步骤确保了项目的方向性和实用性。在技术选型与研发阶段，预研了当下大模型技术，对其反复试验，论证可行性，采用了 AIGC 和智能体融合技术，通过对大量文本图像数据和用户行为数据的学习，提高了助手的智能水平和个

性化服务能力。在项目实施过程中，进行了多轮测试，包括单元测试、集成测试和用户验收测试，以确保系统的稳定性和用户体验。根据测试结果及用户反馈进行模型侧、用户侧优化调整。在系统稳定性和功能完善后，进行了上线前的准备工作，包括系统部署、用户培训和运营策略制定。同时，通过多种渠道在公司内部进行推广，以提高银商天言的知名度和用户基数。上线后，持续收集用户反馈，对系统进行迭代优化，增加新功能，提升用户体验，确保银商天言能够持续满足用户需求和市场变化。在整个项目实施过程中，重视数据安全和合规性，确保用户数据的隐私保护和系统的合法运营。

八、项目展望

银联商务通过构建对话式运营办公助手，以人机交互重塑办公模式，将AIGC 融入运营、办公，实现业务协同处理，赋能合作商户，提高智能化运营水平。AIGC 和智能体的发展大大促进了人工智能、大数据和 RPA 等新技术的交叉融合，为支付行业带来了新的服务模式和技术应用。未来，银联商务将继续探索 AIGC 在支付领域的研究及应用，以科技赋能支付创新，紧跟科技发展和需求变化，推动业务运营智能化发展和服务模式新升级。

杭银消费金融股份有限公司

“杭银消金信用大脑 BRAINS”数字风控体系

一、引言

（一）项目背景

近年来，宏观经济运行平稳，整体向好趋势不变，根据中央经济工作会议“着力扩大国内需求，激发有潜能的消费”等政策指引，结合“做好科技金融、绿色金融、普惠金融、养老金融、数字金融五篇大文章”的政策要求，消费金融扩内需定位不变，消费金融发展前景长期向好。同时，消费金融行业进入存量竞争期，机构规模增长放缓，贷款利差持续收窄，这对风险管理既是机遇也是挑战。在此背景下，“杭银消金信用大脑 BRAINS”数字风控体系应运而生，“信用大脑”英文简称“BRAINS”，其中，“B”代表数据体系（Bigdata），“R”代表风控策略（Risk Policy），“A”代表安全反欺诈（Antifraud），“I”代表智能模型（Intelligent Model），“N”代表监控巡检（Navigator），“S”代表数智产品（System）。本体系通过持续升级风险管理方法、风险管理流程、风险管理系统，不断强化风险识别、评估、决策、监测及处置水平，并在优化信用风险管控、深化数字化转型、提升金融服务方面取得了显著的成效，不断助推消费信贷高质量发展。杭银消金秉持构建行业一流风控能力愿景，积极锤炼数字风控核心竞争力，将数字风控植入消费信贷业务全生命周期，持续积累风险数据要素，挖掘客户风险特征，完善客户风险画像，精细化策略规则决策，全方位风险模型支持，多手段提升催收效能，不断升级风险管理数字化、智能化、精细化水平。

（二）项目目标

杭银消金通过健全"信用大脑"数字风控体系，不断攻克消费信贷风险决策的信息不对称、数据成本高、客户画像模糊等难点，实现风险管控精细化、数据使用降本增效、普惠服务精准滴灌的项目目标，助力消费信贷高质量发展。风险管控精细化上，"信用大脑"承载的风控规则、风险模型、自研系统贯穿于消费信贷贷前、贷中、贷后全链路，通过不断的迭代，提升风险识别度和区分度，动态审慎给予客户适宜的贷款方案；数据成本管控上，"信用大脑"围绕客户群体、信贷环节、数据类型建立差异化框架，兼顾数据效果和成本考虑，形成科学的数据调用体系，实时监控数据使用、动态调整使用链路，实现数据使用降本增效；重点客群服务上，"信用大脑"针对新市民、毕业新就业、农业转移人口等，丰富客户特征采集及特征挖掘，强化算法技术识别客户风险，动态化调优客户额度，及时满足重点客群的消费融资需求。

二、方案描述

（一）业务方案

1. 服务对象。"信用大脑"数字风控体系运用于消费信贷业务，涵盖线上互联网贷款及线下审批模式。互联网贷款模式下，"信用大脑"以自动化审批为主，人工审核为辅，全程自动化收集客户内外部风险数据、评估客户还款意愿及还款能力、出具授信额度及定价意见、动态评估客户用信时点信用表现，实时监测客户贷后风险状况。线下审批模式下，"信用大脑"以人工审批为主，自动化赋能为辅，提供人工审批风控建议报告，内容涉及客户基础信息、异常提示、客户画像、决策建议等数字化建议，协助审批官提高审批效能，提升数字化风险防控水平。

2. 风险模块。"信用大脑"数字化风控体系，深化大数据、风控策略、安全反欺诈、智能模型、监控巡检、数智产品六大模块建设（详见图 1），动态平衡风险管控和业务发展，并在业务实践中提炼专利技术，截至 2024 年 9 月末，沉淀风控专利 57 件，其中已授权 27 件，公司发明授权专利保持行业前列水平。

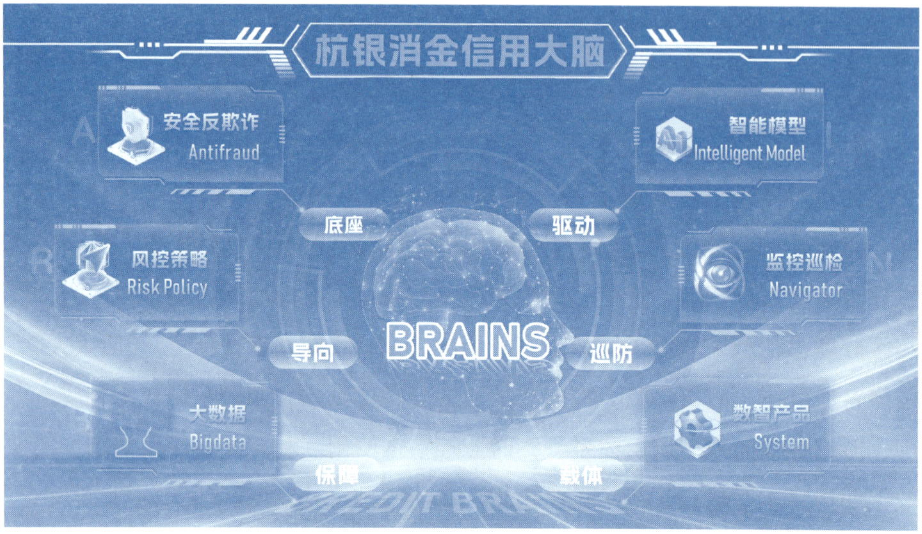

图 1　杭银消金信用大脑 BRAINS 体系框架

（1）大数据。“信用大脑”遵循结构化设计、串行化调用、动态化使用的路径，多元化引入外部数据产品，运用时序衍生、算法衍生等技术进行有效特征的深度衍生，实现数据管理的合规性、效益性及成本性并行。截至 2024 年 9 月末，累计衍生有效风控特征变量 30000 余个。

（2）风控策略。“信用大脑”强化策略开发、评审、上线、监测、处置全流程管控，运用智能化决策工具和多模型融合工具，最优化风控策略组合，不断提高风险识别效率及决策效能；同时，细化客户风险画像体系，构建 A/B test 测试体系和 Low&Grow 额度成长体系，完善客户信贷生命周期管理。

（3）安全反欺诈。“信用大脑”遵循“智能化、立体化”定位，运用语音、图像、文本等非结构化算法处理技术，深挖客户身份、设备、地址等多维度行为特征，形成智能策略、专家侦审、前端业务于一体的多方联动案防机制，健全覆盖事前、事中、事后的闭环管控体系。

（4）智能模型。“信用大脑”搭建覆盖全链路、全业务的风险模型体系，持续加强行业前沿算法研究及模型自动化工具探索，不断提高模型风险区分度和开发迭代效率。截至 2024 年 9 月末，在线使用模型 150 余个。

（5）监控巡检。“信用大脑”遵循“早识别、快定位”目标，建立实时和离线的监测模式，建立"专人专项"的异动跟进机制；同时，健全归因分析能力，优化归因算法，结合专家分析经验，提升异动归因的识别效率及准确性。

（6）数智产品。"信用大脑"遵循"人机结合"风控系统布局，基于大数据系统、特征管理系统、策略验证系统、风险地图、模型训练系统等自动化系统，辅以侦审系统、回访系统、催收系统等专家经验产品，充分校验自动化决策效果，反哺优化策略规则及模型参数。

3. 应用领域。"信用大脑"作为风控数字化解决方案，贯穿消费信贷贷前、贷中、贷后管理全链路，为识别、防范和化解风险提供有力支撑。

（1）贷前调查。"信用大脑"加强客户借款意愿核验，通过联网核查、生物识别等措施，对客户信息进行真实核验并留存，确保客户身份真实有效。同时，基于客户基本资质、风险名单库、风险硬规则等表现，审慎准入偏好客群，拒绝风险客户。

（2）贷中审批。"信用大脑"建立客户资质、收入资产、多头负债、履约行为等风险评估模块，精细化客户画像构建，辅以人工复核意见，人机结合审慎地出具差异化的授信额度和定价方案，动态优化客户授信方案。同时，建立自动化风险预警机制，实时监控贷中行为表现，及时响应客户用款需求。

（3）贷后管理。"信用大脑"建立分级管理的催收策略，基于客户基础信息、信用状况、履约表现等，推测客户还款能力和还款意愿，制定差异化的催收工具方案，优化催收资源配置，减少人工催收投入，提升催收效能。同时，针对有还款意愿但是暂时资金困难的客户，提供重组服务，协助其渡过难关。

（二）技术方案

1. 技术类型。"信用大脑"紧跟金融科技前沿，将生物识别、最优算法、人工智能、知识图谱等技术运用到风险管控中。

（1）生物识别。在授信准入、欺诈防范等风控环节，生物识别基于人工智能、声纹学等技术，识别客户生物特征，通过智能生物识别客户人脸、活体、操作轨迹等特征信息，监测客户身份真实性及申贷意愿。

（2）最优算法。在风险评估、决策等风控环节，最优算法基于大数据等技术，从风险信息中提取、分析及计算价值变量，综合客户基础信息、资质水平、履约还款等维度信息，输出最优决策方案。

（3）人工智能。在贷后检查、催收领域等风控环节，人工智能基于自然语言处理、知识管理等技术，通过提供智能还款提醒、智能催记质检等服务，减少人工操作成本，提高贷后清收及风险处置效能。

（4）知识图谱。在欺诈防范、信用评级等风控环节，知识图谱基于深度算法、关系网络等技术，有效甄别客户身份、时空轨迹、联系方式等网络关系的异常性，及时发现资料造假盗用、冒用等欺诈风险。

2. 应用领域。“信用大脑”通过自主研发大数据系统、策略验证系统、模型部署等风控系统，将风控技术植入风险识别、决策、监测及控制领域。

（1）风险识别。通过大数据系统、特征管理系统等，采集及处理人行征信、社保、履约还款等内外部风险数据，结合特征工程技术，为风险建模和策略决策提供高价值的风控变量。

（2）风险决策。通过策略验证系统、模型训练、模型部署系统等，构建贷前申请、贷中行为、贷后催收等评分模型，结合客群、产品、区域等策略规则，审慎决策授信方案。

（3）风险监测。通过智能分析工具、风险预警系统等，构建贷款不良率、贷款迁徙率、贷款通过率等监测指标，以风控报表为载体，定期监测指标异动情况，同时监测模型及策略规则的稳定性和有效性。

（4）风险控制。通过风险决策引擎、侦审系统等，贷中运用拒绝、调额、冻结、清退等手段，动态调优授信方案；贷后运用资产清收、核销处置等方式，审慎管控信贷资产质量。

（三）建设与实施

“信用大脑”项目构思于2022年年初，由杭银消金风险条线组织实施，项目团队包括策略、建模、反欺诈、催收、风险等相关部门，项目管理人员包括策略分析师、建模工程师、风险产品经理、系统工程师等。项目实施阶段包括计划编制、计划评审、计划落地、计划验收。其中，计划编制阶段，由风险部牵头收集、整理、梳理“信用大脑”体系框架，基于数字风控管理流程、工具、应用情况，确定信用大脑实施路径；计划评审阶段，由风险条线分管领导、相关部门负责人多轮对焦及评审信用大脑实施方案，通过持续修改及优化，定稿实施方案及路径；计划落地阶段，由相关部门围绕大数据、风控策略、安全反欺诈、智能模型、监控巡检、数智产品六大模块，分工负责保障方案有序实施落地；计划验收阶段，由公司领导对信用大脑项目进度、项目质量、项目成果等方面予以评价，推进项目上线运行。

三、业务创新点

（一）方法创新

"信用大脑"创新于杭银消金自主风控实践，在实践中不断检验和发展，反哺风控能力不断升级。BRAINS 六位一体，持续赋能业务发展与风险管控的动态平衡。当前，"信用大脑"已完成了 2023V1 基础版、2024V2 升级版，升级版在策略精细化、模型智能化、系统数字化方面，较基础版有了显著的运行性能提高，且指导风控实践落地了数据血缘追溯、最优化决策、自动化建模等优化功能，并积极沉淀理论及实践成果。

（二）系统创新

"信用大脑"围绕风险数据、决策流程、风控模型、关系网络、贷后管理、资产催收等管控领域，自主研发了 10 余项风控系统。

1. 风险数据。风险数据领域自研了外部数据对接系统、征信查询系统、大数据系统等，负责人行征信等三方数据采集、清洗、存储、检索、分布式计算等，并通过可视化的数据地图、可溯源的网络关系，进行标准化数据管理。

2. 决策流程。决策流程领域自研了实时决策调度系统、批量决策调度系统等，负责信用、反欺诈、催收分案策略的规则流配置，基于规则类型、数据成本、审批方式等排序，调优规则决策的优先级。

3. 风控模型。风控模型领域自研了离在线特征系统、模型训练系统、模型部署系统等，用于离在线数据的特征开发、验证、监控，支持风控模型开发、训练、部署、监测。

4. 关系网络。关系网络领域自研了风险地图、复杂网络系统等，基于客户关系、职业信息、联系方式、地址信息等，运用关系算法分析异常网络信息如团伙欺诈、相似风险、关联风险等，可视化地提供关系分析、操作及展示页面。

5. 贷后管理。贷后管理领域自研了侦审系统、调研系统、回访系统等，对自动化决策系统予以人工审核补充，基于客户贷后风险表现，实施差异化的贷后回访、专案调研等风险核查，及时对风险异常情况实施处置。

6. 资产催收。资产催收领域自研了智能外呼系统、智能质检系统、预测外呼系统等，通过多样化工具、自动分案、催记管理等功能，实现多样化、数字化、精细化的催收管控体系，持续提升贷后资金回收效能。

（三）应用创新

1. 数据管理。“信用大脑”在风险数据管理方面，应用创新并积累了近 10 项专利，如《一种基于综合价值体系的数据成本控降方法及系统》《基于语音分析识别的服务处理方法及系统》《基于报告文本信息识别的信息处理方法及系统》等。

（1）数据成本控降低。《一种基于综合价值体系的数据成本控降方法及系统》不仅从静态上设计漏斗阶梯等方法来减少数据调用量级，更从动态上权衡数据时间跨度上的稳定性，设计出一种成本最优的数据调用方案。

（2）非结构数据处理。《基于语音分析识别的服务处理方法及系统》利用机器学习等技术，综合人工质检经验和流程，结合质检模型，通过质检过程中对催员、客户通话的实时采集，实时挑选出触犯质检规则录音，提升人工质检的效能。

2. 评估决策。“信用大脑”在风险评估决策方面，应用创新并积累了近 10 项理论专利，如《一种风控策略自动化生成方法与系统》《应用于小样本场景的风控策略智能化方法及系统》《一种人机交互的实时信用审核决策系统》等。

（1）最优化决策工具。《一种风控策略自动化生成方法与系统》运用最优化算法技术，在客户准入评估、授信审批、支用放款等环节，综合客户基础信息、资质水平、履约还款等维度信息，自动化输出最优化风险决策方案（详见图 2）。

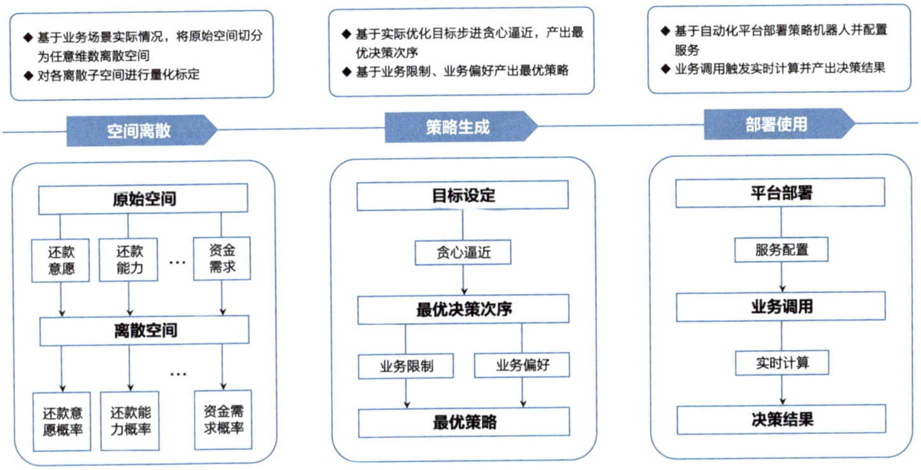

图 2　风控策略自动化生成方法与系统框架

（2）小样本风险管控。《应用于小样本场景的风控策略智能化方法及系统》提出一种应用于小样本场景的风控策略智能化方法及系统，充分利用数据信息，全面高效地挖掘有效规则，识别高风险客户，并通过稳定性和解释性设置，保障规则应用稳健性，实现风控策略的快速迭代。

3. 模型支持。“信用大脑”在风险模型支持方面，应用创新并积累了 10 余项理论专利，如《基于机器学习模型的风控特征筛选方法及系统》《一种多模型融合的客户风险评级方法》《基于机器学习模型的风控特征筛选方法及系统》等。

（1）大语言模型。《一种基于大语言模型提取文本有效可解释信息的风险识别方法》根据业务场景选用相应算法有效捕获数据关系，实现文本信息的分析分类处理，服务文本关键信息提取、材料交叉比对验真、风险预测等业务应用（详见图 3）。

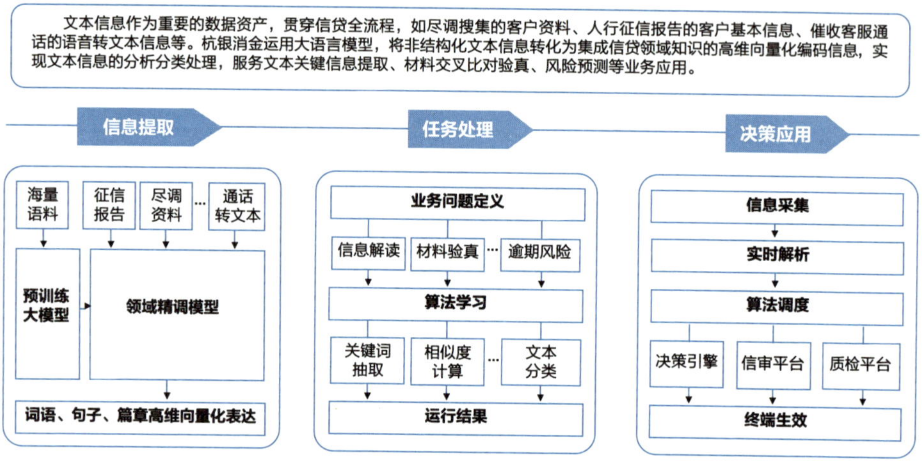

图 3　文本信息的风险识别方法框架

（2）“杭消分”评级体系。《一种多模型融合的客户风险评级方法》构建了涵盖客户信贷全生命周期的统一评分体系，该体系解决贷前、贷中、贷后客户风险不可比性的问题，可用于成熟渠道流量质量对比监控，以及新渠道冷启动阶段。

4. 预警监测。“信用大脑”在风险预警监测方面，应用创新并积累了 2 项理论专利，分别为《一种信贷风险异常巡检归因预警方法与系统》《基于大数据分析的小微金融行业风险预警与监测平台》。

（1）风险异常巡检。《一种信贷风险异常巡检归因预警方法与系统》提供一种从巡检、异常捕捉，到归因分析输出策略人员预警和警报方向的完整系统方案，在巡检异常捕捉和根因分析上分别做了提升。

（2）风险预警工具。《大数据分析的小微金融行业风险预警与监测平台》基于深度学习的人工智能技术，建立风险监测模型，判断和评估小微金融客户的违约风险等级，并及时发出预警信号，从而实现风险的动态监测和及时预警。

四、应用与成效

（一）推广情况

“信用大脑”推广范围涉及杭银消金总部，以及江苏、河北、重庆等分管区域，在推动风控数字化转型中，取得了经济价值及社会价值双重成效。"信用大脑"用户范围涉及策略分析师、建模工程师、风险产品经理、客户经理等管理人员。项目上线以来，"信用大脑"项下各系统保持平稳高效运行，杭银消金信贷业务持续增长，资产质量稳定向好，拨备覆盖抵补能力稳健，显著优于行业平均水平。此外，"信用大脑"斩获了2024卓越数字金融大赛金奖、2024年数字金融创新案例等奖项，彰显了社会各界对"信用大脑"智能化、精细化、体系化风险防控水平的认可。

（二）经济效益和社会效益

1. 经济效益。"信用大脑"投产以来，杭银消金信用风险指标运行稳健，助力公司行业经营排名靠前，同时数字化能力不断提升。

（1）风险管控良好。"信用大脑"积极准入优质客户，审慎实施客户分层，合理给予额度定价，及时开展风险预警，持续优化信贷资产结构。截至2023年年末，杭银消金贷款余额490.40亿元，贷款不良率1.72%，拨备覆盖率272.46%，资本充足率13.63%，信贷资产质量及风险抵补能力均优于行业平均水平。

（2）行业排名前位。"信用大脑"加强业务赋能，助力机构净利润、营业收入、总资产业绩指标优于行业平均水平，保持市场占有率头部优势。截至2023年年末，净利润行业排名第四，营业收入行业排名第七，总资产行业排名第七。

（3）数字水平提升。"信用大脑"深度融合金融科技，广泛运用于风险策略、风险模型、反欺诈、贷后催收等领域，持续提升金融数字化水平。2024年9月末，杭银消金衍生人行二代征信、自有数据、三方数据特征变量30000余个，风险数据成本余额率控制在0.1%，保持消费金融行业前列水平。

2. 社会效益。"信用大脑"始终遵循普惠金融服务初心，坚持以客户为中心，持续创新专利发展，在服务社会和行业声誉中树立了良好的口碑。

（1）普惠服务深化。"信用大脑"精细化客户风险画像，给予优质客户更高额度及更低定价，不断深化金融普惠性。2023年，累计服务新市民客户

42.90 万人，发放消费贷款 39.96 亿元；累计服务乡村居民 279.65 万人，普惠型农户消费贷款余额 101.54 亿元；累计发放优惠贷款 87 亿元，惠及 75 万人。

（2）专利排名头部。“信用大脑”重视核心技术研发和自主知识产权掌握，将创新作为发展的重要引擎，积极沉淀专利产权。截至 2024 年 9 月末，累计提交风控专利 57 项，授权 27 件，发明专利授权数量在 31 家消费金融公司中排名第二，相关专利情况已在国家知识产权局及三方专利检索平台等网站公布。

（3）品牌声誉良好。“信用大脑”助力业务稳健高质量发展。2022 年，公司获得“卓越贡献奖”“第一财经金融价值榜”“年度消费金融公司”等荣誉；2023 年，获评“最具价值消费金融公司”“年度卓越消费金融公司”“年度非凡竞争力消费金融机构”等荣誉。

五、未来发展

（一）持续赋能业务发展

“信用大脑”将始终遵循“防风险”“扩内需”“五篇大文章”等大政方针指引，继续秉承风险创造收益目标，深化数智风控，强化风险赋能，坚守风险底线，泛化数智风控技术应用，不断提高风险防范、控制和化解能力，守住信贷资产质量生命线。同时，坚持稳中求进、创新求进，积极发展金融科技，持续输出风险管理经济价值和社会价值，不断赋能经营管理高质量发展。

（二）不断提升风控能力

“信用大脑”将密切关注新金融技术和方法发展动向，及时将前沿技术和方法应用到数字风控体系建设中，保持数字风控体系的先进性和有效性。将持续深化智能决策工具、自动化建模工具、非结构化信息识别等能力迭代升级，并拓宽风控先进工具在各产品、各渠道、各客群维度的应用，强化同业务前端的联防联控机制，强化自营风控能力建设，完善客户额度成长体系，以及策略测试体系，不断提升风险评估及决策的精细化水平。

（三）积极激发创新活力

“信用大脑”将继续以专利布局激发创新活力，将知识产权管理纳入数字风控体系建设中，以科技创新和知识产权为抓手，充分利用已有技术成果，突破风控技术壁垒，将科技成果转化为经济价值，赋能消费信贷业务更加数字化、精细化、体系化发展；同时打通发明专利创新、运用、保护、管理、服务的全链路，通过高质量专利创新指导风险防控能力进一步提升。

中国对外经济贸易信托有限公司

以数智化场景金融平台服务中小微企业

一、引言

（一）案例背景及意义

1. 案例背景

中小微企业是推动经济增长、拉动社会就业和促进发展创新的重要驱动力。伴随中国经济发展及消费升级，中小微企业在生产经营过程中产生了多样化的金融服务需求。特别在供应链管理、电子商务、新质生产力等领域，中小微企业展现出对更加灵活、便捷金融服务的强烈需求。与此同时，基础设施的逐步完善、政策的大力支持也为中小微企业金融服务的蓬勃发展提供了有力保障。

中小微企业市场规模逐年扩大。随着政府对中小微企业贷款支持力度的逐年提升，小微贷款市场规模逐年扩大。中国人民银行数据显示，截至 2023 年 9 月底，全国小微企业贷款余额已近 70 万亿元。

金融科技发展助推小微贷款行业。小微贷款行业的快速发展，离不开金融科技的助力。互联网金融、大数据、人工智能等技术的运用，使中小微企业金融服务更加智能化、高效化，在提升小微贷款业务风控能力、服务效率的同时，进一步提升了中小微企业金融服务体验。

政策扶持力度进一步加大，助力中小微企业贷款持续创新。为推动小微贷款行业的发展，政府部门通过税收、财政补贴等优惠政策，鼓励金融机构向中小微企业发放小额贷款。特别是 2019 年以来，国家多次出台政策为中小微企业减轻负担、降低借款成本，振兴实体经济，推动中小微企业健康发展。银行间交易商协会，沪深交易所出台支持政策，鼓励小微资产证券化上市发行，进一步降低金融机构资金成本。

与此同时，中小微企业仍受到经营规模小、信用记录不完善、抵押物不足等限制，在金融机构传统业务模式下，依然面临着一定的融资规模及融资成本困境，中小微企业发展潜力受限。也正因此，金融机构需要进一步创新服务模式、提升服务水平，为中小微企业金融服务市场提供多样化、个性化产品，以满足中小微企业融资的迫切需求。

综上所述，中国外贸信托立足“服务中小微企业，实现金融好社会”，建立完善的数字化体系，涵盖信息采集、信贷系统、决策引擎、账务中心多个关键环节，针对中小微企业特定经营场景，搭建数智化场景金融平台，为中小微企业的经营发展提供资金支持，助力实体经济发展。

2. 案例意义

促进金融服务与实体经济的深度融合。将金融服务深度嵌入各类实体经济场景，从而为中小微企业提供更为精准、高效的金融服务，解决实体经济中的融资难、融资贵等问题，促进实体经济的健康发展。

拓展金融机构的业务范围和服务模式。场景金融为传统金融机构提供了新的业务增长点和服务模式，由传统的大型企业投融资业务向更加多元化、综合化的金融服务业务转变。同时，场景金融也要求金融机构不断创新服务模式，提升服务质量和效率，以满足多样化、个性化的金融需求。

（二）案例主要解决的问题

信托公司通过设立信托计划向投资人募集资金，并使用信托资金向中小微企业借款人发放经营性贷款。信托公司同时也可作为资产服务机构，在以小微贷款为基础资产的公、私募资管产品中承担受托管理、资产服务的角色功能。

在传统金融风控及管理模式下，中小微企业受经营规模小、信用记录不完善、抵押物不足等限制，对金融机构的风控能力提出更高要求；同时，其单笔小额、高频的业务特点，也为金融机构的融资效率及成本管控带来新的挑战。本案例主要解决如下三个问题。

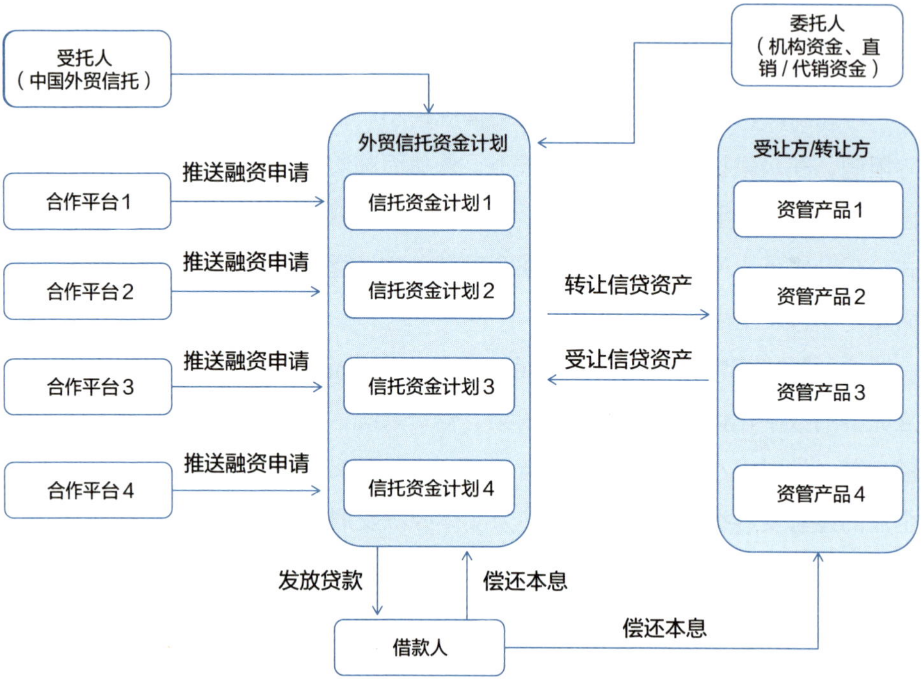

图 1　常见的场景金融业务模式图

1. 解决放款效率低的问题

充分依托互联网、金融科技，实现电子合同签章、企业征信查询、质押登记、风控审批、放款等环节线上化、标准化、系统化审批要求，让中小微企业及时获取贷款。

2. 解决风控抓手少的问题

引入规则引擎底座，提升中小微企业经营场景数据、征信数据的分析能力；根据不同业务场景及贷款产品的风控要求，实现多样化、个性化风控指标配置；结合场景金融服务平台数据积累，形成黑名单，为金融机构提供多维度风控抓手。

3. 解决贷后资产质量管理难的问题

通过技术手段实现风控指标的自动监控、资产质量的自动监控，提升资产质量，保障业务持续健康发展。

（三）案例建设目标

数智化场景金融平台的系统建设：一是围绕满足中小微企业融资需求通过产品化、流程化、自动化、数据化创设；二是适配资产流转等业务模式，支持场景金融业务规模发展，对系统进行模块化升级，实现授信管理、自主风控管理、资产流转管理、贷后风险管理等全流程功能模块化。

图 2　数智化场景金融平台建设目标图

二、项目方案

（一）方案设计

场景金融项目组针对场景金融业务展业重点工作内容进行设计，形成多客户不同业务模式下的三套科技展业支持方案，主要内容如下。

1. 放款池模式应对方案：放款池模式呈现以实时联机交易为主，文件交互辅助账务核算的业务特点，项目组形成以工作流为主要设计方案，支持联机交易可重发。

2. 承接池模式应对方案：承接池模式呈现以账务文件交互为主，实时联机交易为辅的业务特点，项目组针对性地形成落地—过程—标准三套表逻辑，与数据中心统一报送表结构，提升数据质量减少报送开发时间。

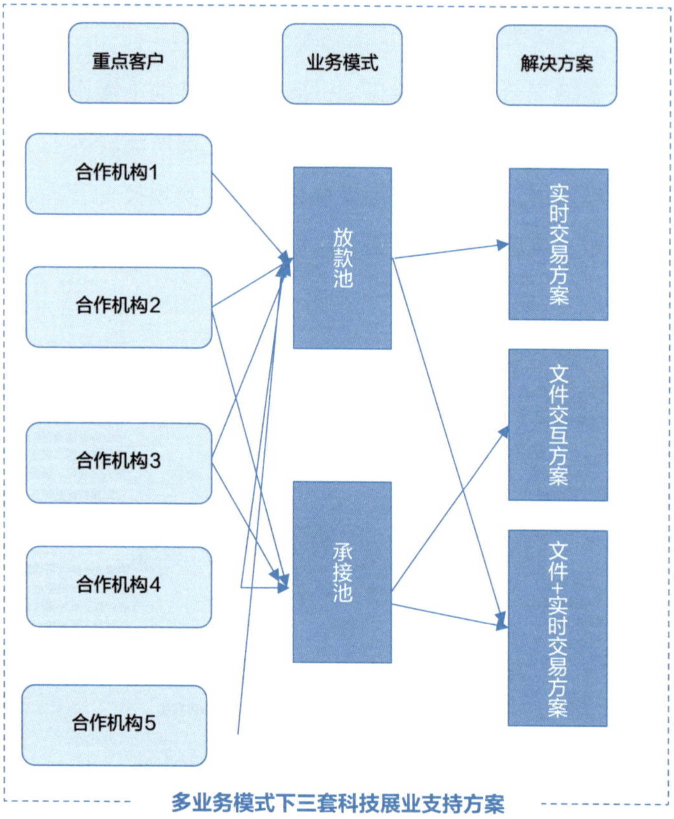

图 3 多业务模式下技术支持方案

（二）架构设计

1. 业务架构

结合数智化场景金融平台需要支持的中小微企业融资需求及不同场景的对接要求，对业务架构进行梳理。

（1）合作平台：目前对接的平台包括互联网金融机构、互联网银行、产业机构、小贷公司，不同的融资平台；

（2）场景业务：与合作方开展的业务主要为信贷业务，包括联合贷业务、助贷业务、债权转让及赎回业务；

（3）业务流程：从进件开始，依次经过风控审批、放款、账务核算、还款、债转流程；

（4）数据应用：包括监管报送、资产质量监控、数据风控等。

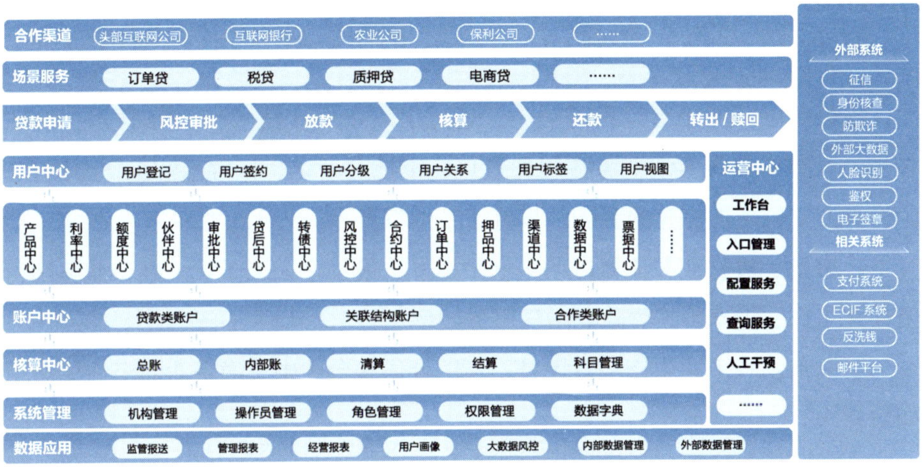

图 4 业务架构

2. 应用架构

基于业务架构，进行对应架构设计，能够实现多渠道对接、统一应用服务、形成基础服务。

（1）适配对接模式：目前场景金融服务平台已经与多家机构对接，并提供了不同的对接方式，通过解决渠道端的差异性，将业务数据接入应用层；

（2）建设应用层：通过业务实际需要，形成进件、审批、产品、额度、资产、押品、票据、合同、账务、数据以及账户管理功能；

（3）搭建基础服务：通过引入规则引擎、工作流、批处理、文件处理等组件，为应用服务提供支持，实现应用层的流程化、配置化。

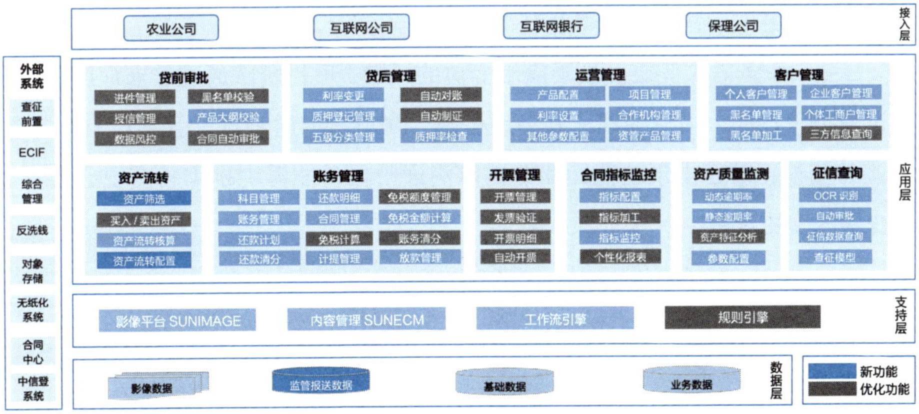

图 5 应用架构

三、项目创新点

场景金融服务平台建设过程中，通过引入工作流技术、OCR 技术、RPA 技术、风控引擎等实现业务流程配置化、审批自动化、日常运营工作自动化，为合作方提供更加完善的服务。具有如下创新点：

1. 审批、放款业务流程自动化水平提升，最小化人工干预，减少业务等待及重复工作，提高中小微企业融资服务效率。

2. 灵活支持不同生产经营场景、不同合作平台内中小微企业的个性化融资服务需求。

3. 支持资产流转场景，为小微贷款的标准化公私募发行提供保障，提升金融资源利用效率，降低借款人融资成本。

四、项目风险点

在项目实施过程中主要出现如下风险点，已采取相应措施，消除项目实施风险。

一是，OCR 识别超时问题。在实施项目过程中，为实现自动审批影像文件，提升放款效率，支持小微企业借款人 7×24 小时借款，采用 OCR 技术进行模板比对和要素比对，自动识别影像超时，经排查，主要原因是并发量太大，影像平台 GPU 算力不够，通过优化 OCR 识别算法、提升 GPU 算力、识别影像文件排队的方式解决识别效率及超时的问题。

二是，业务需求变更。基于需求变更的风险，项目团队通过需求管理机制，通过业务、产品、项目经理三方沟通机制，在需求沟通阶段，引入骨干人员夯实业务流程，搭建主干功能，在非需求沟通阶段，能够识别需求变更必要性，减少需求变更次数。

五、技术实现特点

场景金融服务平台上信托内部私有云对应的构图。系统上云实现展示层升级、应用层升级和微服务技术底座升级。同时，通过云平台支持持续集成、持续发布、容器动态扩容、应用系统全链路跟踪。

一是展示层。升级现有前端架构为 VUE3，使用微前端技术，与统一门户集成保持系统整体风格一致；

二是应用层。升级当前 SUNBPM 新版，微服务化，保持系统服务一致性，可扩展性；

三是微服务技术底座。升级 springboot 版本，保持系统先进性、稳定性，快速兼容新技术应用，把配置中心 Eureka 升级为 springalibaba-nacos，适配信托内部云。

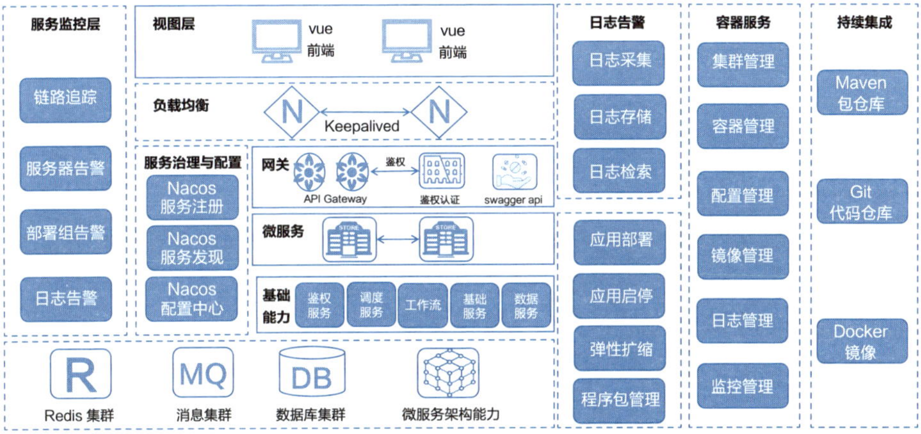

图 6　技术架构

六、项目运营情况及过程管理

（一）项目运营情况

本项目落地后，系统以产品为中心，能够快速参与到场景金融的生态中，通过与产业公司、头部互联网科技公司、互联网银行、保理公司对接，充分利用信托优势，整合多方数据、资金等资源，推出税贷、质押贷、订单贷等一系列产品，满足中小企业的不同融资需求，同时通过资产流转的形式进一步降低企业融资成本。目前已累计服务中小微企业及企业主超 150 万家，支持中小微企业经营、发展，在增加就业、促进经济增长中发挥着重要作用。

（二）项目过程管理

在推进项目实施过程中，场景金融项目组主要从以下两方面进行重点支持。

1. 项目管理机制保障

进行 PMO 前置，PMO 通过专岗的形式入驻项目组，以日维度跟踪督促流程中各个节点，确保项目有序高质量地推进。

2. 资源协同机制保障

在推进项目过程中，通过项目启动会的形式，建立项目管理组织架构、明确实施计划、落实各方责任、建立沟通机制，场景金融项目组、关联系统团队、测试团队相关人员形成联动机制，确保当前资源能够支持项目顺利实施。

七、项目成效

（一）解决中小微企业融资痛点，提升金融服务质效

业务与技术双轮驱动、形成合力，接入多个生产经营场景、合作平台，满足中小微企业个性化、多样化融资服务需求。截至 2024 年 6 月底，中国外贸信托服务中小微企业累计投放金额超 400 亿元。

（二）践行央企责任，实现金融好社会

积极响应国家号召，践行央企责任，以科技力量助力中小微企业发展。截至 2024 年 6 月底，中国外贸信托场景金融业务累计服务中小微企业及企业主超 150 万家，支持中小微企业经营、发展，在增加就业、促进经济增长中发挥着重要作用。

（三）完善场景金融业务基础设施，支撑金融服务创新转型

通过场景金融服务平台，支持放款池、承接池、助贷、联合贷、资产流转

等多种业务模式，在征信查报、动产质押、贷款审批、贷后管理、风险监控、账务管理、监管报送等多环节大幅提升自动化水平，支持金融机构在中小微企业融资管理业务领域的提质增效，支持金融机构服务创新、转型。

八、经验总结及未来展望

（一）经验总结

在项目实施过程中，对于交易类系统项目建设及推广业务过程中积累了如下经验。

首先，在项目启动前，要同业务人员做好业务需求收集以及需求的可研工作，确保需求的完整性以及业务并发量，有助于在系统设计阶段能够进行通盘考虑，并有效降低需求变更风险。

其次，在推进需求落地时，适当引入较为成熟技术，如 RPA、OCR 等，能够有效地提升贷款审批效率，提升小微企业借款人的用款体验。

最后，在推广业务时，业务和技术团队充分配合，形成合力，协同推进，能够有效提升新信贷产品落地效率，为小微企业提供定制化产品。

（二）未来展望

以数智化场景金融平台服务中小微企业的未来技术研发及应用将围绕大模型与 AI 技术、数据治理与数据分析、区块链技术、开放合作的金融生态、监管合规与风险防控、用户体验与服务效能以及持续技术创新与人才培养等多个方向展开。通过不断的技术创新和应用探索，为中小微企业提供更加高效、便捷、安全的金融服务，助力其实现可持续发展。

一是深度学习与大数据分析进一步优化。在增强模型预测能力方面，利用更先进的深度学习算法，提升对中小微企业财务数据、市场行为、信用记录等多维度数据的分析能力，从而更准确地预测企业的还款能力和经营风险。在实时数据分析方面，能够实时处理和分析海量数据的技术，使平台能够即时响应市场变化，为中小微企业提供更加及时、精准的金融服务。在场景化大模型开发方面，继续探索大模型（如 ChatGPT 等）在金融服务中的应用，特别是在中小微企业的信用评估、风险预测、客户服务等场景。通过优化大模型算法，提高其在复杂金融环境中的适用性和准确性。在智能化决策支持方面，利用 AI 技术构建智能化决策支持系统，帮助中小微企业更好地管理资金、预测市场趋势、优化经营策略等。

二是强化数据治理与数据分析能力。在数据整合与标准化方面，加强数据治理，实现多源数据的整合与标准化处理，为金融平台提供高质量的数据支持。在深度数据挖掘方面，运用先进的数据分析技术，挖掘数据背后的价值，为中小微企业提供更加精准、个性化的金融服务。

三是区块链技术的广泛应用。在供应链金融透明化方面，利用区块链技术实现供应链金融的透明化和可追溯性，确保交易的真实性和安全性，降低中小微企业的融资难度。在数字资产与智能合约方面，探索区块链在数字资产、智能合约等方面的应用，为中小微企业提供更多元化的金融服务，开发基于区块链的智能合约，实现金融交易的自动化和智能化，减少人为干预，提高交易效率。

四是人工智能与自动化技术的深度融合。在智能客服与风控方面，进一步整合自然语言处理、机器学习等技术，打造更加智能化的客服系统和风控体系，为中小微企业提供 7×24 小时的全方位服务。在自动化贷款审批方面，通过人工智能技术实现贷款审批流程的自动化，缩短审批时间，提高审批效率，满足中小微企业快速融资的需求。

五是物联网技术的创新应用。在物联网金融方面，探索物联网技术在金融领域的应用，如通过物联网设备监控中小微企业的生产经营情况，为贷款风险评估提供更为丰富的数据支持。在智能物流金融方面，结合物联网技术，实现物流信息的实时跟踪和监控，为中小微企业提供基于物流的金融服务，如仓单融资、货运保险等。

六是隐私保护与数据安全技术的强化。在数据加密与隐私保护方面，采用更先进的加密技术和隐私保护机制，确保中小微企业的数据安全和隐私不被泄露。在数据共享与合规方面，在保障数据安全的前提下，推动数据共享和合规使用，促进金融生态的健康发展。

七是构建开放合作的金融生态。在平台化服务方面，打造开放合作的金融平台，吸引更多金融机构、科技企业、政府部门等参与，形成互利共赢的金融生态。在跨行业融合方面，推动金融与其他行业的深度融合，如与电商、物流、智能制造等领域的合作，为中小微企业提供一站式的金融解决方案。

八是关注监管合规与风险防控。在智能风控体系方面，构建基于大数据和AI的智能风控体系，实时监测和预警潜在风险，保障金融平台的安全稳定运行。在合规性技术方面，研发符合监管要求的合规性技术，确保金融平台在合法合规的前提下开展业务。在提升用户体验与服务效能方面，通过AI、虚拟数字人等技术，提供智能化、个性化的客户服务，提升用户体验；同时，利用自动化技术优化业务流程，提高服务效能，降低运营成本。